Erving Goffman
Wir alle spielen Theater

SERIE PIPER
Band 312

Zu diesem Buch

Erving Goffman, der bekannte amerikanische Soziologe, gibt in diesem Buch eine soziologisch-psychologische Analyse der vielfältigen Praktiken, Listen und Tricks, mit denen sich der einzelne vor anderen Menschen möglichst vorteilhaft darzustellen sucht. Goffman wählt dazu die Perspektive des Theaters. Wie ein Schauspieler durch seine Handlungen und Worte, durch Kleidung und Gestik, angewiesen von einer unsichtbaren Regie, einen bestimmten Eindruck erwecken will, so inszenieren einzelne und Gruppen im Alltag »Vorstellungen«, um Geschäftspartner oder Arbeitskollegen von den eigenen echten oder vorgetäuschten Fähigkeiten zu überzeugen. An verblüffenden Beispielen zeigt Goffman die verschiedenen Konstellationen, die sich beim wechselseitigen Kontakt zwischen einzelnen und Gruppen untereinander oder gegenüber Fremden ergeben, gegenüber Vorgesetzten oder Kunden, Untergebenen oder Patienten, Familienangehörigen oder Kollegen.

»Die soziale Welt ist ein Bühne, eine komplizierte Bühne sogar, mit Publikum, Darstellern und Außenseitern, mit Zuschauerraum und Kulissen, und mit manchen Eigentümlichkeiten, die das Schaupiel dann doch nicht kennt ... Goffman geht es ... um den Nachweis, daß die Selbstdarstellung des einzelnen nach vorgegebenen Regeln und unter vorgegebenen Kontrollen ein notwendiges Element des menschlichen Lebens ist. Der Sozialwissenschaftler, der dieses Element in seine Begriffe hineinstilisiert – Rolle, Sanktion, Sozialisation usw. –, nimmt nur auf, was die Wirklichkeit ihm bietet ... Soziologie macht das Selbstverständliche zum Gegenstand der Reflexion.« Ralf Dahrendorf

Erving Goffman, geboren 1922 in Manville/Atlanta, gestorben 1982 in Philadelphia. Professor für Soziologie und Anthropologie an der University of California in Berkeley und zuletzt Benjamin-Franklin-Professor an der University of Pennsylvania in Philadelphia. 1978 Preis für Kommunikationsforschung »in medias res«.

Veröffentlichungen in deutscher Übersetzung: Stigma. Über Techniken der Bewältigung beschädigter Identität (1967); Interaktionsrituale. Über Verhalten in direkter Kommunikation (1971); Asyle. Über die soziale Situation psychiatrischer Patienten und anderer Insassen (1972); Das Individium im öffentlichen Austausch. Mikrostudien zur öffentlichen Ordnung (1974); Rahmenanalyse. Ein Versuch über die Organisation von Alltagserfahrungen (1977); Geschlecht und Werbung (1981) u. a.

Erving Goffman

Wir alle spielen Theater

Die Selbstdarstellung im Alltag

Vorwort von Ralf Dahrendorf

R. Piper & Co. Verlag
München Zürich

Aus dem Amerikanischen von Peter Weber-Schäfer
Die Originalausgabe erschien 1959 unter dem Titel
»The Presentation of Self in Everyday Life«
bei Doubleday & Company, Inc., New York.

ISBN 3-492-00612-4
Neuausgabe 1983
4. Auflage, 11.–16. Tausend November 1983
(1. Auflage, 1.–6. Tausend dieser Ausgabe)

Umschlag: Disegno, unter Verwendung des Gemäldes »Peter und der Wolf«
von Ben Shahn
Gesamtherstellung: Clausen & Bosse, Leck
Printed in Germany

Inhalt

Vorwort

Von Karl Mannheim wird erzählt, er habe während seiner Zeit an der London School of Economics gelegentlich seine Seminarteilnehmer davongeschickt mit dem Auftrag, in der benachbarten Fleet Street »Gesellschaft« zu beobachten und hernach im Seminar über ihre Beobachtungen zu berichten. Der Auftrag ist weder so absurd, wie er zunächst erscheinen könnte, noch etwa leicht auszuführen – und beides zu betonen ist am Platze zu Beginn des Buches von Erving Goffman, das hier auf deutsch vorgelegt wird und dessen Reiz nicht zuletzt im Sinn seines Autors für das Absurde und in seiner Fähigkeit der leichten Darstellung liegt.

Goffman hatte keinen Auftrag von Karl Mannheim, als er auf die Shetland-Inseln ging, um dort Beobachtungen zu machen. Doch war auch er nicht ausgezogen, um ein bestimmtes Thema zu erforschen, etwa die Familienstrukturen oder den Prozeß der Modernisierung. Nur gibt diese Tatsache bei Erving Goffman nicht Anlaß zur Kritik, wie sie an einer problemlosen empirischen Forschung mit Recht geübt wird. Ihm ging es nämlich darum, in der Fremde das deutlicher zu sehen, was es auch zu Hause und überhaupt unter Menschen gibt: Einzelne, die sich nach bestimmten Mustern, an bestimmten Orten, im gegenwärtigen oder angenommenen Ensemble darstellen. Wie ist Gesellschaft möglich?

Die soziale Welt ist eine Bühne, eine komplizierte Bühne sogar, mit Publikum, Darstellern und Außenseitern, mit Zuschauerraum und Kulissen, und mit manchen Eigentümlichkeiten, die das Schauspiel dann doch nicht kennt. Das Bild ist alt; und es geht Goffman auch nicht darum, dieses Bild ein weiteres Mal zu entwerfen. Vielmehr steht sein so eingängiges Buch unter einer durchaus bestimmten Erkenntnisabsicht. Daß unser Handeln in Gesellschaft stets in sozialen Rollen erfolgt, kann eine bloße Konstruktion der

Wissenschaft, es kann aber auch ein Stück unserer Existenz sein. »Soziale Rolle« kann, in der Sprache der Philosophie, ein Terminus oder aber eine Kategorie sein. Goffman geht es, neben anderen und spezielleren Thesen, um den Nachweis, daß die Selbstdarstellung des einzelnen nach vorgegebenen Regeln und unter vorgegebenen Kontrollen ein notwendiges Element des menschlichen Lebens ist. Der Sozialwissenschaftler, der dieses Element in seine Begriffe hineinstilisiert – Rolle, Sanktion, Sozialisierung usw. –, nimmt nur auf, was die Wirklichkeit ihm bietet.

Karl Mannheim hatte in seinem Buch ›Ideologie und Utopie‹ den »totalen Ideologieverdacht« erfunden. Erving Goffmans Buch belegt in immer neuen Anläufen einen totalen Rollenverdacht. Es stellt damit ein paar Fragen, die der Autor in der gelassenen Art seiner Darstellung zwar andeutet, aber mit einer wahrscheinlich täuschenden Distanziertheit dann doch unformuliert läßt. Das eine ist die Frage nach dem Selbst, das sich auf so verschiedenartige Weise darstellt, indes immer darstellen muß. Goffman spricht mehr von den Zwängen als von den Chancen, in denen menschliches Verhalten steht, so daß mancher sein Buch ernüchtert aus der Hand legen mag, ohne einen Blick zu gewinnen für die Möglichkeiten, aus der totalen Institution Gesellschaft auszubrechen.

Hier ist Goffmans Ironie vielleicht zu wenig engagiert. Seine Darstellung des Verhaltens auf und hinter der Bühne nimmt zwei soziale Orte als gegeben hin, deren Verhältnis auch anders sein könnte. Wie, wenn die »Verräter« und »Denunzianten« sich häufen? Wie, wenn mehr und mehr Darsteller verraten, was sich hinter der Bühne abspielt? Wie, wenn das Publikum mitzuspielen beginnt? Das alles mag nicht zu einem Ausbruch aus der Gesellschaft führen; es kann sie aber verändern, und zwar auch in Strukturen, die »normalerweise« als der Veränderung entzogen hingenommen werden. Verfolgt man diesen Gedanken weiter, dann scheint es überhaupt nicht mehr so ganz selbstverständlich, daß Gesellschaft in den uns bekannten Manifestationen nötig ist, und die Frage »Wie ist Gesellschaft möglich?« verwandelt sich bald in die ebenso schwierige andere Frage: Inwieweit ist Gesellschaft nötig?

Aber man wird Goffman schwerlich vorwerfen können, daß er diese Frage nicht gestellt hat: denn sein Buch macht erkennbar, daß er auch ihr gewachsen wäre. Er ist gewiß Interpret und nicht Veränderer – aber er ist dies mit einer Sensibilität, wie sie in der Geschichte der Sozialwissenschaften selten war. Nicht zufällig ist der erste Autor, den Goffman zitiert, Georg Simmel. Hier finden wir ein ähnliches Talent, beobachtete Wirklichkeit transparent zu machen für die in ihr erkennbaren Strukturen; hier finden wir auch einen ähnlichen Sinn für das scheinbar abwegige Detail. Die Exkurse der »Soziologie« von Simmel haben den Stil von Goffman prägen können, weil die Art der Erfahrung sozialer Wirklichkeit beide verbindet. In der gegenwärtigen deutschen Soziologie hat einen ähnlichen Stil der Erfahrung und der Darstellung Heinrich Popitz, dessen Schrift über den ›Begriff der sozialen Rolle als Element der soziologischen Theorie‹ in den unmittelbaren gedanklichen Zusammenhang des Buches von Goffman gehört.

Für die Soziologie sind diese bedeutenden Autoren immer ein wenig ärgerlich. Sie gehen so unprätentiös an die Grundlagen der Disziplin, daß man daran zu zweifeln beginnen könnte, ob diese Disziplin denn nun den literarischen oder den exakten Wissenschaften zuzuordnen ist. Goffman vermeidet jedes terminologische Pathos. Die Wirkung, die er damit erzielt, ist bemerkenswert. Während man in den üblichen sozialwissenschaftlichen Schriften häufig im Jargon beinahe ertrinkt und erst in später Minute entdeckt, daß das rettende Ufer des *common sense* näher ist, als das Meer von Begriffen einem nahelegen würde, könnte Goffmans Buch im umgekehrten Sinne irreführen. Die trotz der oft ausführlichen Zitate leichte, beinahe hingehauchte Darstellung täuscht nämlich über den theoretischen Gehalt einer Studie hinweg, die nicht nur das Simmelsche Grundproblem, sondern auch manche Fragen der Theorien der Sozialisation, der Sanktionen, des abweichenden Verhaltens und anderer Probleme mehr schon jetzt sehr befruchtet hat. Daß Goffman selbst in seinen späteren Studien (›Asylums‹, ›Encounters‹) manches weitergeführt hat, was in diesem seinem ersten Buch nur anklingt, bestätigt diese Behauptung.

Die aktuelle Frage wird auch nach diesem Buch für manchen Leser die sein: Wie ist Soziologie möglich? Das heißt: Ist Soziologie mehr als die Übersetzung der Erfahrungen des intelligenten Zeitgenossen in eine nicht mehr intelligible Sprache? Es gibt zwei Gründe, aus denen ich zögere, Goffmans Buch eine Einführung in die Soziologie zu nennen. Der eine Grund liegt darin, daß sein Buch sich zwar so liest, wie eine gute Einführung sich lesen sollte, aber tatsächlich doch theoretisch ziemlich beladen ist. Wer dieses Buch als Einführung in das soziologische Denken liest, sollte sich keinen Illusionen darüber hingeben, wie viele neue Wege des Fragens und der Lösung von Fragen er gehen muß. Der andere Grund ist komplizierter und trifft unmittelbar den Inhalt dieses Buches. Soziologie macht das Selbstverständliche zum Gegenstand der Reflexion. Wer das Selbstverständliche wiedererzählt bekommt, hat es allerdings noch nicht verlassen. Mannheims Aufgabe für die Studenten seines Seminars war eine College-Aufgabe, eine Aufgabe für Anfänger im Fach. Erst wer sie gelöst hat, kann hoffen, seinen Beitrag dazu zu leisten, daß diese modische Disziplin ein paar Schritte weiter kommt auf einem Weg, wie ihn Goffman weist.

Konstanz, im Februar 1969 Ralf Dahrendorf

Masken sind bewahrter Ausdruck und bewundernswerte Echos des Fühlens, zugleich wahrheitsgetreu, zurückhaltend und übersteigert. Lebende Wesen, die der Luft ausgesetzt sind, brauchen eine Schutzhaut, und niemand wirft es der Haut vor, daß sie nicht das Herz ist; dennoch scheinen es manche Philosophen den Bildern zu verübeln, daß sie nicht die Dinge selbst sind, und den Worten, daß sie nicht die Gefühle sind. Worte und Bilder gleichen Schalen: Sie sind nicht weniger Bestandteile der Natur als die Substanzen, die sie umhüllten, aber sie wenden sich stärker an das Auge und liegen offener zutage. Ich will nicht behaupten, daß die Substanz um der Erscheinung willen, die Gesichter um der Masken willen oder die Leidenschaften um der Dichtung und der Tugend willen da seien. In der Natur entsteht nichts um eines anderen willen; alle diese Zustände und Hervorbringungen sind gleichermaßen in das Dasein einbezogen ...

George Santayana *

* ›Soliloquies in England and Later Soliloquies‹, New York, Scribner's 1922, S. 131 f.

Die vorliegende Arbeit entstand in Verbindung mit einer Untersuchung über Interaktion, die im Auftrag des *Department of Social Anthropology* und des *Social Sciences Research Committee* der Universität Edinburgh unternommen wurde, und einer Untersuchung über soziale Schichtung, die von Professor E. A. Shils an der Universität Chicago geleitet und von der Ford Foundation finanziell unterstützt wurde. Ihnen bin ich für Hilfe und Förderung zu Dank verpflichtet. Meinen Dank möchte ich auch meinen Lehrern, C. W. M. Hart, W. L. Warner und E. C. Hughes, aussprechen. Darüber hinaus möchte ich Elizabeth Bott, James Littlejohn und Edward Banfield, die mir bei Beginn der Untersuchung halfen, und den Mitarbeitern an der Universität Chicago, die mich später unterstützten, danken. Ohne die Mitarbeit meiner Frau, Angelica S. Goffman, wäre dieser Bericht nie geschrieben worden.

E. G.

Vorwort

Diese Untersuchung ist als Führer gedacht, der im einzelnen eine bestimmte soziologische Perspektive darlegt, aus der heraus man das soziale Leben – und zwar so, wie es in den räumlichen Grenzen eines Gebäudes oder einer Fabrik organisiert ist – studieren kann. Eine Reihe von Grundzügen wird beschrieben, die zusammen den Rahmen bilden, der für jedes soziale Gefüge, sei es häuslicher, industrieller oder kommerzieller Art, Gültigkeit hat.

Die Gesichtspunkte, die in diesem Bericht angewandt wurden, sind die einer Theatervorstellung, das heißt, sie sind von der Dramaturgie abgeleitet. Ich werde darauf eingehen, wie in normalen Arbeitssituationen der Einzelne sich selbst und seine Tätigkeit anderen darstellt, mit welchen Mitteln er den Eindruck, den er auf jene macht, kontrolliert und lenkt, welche Dinge er tun oder nicht tun darf, wenn er sich in seiner Selbstdarstellung vor ihnen behaupten will. Die offensichtliche Unzulänglichkeit eines solchen Verhaltensmodells sei nicht verschwiegen. Auf der Bühne werden Dinge vorgetäuscht. Im Leben hingegen werden höchstwahrscheinlich Dinge dargestellt, die echt, dabei aber nur unzureichend geprobt sind. Und was wohl noch entscheidender ist: Auf der Bühne stellt sich ein Schauspieler in der Verkleidung eines Charakters vor anderen Charakteren dar, die wiederum von Schauspielern gespielt werden; das Publikum ist der dritte Partner innerhalb der Interaktion – ein wichtiger Partner, und dennoch einer, der nicht da wäre, wenn die Vorstellung Wirklichkeit wäre. Im wirklichen Leben sind die drei Partner auf zwei reduziert; die Rolle, die ein Einzelner spielt, ist auf die Rollen abgestimmt, die andere spielen; aber diese anderen bilden zugleich das Publikum. Auf weitere Unzulänglichkeiten des Modells soll später eingegangen werden.

Das Material, das zur Illustrierung herangezogen wird, ist unterschiedlicher Herkunft: Einiges stammt aus fundierten Forschungen, in denen qualifizierte allgemeine Aussagen über zuverlässig feststellbare Gesetzmäßigkeiten gemacht werden; einiges stammt aus zwanglosen Lebenserinnerungen von in ihrer Art ausgeprägten Persönlichkeiten; vieles liegt dazwischen. Daneben ziehe ich häufig eine eigene Untersuchung über eine Kleinpächtergemeinschaft auf einer der Shetland-Inseln heran*. Die Rechtfertigung einer derartigen Methode, die wohl auch Simmel für sich in Anspruch nimmt, liegt darin, daß die Beispiele sich in ein Bezugssystem einfügen lassen, das Erfahrungen miteinander verbindet, die der Leser bereits gemacht hat, und das zugleich dem Wissenschaftler einen Leitfaden bietet, der an Einzelstudien über institutionalisiertes Sozialleben überprüft werden kann.

Das Rahmensystem wird in logischen Schritten aufgebaut. Die Einleitung ist notgedrungen abstrakt und kann übersprungen werden.

* Teilweise niedergelegt in: E. Goffman, ›Communication Conduct in an Island Community‹ (Dissertation, University of Chicago 1953), im folgenden als »Shetland-Insel« zitiert.

Einleitung

Wenn ein Einzelner mit anderen zusammentrifft, versuchen diese gewöhnlich, Informationen über ihn zu erhalten oder Informationen, die sie bereits besitzen, ins Spiel zu bringen. Sie werden sich für seinen allgemeinen sozialen und wirtschaftlichen Status, sein Bild von sich selbst, seine Einstellung zu ihnen, seine Fähigkeit, seine Glaubwürdigkeit und dergleichen interessieren. Wenn es auch so scheint, als würden einige dieser Informationen um ihrer selbst willen gesucht, so stehen doch im allgemeinen praktische Gründe dahinter. Informationen über den Einzelnen tragen dazu bei, die Situation zu definieren, so daß die anderen im voraus ermitteln, was er von ihnen erwarten wird und was sie von ihm erwarten können. Durch diese Informationen wissen die anderen, wie sie sich verhalten müssen, um beim Einzelnen die gewünschte Reaktion hervorzurufen.

Den Anwesenden sind verschiedene Informationsquellen zugänglich, und es stehen ihnen verschiedene Vermittler (oder »Zeichenträger«) zur Verfügung, die die Informationen überbringen. Kennen sie den Einzelnen nicht, so können die Beobachter seinem Verhalten und seiner Erscheinung Hinweise entnehmen, die es ihnen ermöglichen, entweder frühere Erfahrungen mit ähnlichen Personen auszuwerten oder – was entscheidender ist – nicht überprüfte Klischeevorstellungen auf ihn zu übertragen. Auf Grund ihrer früheren Erfahrungen können sie auch erwarten, in einer gegebenen sozialen Umgebung nur Personen einer bestimmten Art anzutreffen. Sie können sich auf das verlassen, was der Einzelne über sich selbst sagt, oder darauf, wie er sich ausweist. Kennen die anderen den Einzelnen oder wissen sie auf Grund von Erfahrungen, die der Interaktion vorangingen, etwas über ihn, können sie sich bei der Vorhersage seines gegenwärtigen und zukünftigen Verhaltens auf Annahmen über die Beständigkeit und Allgemeingültigkeit psychologischer Züge stützen.

Es kann aber vorkommen, daß, während der Einzelne sich in Gegenwart der anderen befindet, nur wenige Ereignisse eintreten, die ihnen schlüssige Informationen vermitteln, die sie benötigen, um ihr eigenes Verhalten richtig zu planen. Viele entscheidende Tatsachen liegen jenseits von Zeit und Raum der Interaktion oder bleiben in ihr verborgen. So können etwa die »wirklichen« oder »echten« Einstellungen, Überzeugungen und Gefühle des Einzelnen nur indirekt aus seinen Eingeständnissen oder seinem offenbar unabsichtlich sprechenden Verhalten erschlossen werden. Ebenso werden die anderen häufig, wenn der Einzelne ihnen eine Sache oder einen Dienst anbietet, die Verläßlichkeit seines Angebots nicht an Ort und Stelle überprüfen können. Sie werden dann gewisse Ereignisse als konventionelle oder natürliche Zeichen für etwas, das sie nicht unmittelbar wahrnehmen können, akzeptieren müssen. In der Terminologie G. Ichheisers[1] gesprochen, wird der Einzelne so handeln müssen, daß er sich selbst absichtlich oder unabsichtlich *ausdrückt* und daß die anderen von ihm in bestimmter Weise *beeindruckt* werden.

Die Ausdrucksmöglichkeit des Einzelnen (und damit in seiner Fähigkeit, Eindrücke hervorzurufen) scheint zwei grundlegend verschiedene Arten von Zeichengebung in sich zu schließen: der Ausdruck, den er sich selbst gibt, und der Ausdruck, den er ausstrahlt. Die erste Art umfaßt Wortsymbole und ihre Substitute, die der Einzelne eingestandenermaßen und ausschließlich dazu verwendet, diejenigen Informationen zu vermitteln, die er und die anderen mit diesen Symbolen verknüpfen. Hier haben wir es mit Kommunikation im traditionellen und engeren Sinne zu tun. Die zweite Art umfaßt einen weiten Bereich von Handlungen, die von den anderen als aufschlußreich für den Handelnden aufgefaßt werden, soweit sie voraussetzen können, daß diese Handlungen aus anderen Gründen als denen der Information unternommen wurden. Wie wir sehen werden, besitzt diese Unterscheidung nur anfangs Gültigkeit. Der Einzelne kann natürlich mit beiden Kommunikationstypen absichtlich Fehlinformationen vermitteln, das eine Mal durch Täuschung, das andere Mal durch Verstellung.

Nehmen wir Kommunikation in ihren beiden obengenannten Bedeutungen, dann stellen wir fest, daß das Verhalten des Einzelnen in unmittelbarer Anwesenheit anderer eigentlich erst aus der Zukunftsperspektive beurteilt werden kann. Die anderen werden im allgemeinen nicht umhinkönnen, den Einzelnen auf Treu und Glauben zu akzeptieren und ihm so während seiner Anwesenheit eine angemessene Gegenleistung für etwas zu bieten, dessen wahrer Wert erst in seiner Abwesenheit festgestellt werden kann. Natürlich handeln die anderen auch in ihrem Verhalten gegenüber der dinglichen Welt auf Grund von Schlußfolgerungen; aber nur in der Welt der sozialen Interaktion erleichtern oder erschweren die Objekte, aus denen sie ihre Schlüsse ziehen, absichtlich diesen Prozeß. Der Grad von Sicherheit, den sie ihren Schlußfolgerungen über den Einzelnen beimessen können, ist natürlich abhängig von solchen Faktoren, wie etwa dem Ausmaß an Informationen, die sie bereits über ihn besitzen. Aber keine noch so große Anzahl früherer Aufschlüsse kann die Notwendigkeit ersetzen, auf Grund von Schlußfolgerungen zu handeln. So schreibt William I. Thomas:

> Es ist sehr wichtig, sich über die Tatsache klarzuwerden, daß wir gewöhnlich weder nach statistischen noch nach wissenschaftlichen Gesichtspunkten unser Leben führen, unsere Entscheidungen treffen und unsere Ziele erreichen. Wir können nur auf Grund von Schlußfolgerungen bestehen. Nehmen wir zum Beispiel an, ich sei Ihr Gast: Sie wissen nicht und können auch nicht wissenschaftlich ermitteln, ob ich nicht Ihr Geld oder Ihre Löffel stehlen werde. Aber man kann annehmen, daß ich es nicht tun werde, und auf Grund dieser Annahme sind Sie bereit, mich einzuladen [2].

Wenden wir uns nun von den anderen ab und dem Standpunkt des Einzelnen zu, der sich vor ihnen darstellt. Er kann wünschen, daß jene viel von ihm halten oder daß sie glauben, er halte viel von ihnen, wünschen, daß sie seine wahre Meinung über sie erfahren oder daß sie darüber keinen klaren Eindruck gewinnen; er kann wünschen, die Harmonie zu sichern, um die Interaktion aufrecht zu erhalten, oder versuchen, die anderen zu betrügen, sie loszuwerden, sie zu verwirren, sie irrezuführen, gegen sie anzukämpfen oder sie zu beleidigen. Abgesehen von dem unmittelbaren Ziel, das der Einzelne sich gesetzt hat, und von den Motiven dieser Zielsetzung, liegt es in seinem Interesse, das Verhalten der anderen, insbesondere ihr Verhalten ihm gegenüber, zu kontrollieren [3]. Diese Kontrolle wird weitgehend dadurch bewirkt, daß er die Deutung der Situation beeinflußt, und zwar kann er das dadurch, daß er sich in einer Art und Weise ausdrückt, die bei den anderen einen Eindruck hervorruft, der sie veranlaßt, freiwillig mit seinen Plänen übereinzustimmen. So hat der Einzelne im allgemeinen allen Grund, sich anderen gegenüber so zu verhalten, daß er bei ihnen den Eindruck hervorruft, den er hervorrufen will. Da die Zimmergenossinnen eines Mädchens dessen Beliebtheit nach der Anzahl der Telefonanrufe einschätzen, die es empfängt, dürfen wir annehmen, daß manche Mädchen besondere Vorkehrungen treffen, um angerufen zu werden.

Die folgende Feststellung Willard Wallers überrascht uns daher nicht.

> Es ist häufig beobachtet und berichtet worden, daß ein Mädchen, das im Wohnheim ans Telefon gerufen wird, sich mehrmals rufen läßt, um alle anderen merken zu lassen, daß es angerufen wird [4].

Von den zwei genannten Kommunikationstypen – Ausdruck, den sich der Einzelne gibt, und Ausdruck, den er ausstrahlt – wird sich die vorliegende Untersuchung primär mit dem zweiten Typ als dem bühnenmäßigeren und dem stärker in das Gesamtverhalten eingebundenen Typ beschäftigen, gleichgültig, ob diese Art der Kommunikation absichtlich hergestellt wurde oder nicht. Als Beispiel für das, was wir hier zu untersuchen haben, möchte ich eine Episode aus einem Roman zitieren, in der Preedy, ein Engländer auf Ferienreise, zum erstenmal am Badestrand seines Sommerhotels in Spanien auftritt:

> Auf alle Fälle aber war er darauf bedacht, niemandem aufzufallen. Als erstes mußte er allen, die möglicherweise seine Gefährten während der Ferien sein würden, klarmachen, daß sie ihn überhaupt nichts angingen. Er starrte durch sie hindurch, um sie herum, über sie hinweg – den Blick im Raum verloren. Der Strand hätte menschenleer sein können. Wurde zufällig ein Ball in seine Nähe geworfen, schien er überrascht; dann ließ er ein amüsiertes Lächeln über sein Gesicht huschen (Preedy, der Freundliche), sah sich um, verblüfft darüber, daß tatsächlich Leute am Strand waren, und warf den Ball mit einem nach innen gerichteten Lächeln – nicht etwa mit einem, das den Leuten zugedacht wäre – zurück und nahm heiter seine absichtslose Betrachtung des leeren Raums wieder auf.
> Aber jetzt war es an der Zeit, eine kleine Schaustellung zu inszenieren, die Schaustellung Preedys, des Geistmenschen. Durch geschickte Manöver gab er jedem, der hinschauen wollte, Gelegenheit, den Titel seines Buches zu bemerken – einer spanischen Homer-Übersetzung, also klassisch, aber nicht gewagt und zudem kosmo-

> politisch –, baute dann aus seinem Bademantel und seiner Tasche einen sauberen, sandsicheren Schutzwall (Preedy, der Methodische und Vernünftige), erhob sich langsam und räkelte sich (Preedy, die Raubkatze!) und schleuderte die Sandalen von sich (trotz allem: Preedy, der Sorglose!).
>
> Preedys Hochzeit mit dem Meer! Es gab verschiedene Rituale.
>
> Einmal jenes Schlendern, das zum Laufen und schließlich zum Kopfsprung ins Wasser wird, danach ruhiges, sicheres Schwimmen auf den Horizont zu. Aber natürlich nicht wirklich bis zum Horizont! Ganz plötzlich drehte er sich auf den Rücken und schlug mit den Beinen große weiße Schaumwogen auf; so zeigte er, daß er weiter hinaus hätte schwimmen können, wenn er nur gewollt hätte, dann reckte er den Oberkörper aus dem Wasser, damit jeder sehen konnte, wer er war.
>
> Die andere Methode war einfacher. Sie schloß den Schock des kalten Wassers ebenso aus wie die Gefahr, übermütig zu erscheinen. Es ging darum, so vertraut mit dem Meer, dem Mittelmeer und gerade diesem Strand, zu erscheinen, daß es keinen Unterschied machte, ob er im Wasser oder draußen war. Langsames Schlendern hinunter an den Saum des Wassers – er bemerkt nicht einmal, daß seine Zehen naß werden: Land und Wasser sind für ihn eins! – die Augen zum Himmel gerichtet, ernst nach den für andere unsichtbaren Vorzeichen des Wetters ausspähend (Preedy, der alteingesessene Fischer) [5].

Der Autor will zeigen, daß sich Preedy in übertriebener Weise mit den weitreichenden Eindrücken befaßt, die er durch sein bloßes körperliches Verhalten bei seiner Umgebung hervorzurufen glaubt. Wir können bösartig unterstellen, daß Preedy nur zu dem Zweck, einen bestimmten – und zwar einen falschen – Eindruck hervorzurufen, gehandelt hat und daß die anderen entweder völlig unbeeindruckt bleiben oder – noch schlimmer – den Eindruck haben, Preedy wolle diesen bestimmten Eindruck durch affektiert geheucheltes Verhalten bei ihnen hervorrufen. Wichtig aber ist für uns, daß der Eindruck, den Preedy hervorzurufen glaubt, eben von der Art ist, wie ihn die anderen, berechtigter- oder unberechtigterweise, empfangen, wenn einer in ihrer Mitte sich so verhält.

Wie schon gesagt, beeinflussen die Handlungen des Einzelnen, wenn er anderen gegenübertritt, deren Deutung der Situation. Manchmal wird sich nun der Einzelne rein berechnend verhalten, das heißt, sich nur darum in einer bestimmten Weise ausdrücken, um bei den anderen gerade den Eindruck hervorzurufen, der eine bestimmte, in seinem Interesse liegende Reaktion bewirken kann. Manchmal wird er sich auch berechnend verhalten, ohne sich dessen vollständig bewußt zu sein. Er kann sich auch absichtlich und bewußt in bestimmter Weise darstellen, weil die Traditionen seiner Gruppe oder seines sozialen Ranges diese Art der Selbstdarstellung vorschreiben; also nicht um irgendeiner bestimmten Reaktion (außer der allgemeinen Akzeptierung oder Zustimmung) willen, die dadurch bei den anderen hervorgerufen werden könnte. Gelegentlich veranlassen die Rollentraditionen, denen der Einzelne unterworfen ist, ihn dazu, einen komplexen Eindruck bestimmter Art hervorzurufen, obgleich er das weder bewußt noch unbewußt wollte. Die anderen können ihrerseits durch die Bemühungen des Einzelnen, etwas zu übermitteln, entweder einen angemessenen Eindruck erhalten oder die Situation mißverstehen und Schlußfolgerungen daraus ziehen, die weder den Absichten des Einzelnen noch den Tatsachen entsprechen. Jedenfalls können wir, insoweit die anderen sich so verhalten, als ob der Einzelne einen bestimmten Eindruck vermittelt habe, von einem funktionellen oder pragmatischen Standpunkt aus sagen, der Einzelne habe auf wirksame Weise eine bestimmte Deutung der Situation effektiv projiziert und tatsächlich ein Einverständnis geschaffen, das durch eine bestimmte Sachlage hervorgerufen wird.

Besonders muß hier noch ein Aspekt der Reaktion der anderen beachtet werden. Da sie wissen, daß sich der Einzelne wahrscheinlich in einem für ihn günstigen Licht darstellen wird, können sie an ihrer Beobachtung zwei Aspekte unterscheiden: einen Aspekt, den der Einzelne verhältnismäßig leicht und seinem Willen entsprechend manipulieren kann – dieser Teil besteht im wesentlichen aus seinen verbalen Äußerungen –, und einen, über den er nur wenig Macht und Kontrolle zu haben scheint, weil er sich hauptsächlich aus dem, was der Einzelne ausstrahlt, ableitet. Die anderen können dann die als nicht manipulierbar angesehenen Aspekte seines Verhaltens als Kriterium dafür verwenden, was in den vermittelten manipulierbaren Aspekten gültig ist. Hier zeigt sich eine fundamentale Asymmetrie des Kommunikationsprozesses, da der Einzelne sich anscheinend nur eines Kommunikationsstroms bewußt ist, während die Beobachter neben diesem noch einen zweiten Kommunikationsstrom wahrnehmen. So hörte sich beispielsweise die Frau eines Kleinpächters auf der Shetland-Insel, als sie einem Gast, der vom englischen Festland kam, einheimische Gerichte vorsetzte, seine höflichen Beteuerungen, das Essen schmecke ihm, mit ebenso höflichem Lächeln an; gleichzeitig aber beobachtete sie die Geschwindigkeit, mit der der Besucher Löffel und Gabel zum Mund führte, den Eifer, mit dem er die Speisen in den Mund schob, und das beim Kauen ausgedrückte Wohlbehagen und konnte an Hand dieser Anzeichen die beteuerten Empfindungen des Essenden auf ihre Richtigkeit hin überprüfen. Wollte sie feststellen, was ein Bekannter (A) »wirklich« von einem anderen Bekannten (B) hielt, wartete die gleiche Frau mit ihrem Urteil so lange, bis sich B in der Gesellschaft von A befand, jedoch mit einer anderen Person (C) ins Gespräch vertieft war. Sie beobachtete dann heimlich den Gesichtsausdruck von A, der B im Gespräch mit C beobachtete. Solange er sich nicht im Gespräch mit B befand und solange er nicht direkt von ihm beobachtet wurde, verlor A manchmal seine konventionellen Hemmungen, verzichtete auf die vom Taktgefühl diktierten Täuschungen und drückte ungehemmt das aus, was er »wirklich« von B hielt. Sie beobachtete, kurz gesagt, den unbeobachteten Beobachter.

Auf Grund der Tatsache nun, daß andere häufig die kontrollierbaren Aspekte des Verhaltens an Hand der weniger leicht kontrollierbaren überprüfen, kann man erwarten, daß der Einzelne gelegentlich versuchen wird, eben diese Möglichkeit auszunützen, indem er den Eindruck, den er hervorruft, durch die Bereiche seines Verhaltens beeinflußt, die als verläßlich informierend angesehen werden[6]. Ein Einzelner, dem daran liegt, fest in einen geschlossenen sozialen Kreis aufgenommen zu werden, kann sich nicht darauf beschränken, nur dann durch sein Mienenspiel Zustimmung zu zeigen, wenn er jemandem zuhört, sondern er muß sich auch bemühen, den gleichen Gesichtsausdruck zu wahren, wenn er seinen Partner im Gespräch mit einem dritten beobachtet; die Beobachter des Beobachters werden dann seinen wirklichen Standpunkt nicht so leicht entdecken können. Ein bezeichnendes Beispiel kann von der Shetland-Insel angeführt werden: Kam ein Nachbar auf eine Tasse Tee zu Besuch, dann zeigte er meist wenigstens andeutungsweise ein erwartungsvolles Lächeln, wenn er die Kate betrat. Da man aber, weil nichts die Sicht versperrte und es in der Kate verhältnismäßig dunkel war, den

Besucher schon, während er sich noch dem Haus näherte, unbemerkt beobachten konnte, sahen die Inselbewohner gelegentlich mit Vergnügen, wie der Besucher erst beim Eintreten eine gesellige Miene aufsetzte. Einige Besucher jedoch, die darüber Bescheid wußten, nahmen auf gut Glück schon in großer Entfernung vom Haus einen geselligen Gesichtsausdruck an und sicherten so, daß ihr Bild in den Augen der anderen konstant blieb.

Diese Art von Kontrolle, die der Einzelne ausübt, stellt die Symmetrie des Kommunikationsprozesses wieder her und schafft die Bühne für so etwas wie ein Informationsspiel – einen potentiell endlosen Kreislauf von Verheimlichung, Entdeckung, falscher Enthüllung und Wiederentdeckung. Es muß hinzugefügt werden, daß der Einzelne viel gewinnen kann, indem er kontrolliert, da die anderen im allgemeinen den scheinbar unkontrollierten Aspekten seines Verhaltens verhältnismäßig unkritisch gegenüberstehen. Die anderen können natürlich merken, daß er die scheinbar spontanen Seiten seines Verhaltens manipuliert, und in der Manipulation selbst nach Nuancen suchen, die der Einzelne nicht unter Kontrolle gebracht hat. Dadurch wird wieder eine Überprüfung des Verhaltens des Einzelnen, in diesem Fall seines scheinbar unbeabsichtigten Verhaltens, ermöglicht und so die Asymmetrie des Kommunikationsprozesses wiederhergestellt. Hier möchte ich nur noch hinzufügen, daß anscheinend die Techniken, die zur Entlarvung berechneter Spontaneität des Einzelnen angewandt werden, besser entwickelt sind als die Fähigkeit, unser eigenes Verhalten zu manipulieren, so daß unabhängig von der Zahl der abgelaufenen Phasen des Informationsspiels der Beobachter dem Darsteller gegenüber meist im Vorteil ist und dadurch die ursprüngliche Asymmetrie des Kommunikationsprozesses im allgemeinen erhalten bleibt.

Nehmen wir an, der Einzelne projiziere seine Situation vor anderen, so ist gleichzeitig festzustellen, daß die anderen, wie passiv ihre Rolle auch erscheinen mag, durch ihre Reaktion auf den Einzelnen und die Art des Verhaltens, die sie ihm ermöglichen, ebenfalls wirkungsvoll die Situation bestimmen. Normalerweise sind Situationsbestimmungen der einzelnen Mitglieder einer Gruppe so weitgehend aufeinander abgestimmt, daß keine offensichtlichen Widersprüche auftreten. Damit soll nicht gesagt sein, es bestehe jene Übereinstimmung, die sich einstellt, wenn der Einzelne offen das ausdrückt, was er wirklich fühlt, und mit den Gefühlen der anderen ehrlich übereinstimmt. Diese Art von Harmonie ist ein optimistisches Ideal und jedenfalls nicht unbedingt notwendig für das reibungslose Funktionieren der Gesellschaft. Man erwartet im Gegenteil von jedem Teilnehmer, daß er seine unmittelbaren tieferen Gefühle unterdrückt und einen Aspekt der Situation ausdrückt, den seiner Ansicht nach die anderen wenigstens vorübergehend akzeptieren können. Diese oberflächliche Übereinstimmung, die den Anstrich von Einigkeit hat, wird ohne Schwierigkeiten aufrechterhalten, wenn jeder seine eigenen Bedürfnisse hinter der Verteidigung von Werten verbirgt, denen sich alle Anwesenden verpflichtet fühlen. Weiterhin besteht im allgemeinen eine Art von Arbeitsteilung bei der Bestimmung der Situation. Es bleibt jedem Gruppenmitglied freigestellt, die vorläufig offizielle Meinung in jenen Punkten zu bilden, die für ihn entscheidend, aber für die anderen nicht von unmittelbarer Bedeutung sind, etwa Begründungen und Rechtfertigungen, durch die er sein eigenes, vorangegangenes Verhalten erklärt. Als Gegenleistung bleibt er in Fragen, die für ihn ohne entscheidende Bedeutung, aber für andere wichtig sind, stumm oder äußert sich unverbindlich. Es entsteht also eine Art von Modus vivendi innerhalb der Interaktion. Alle Gruppenmitglieder tragen gemeinsam zu einer umfassenden Bestimmung der Situation bei, die weniger auf echter Übereinstimmung über die Realität beruht als auf echter Übereinstimmung darüber, wessen Ansprüche in welchen Fragen vorläufig anerkannt werden sollen. Echte Übereinstimmung herrscht meist auch darüber, daß es wünschenswert ist, einen offenen Konflikt zwischen widersprechenden Bestimmungen der Situation zu vermeiden[7]. Ich will diese Ebene der allgemeinen Zustimmung als »Arbeitsübereinstimmung« bezeichnen. Natürlich ist der Inhalt dieser Arbeitsübereinstimmung je nach dem Rahmen der Interaktion verschieden. So zeigen zwei Freunde beim gemeinsamen Mittagessen gegenseitige Zuneigung, Respekt und Sorge um den anderen. Im Dienstleistungsgewerbe erweckt dagegen der Fachmann häufig den Anschein, als sei er uneigennützig um die Probleme des Kunden besorgt, worauf der Kunde mit Respekt vor der Fähigkeit und Integrität des Fachmannes antwortet. Unabhängig von ihren inhaltlichen Unterschieden ist jedoch die allgemeine Form dieser Arbeitsübereinstimmungen die gleiche.

Berücksichtigen wir, daß die Partner einer Interaktion die Definitionsansprüche der anderen zu akzeptieren geneigt sind, so können wir die entscheidende Bedeutung verstehen, die gerade jenen Informationen zukommt, die der Einzelne *anfangs* über seine Partner erwirbt oder besitzt; denn auf der Grundlage dieser Anfangsinformationen beginnt er die Situation zu definieren und die Richtung seiner Reaktionshandlungen auszubauen. Seine anfängliche Projektion verpflichtet den Einzelnen auf das, was er zu sein behauptet, und zwingt ihn, jeden Anspruch fallenzulassen, etwas anderes zu sein. Im Verlauf der Interaktion wird der ursprüngliche Informationsbestand natürlich ergänzt und modifiziert, aber es ist dann wesentlich, daß die späteren Entwicklungen widerspruchslos mit den ursprünglichen Positionen der einzelnen Partner verknüpft und sogar auf sie aufgebaut werden. Es scheint, als sei es für den Einzelnen leichter, zu Beginn einer Begegnung auszuwählen, wie er von den anderen behandelt werden will, als später die Art der Behandlung zu verändern, wenn die Interaktion einmal begonnen hat.

Im Alltagsleben ist natürlich jedem klar, daß erste Eindrücke entscheidend sind. So hängt im Dienstleistungsgewerbe der Arbeitsverlauf häufig von der Fähigkeit des Angestellten ab, die Initiative zu ergreifen und beizubehalten, einer Fähigkeit, die eine versteckte Aggression auf seiten des Bediensteten voraussetzt, sofern sein sozialer und wirtschaftlicher Status niedriger ist als derjenige seines Kunden. W. F. Whyte führt als Beispiel die Kellnerin an:

> Als erstes fällt auf, daß die Kellnerin, wenn sie sich gegen Druck zur Wehr setzt, nicht einfach auf den Kunden eingeht. Sie bemüht sich mit einiger Geschicklichkeit darum, sein Verhalten zu kontrollieren. Die erste Frage, die wir uns bei der Untersuchung der Beziehung zwischen Kellnerin und Gast stellen müssen, lautet: »Überfährt die Kellnerin den Gast, oder überfährt der Gast die Kellnerin?« Die geschickte Kellnerin weiß, wie entscheidend diese Frage ist . . .
>
> Die geschickte Kellnerin geht zuversichtlich und ohne Zögern auf den Gast zu. Sie stellt fest, daß sich ein neuer Gast an den Tisch gesetzt hat, bevor sie Zeit hatte, das schmutzige Geschirr abzuräumen und das Tischtuch zu wechseln. Er lehnt sich jetzt über den Tisch und liest die Speisekarte. Sie begrüßt ihn, sagt: »Darf ich bitte das Tischtuch wechseln?« und nimmt ihm, ohne auf Antwort zu warten, die Speisekarte weg, so daß er sich zurücklehnt. Dann

geht sie an ihre Arbeit. Die Beziehung wird höflich, aber energisch gehandhabt, und es steht außer Zweifel, wer die Oberhand hat[8].

Ist die durch »erste Eindrücke« in Gang gesetzte Interaktion selbst nur die erste in einer längeren Reihe von Interaktionen zwischen denselben Partnern, dann halten wir es für wichtig, »von Anfang an den richtigen Eindruck zu machen«. So nehmen etwa einige Lehrer den folgenden Standpunkt ein:

> Man darf sie [die Schüler] nie die Oberhand gewinnen lassen, sonst ist man erledigt. Deshalb fange ich ganz hart an. Wenn ich eine neue Klasse bekomme, zeige ich ihnen am ersten Tag, wer der Stärkere ist ... Man muß hart beginnen, dann kann man später weicher werden. Wenn man weich anfängt und dann hart werden will, schauen sie einen nur an und lachen[9].

Ebenso glauben manchmal Wärter in Nervenheilanstalten, viele Schwierigkeiten könnten vermieden werden, wenn man dem Patienten gleich am ersten Tag klarmache, wer der Herr ist[10].

Davon ausgehend, daß der Einzelne in Gegenwart anderer eine Bestimmung der Situation projiziert, ist die Annahme berechtigt, daß innerhalb der Interaktion Ereignisse eintreten können, die dieser Projektion widersprechen, sie fragwürdig machen oder sie sonstwie zweifelhaft erscheinen lassen. Wenn solche störenden Ereignisse eintreten, kann die Interaktion in einen peinlichen und verwirrenden Stillstand geraten. Einige der Voraussetzungen, auf denen die Reaktionen der Partner basierten, werden hinfällig, und die Partner sehen sich in einer Interaktion gefangen, deren Ausgangssituation falsch bestimmt war und die nun überhaupt nicht mehr definiert ist. In einem solchen Augenblick kann es geschehen, daß der Einzelne, dessen Darstellung widerlegt wurde, beschämt ist, während die anderen Anwesenden feindliche Gefühle gegen ihn hegen, und alle Partner unruhig, verblüfft, verwirrt und beschämt sind und die Art von Anomie erfahren, die entsteht, wenn das exakt aufgebaute Sozialsystem einer unmittelbaren Interaktion zusammenbricht.

Wenn wir betonen, daß die erste Bestimmung der Situation, die ein Einzelner projiziert, den Plan für das kommende gemeinsame Handeln schon in sich trägt, wenn wir also den Handlungsaspekt betonen, dürfen wir dabei die entscheidende Tatsache nicht übersehen, daß jeder derartige Entwurf auch einen ausgeprägt moralischen Charakter hat. Mit eben diesem Aspekt werden wir uns hier hauptsächlich zu beschäftigen haben. Die Gesellschaft hat sich so etabliert, daß jeder mit Recht erwarten darf, von den anderen nach seinen sozialen Eigenschaften eingeschätzt und behandelt zu werden. Mit diesem Prinzip ist ein zweites verknüpft: daß nämlich jemand, der ausdrücklich oder stillschweigend zu verstehen gibt, er habe diese oder jene sozialen Eigenschaften, auch wirklich das sein soll, was er zu sein behauptet. Wenn daher jemand eine Bestimmung seiner Situation entwirft, indem er sich als eine Person einer bestimmten Art vorstellt, erhebt er damit automatisch die moralische Forderung, wonach die anderen ihn so einzuschätzen und zu behandeln hätten, wie es Personen seiner Art erwarten dürften. Zugleich gibt er stillschweigend jeden Anspruch auf, etwas zu sein, was er nicht zu sein scheint [11], und verzichtet damit auf eine Behandlung, die für andere Personen angemessen wäre. Unter diesen Voraussetzungen nehmen die anderen an, daß der Einzelne sie über das, was er ist, und über das, was sie als das »Ist« sehen sollten, informiert hat.

Man kann die Bedeutung der Pannen bei derartigen Situationsbestimmungen nicht daran messen, wie häufig sie auftreten; sie wären zweifellos häufiger, wenn nicht ständig Vorsichtsmaßnahmen getroffen würden. Tatsächlich kann man feststellen, daß immerzu Sicherungsmaßnahmen getroffen werden, um peinliche Situationen zu vermeiden, und daß ständig Korrekturmaßnahmen ergriffen werden, um diskreditierende Vorfälle auszugleichen, die nicht zu vermeiden waren. Wenn der Einzelne derartige Strategien und Taktiken anwendet, um seine Projektionen vor anderen zu sichern, können wir sie als »Verteidigungsmanöver« bezeichnen; wenn ein Partner sie anwendet, um die Projektionen des anderen zu bewahren, sprechen wir von »Schutzmanövern« oder von »Takt«. Zusammen stellen Verteidigungs- und Schutzmanöver die Techniken dar, die zur Sicherung des Eindrucks angewandt werden, den ein Einzelner in Gegenwart anderer aufgebaut hat. Hier muß eine Bemerkung angefügt werden: Wir sehen zwar leicht ein, daß kein hervorgerufener Eindruck bestehen bleiben könnte, wenn keine Verteidigungsmanöver angewandt würden, sind aber vielleicht weniger bereit, einzusehen, daß nur wenige Eindrücke bestehen bleiben könnten, wenn diejenigen, die sie empfangen, sie ohne Takt aufnähmen.

Neben der Tatsache, daß Vorsichtsmaßnahmen getroffen werden, um eine Zerstörung der Projektion zu verhindern, spielt auf der anderen Seite ein ausgeprägtes Interesse an derartigen Störungen im sozialen Leben der Gruppe eine bedeutsame Rolle. Es werden Streiche verübt und Gesellschaftsspiele gespielt, in denen nicht ernst zu nehmende peinliche Situationen absichtlich herbeigeführt werden[12]. Es werden Phantastereien erdacht, in denen sich überwältigende Bloßstellungen abspielen. Es werden Anekdoten aus der Vergangenheit – wahre, ausgeschmückte und frei erfundene – erzählt und wiedererzählt, in denen Störungen geschildert werden, die eingetreten sind, beinahe eingetreten wären oder auf bewundernswürdige Weise überwunden wurden. Es scheint keine Gesellschaft zu geben, die nicht über einen Vorrat derartiger Spiele, Vorstellungen und warnender Erzählungen verfügt – als Quelle des Spaßes, Ausdruck der Befürchtungen und als Mittel, um jemanden zur Bescheidenheit in seinen Ansprüchen und zum Maßhalten in den von ihm projizierten Erwartungen zu veranlassen. Jeder Einzelne wird es sich eingestehen, daß er in seinen Träumen schon in unmögliche Situationen hineingeraten ist. Familien erzählen von dem Tag, an dem ein Gast seinen Terminkalender durcheinanderbrachte und zu einem Zeitpunkt erschien, zu dem weder das Haus noch irgendeiner seiner Bewohner zu seinem Empfang bereit waren. Journalisten schildern gern, wie allzu beziehungsreiche Druckfehler die vorgegebene Objektivität und Würde der Zeitung durch unfreiwilligen Witz diskreditiert haben. Beamte erzählen von dem Antragsteller, der ein Formular in lächerlicher Weise mißverstand und Antworten gab, die eine unerwartete und bizarre Wendung der Situation herbeiführten[13]. Seeleute, die an eine ausgeprägt rauhe Männerumgebung gewöhnt sind, berichten, wie sie nach Hause kamen und aus Versehen ihre Mutter baten, »die verdammte Butter weiterzureichen«[14]. Diplomaten erzählen davon, wie eine kurzsichtige Königin den Gesandten einer Republik nach dem Befinden seines Königs fragte[15].

Zusammenfassend läßt sich sagen, daß ein Einzelner, wenn er vor anderen erscheint, zahlreiche Motive dafür hat, den Eindruck, den sie von dieser Situation empfangen, unter Kontrolle zu bringen. Diese Untersuchung befaßt sich mit einigen der üblichen Techniken, die angewandt werden, um hervorgerufene Eindrücke aufrechtzuerhalten, und mit einigen häufigen Folgeerscheinungen, die mit der Anwendung derartiger Techniken verbunden sind. Der spezifische Inhalt irgendeiner von einem Einzelnen vorgeführten Tätigkeit oder die

Rolle, die sie in den interdependenten Tätigkeiten eines übergreifenden Sozialsystems spielt, stehen dabei nicht zur Debatte; ich werde hier ausschließlich die dramaturgischen Probleme des Gruppenmitglieds bei seiner Darstellung vor anderen untersuchen. Die Fragen, mit denen sich Schauspielkunst und Bühnentechnik befassen, sind manchmal trivial, aber sie sind allgemeingültig; sie treten offenbar überall im sozialen Leben auf und bilden einen klar abgegrenzten Rahmen für die formale soziologische Analyse.

Es wird nützlich sein, diese Einleitung durch einige Definitionen abzurunden, die im vorangehenden Text impliziert waren und für das Verständnis des folgenden notwendig sind. Für die Zwecke unserer Untersuchung kann »Interaktion« (das heißt: unmittelbare Interaktion) grob als der wechselseitige Einfluß von Individuen untereinander auf ihre Handlungen während ihrer unmittelbaren physischen Anwesenheit definiert werden. *Eine* Interaktion kann definiert werden als die *Summe* von Interaktionen, die auftreten, während eine gegebene Gruppe von Individuen ununterbrochen zusammen ist; der Begriff »Konfrontation« bedeutet das gleiche. Eine »Darstellung« *(performance)* kann als die Gesamttätigkeit eines bestimmten Teilnehmers an einer bestimmten Situation definiert werden, die dazu dient, die anderen Teilnehmer in irgendeiner Weise zu beeinflussen. Wenn wir einen bestimmten Teilnehmer und seine Darstellung als Ausgangspunkt nehmen, können wir diejenigen, die die anderen Darstellungen beisteuern, als Publikum, Zuschauer oder Partner bezeichnen. Das vorherbestimmte Handlungsmuster, das sich während einer Darstellung entfaltet und auch bei anderen Gelegenheiten vorgeführt oder durchgespielt werden kann, können wir »Rolle« *(part)* nennen[16]. Diese, die Situation bezeichnenden Termini können leicht auf konventionelle strukturbezeichnende Termini übertragen werden. Wenn ein Einzelner oder ein Darsteller bei verschiedenen Gelegenheiten die gleiche Rolle vor dem gleichen Publikum spielt, entsteht mit großer Wahrscheinlichkeit eine Sozialbeziehung. Wenn wir soziale Rolle als die Ausübung von Rechten und Pflichten definieren, die mit einem bestimmten Status verknüpft sind, dann können wir sagen, daß eine soziale Rolle eine oder mehrere Teilrollen umfaßt und daß jede dieser verschiedenen Rollen von dem Darsteller bei einer Reihe von Gelegenheiten vor gleichartigem Publikum oder vor dem gleichen Publikum dargestellt werden kann.

Darstellungen

Der Glaube an die eigene Rolle

Wenn der Einzelne eine Rolle spielt, fordert er damit seine Zuschauer auf, den Eindruck, den er bei ihnen hervorruft, ernst zu nehmen. Sie sind aufgerufen zu glauben, die Gestalt, die sie sehen, besitze wirklich die Eigenschaften, die sie zu besitzen scheint, die Handlungen, die sie vollführt, hätten wirklich die implizit geforderten Konsequenzen, und es verhalte sich überhaupt alles so, wie es scheint. Dem entspricht die allgemein verbreitete Meinung, daß der Einzelne seine Rolle für die anderen spiele und seine Vorstellung nur für sie inszeniere. Für unsere Analyse derartiger Darstellungen wird es sich als nützlich erweisen, von der entgegengesetzten Fragestellung auszugehen, und zu untersuchen, wieweit der Einzelne selbst an den Anschein der Wirklichkeit glaubt, den er bei seiner Umgebung hervorzurufen trachtet.

Da finden wir auf der einen Seite den Darsteller, der vollständig von seinem eigenen Spiel gefangengenommen wird; er kann ehrlich davon überzeugt sein, daß der Eindruck von Realität, den er inszeniert, »wirkliche« Realität sei. Teilt sein Publikum diesen Glauben an sein Spiel – und das scheint der Normalfall zu sein –, so wird wenigstens für den Augenblick nur noch der Soziologe oder der sozial Desillusionierte irgendwelche Zweifel an der »Realität« des Dargestellten hegen.

Auf der anderen Seite steht der Darsteller, den seine eigene Rolle überhaupt nicht zu überzeugen vermag. Diese Möglichkeit wird daraus verständlich, daß sich kein anderer Beobachter in einer auch nur annähernd so günstigen Lage befindet, das Spiel zu durchschauen, wie derjenige, der es inszeniert. Weiterhin ist es möglich, daß der Darsteller nur mittelbar und zu anderen Zwecken daran interessiert ist, die Überzeugungen seines Publikums zu beeinflussen, so daß ihm letztlich die Auffassung, mit der es ihm und seiner Situation gegenübersteht, gleichgültig ist. Ist der Darsteller nicht von seiner eigenen Rolle überzeugt und nicht ernsthaft an den Überzeugungen seines Publikums interessiert, mögen wir ihn »zynisch« nennen, während wir den Ausdruck »aufrichtig« für Darsteller reservieren, die an den Eindruck glauben, den ihre eigene Vorstellung hervorruft. Wir dürfen nicht vergessen, daß der zynische Darsteller bei allem bestehenden Desinteresse doch auch von seiner Maskerade befriedigt sein kann, wenn er die Tatsache, nach Belieben mit etwas spielen zu können, was sein Publikum ernst nehmen muß, als belebende geistige Aggression erfährt[1].

Wir nehmen natürlich nicht an, daß alle zynischen Darsteller aus Eigennutz oder zum Zweck persönlichen Gewinns daran interessiert sind, ihr Publikum zu täuschen. Der Zyniker kann sein Publikum zu dessen eigenem Besten oder um des Gemeinwohls willen irreführen. Beispiele hierfür brauchen wir nicht erst bei aufgeklärt-abgeklärten »Schauspielern« wie Mark Aurel oder Hsün-tzu zu suchen. Wir wissen, daß im Dienstleistungsgewerbe Menschen, die sonst aufrichtig sind, gelegentlich gezwungen werden, ihre Kunden zu täuschen, weil diese ein tiefes Bedürfnis danach äußern. Der Arzt, der sich veranlaßt sieht, harmlos-unwirksame Mittel zu verschreiben, der Tankwart, der resigniert immer wieder den Reifendruck am Wagen einer überängstlichen Fahrerin prüft, der Schuhverkäufer, der einen passenden Schuh verkauft, aber der Kundin die falsche Schuhnummer nennt – sie alle sind zynische Darsteller, denen ihr Publikum nicht gestattet, aufrichtig zu sein. Anscheinend führen auch mitfühlende Patienten in Nervenheilanstalten gelegentlich übersteigerte Symptome vor, um die Schwesternschülerinnen nicht zu enttäuschen[2]. So braucht auch der sozial Tieferstehende, der dem Höherstehenden einen überschwenglichen Empfang bereitet, nicht von dem selbstsüchtigen Motiv des Einschmeichelns geleitet zu sein; es kann sich ebensogut um den taktvollen Versuch handeln, eine entspannte Atmosphäre zu erzeugen, indem er dem Höherstehenden die Art von Umwelt vorspielt, von der er annimmt, daß sie für diesen selbstverständlich sei.

Ich habe zwei Extreme beschrieben: der Einzelne kann von seinem eigenen Spiel getäuscht werden oder ihm zynisch gegenüberstehen. Diese zwei Extreme sind noch etwas anderes als nur Endpunkte einer kontinuierlichen Reihe. Jedes von ihnen versetzt den Einzelnen in eine Position, die deren spezifische Sicherungen und Schutzmittel einschließt, so daß derjenige, der einem der beiden Pole nahe gekommen ist, dazu neigen wird, auch den letzten Schritt zu vollziehen. Zunächst ohne rechte innere Überzeugung von der eigenen Rolle, kann der Einzelne einer natürlichen Entwicklung folgen, die von E. Park folgendermaßen beschrieben wird:

> Es ist wohl kein historischer Zufall, daß das Wort Person in seiner ursprünglichen Bedeutung eine Maske bezeichnet. Darin liegt eher eine Anerkennung der Tatsache, daß jedermann überall und immer mehr oder weniger bewußt eine Rolle spielt ... In diesen Rollen erkennen wir einander; in diesen Rollen erkennen wir uns selbst[3].
> In einem gewissen Sinne und insoweit diese Maske das Bild darstellt, das wir uns von uns selbst geschaffen haben – die Rolle, die wir zu erfüllen trachten –, ist die Maske unser wahreres Selbst: das Selbst, das wir sein möchten. Schließlich wird die Vorstellung unserer Rolle zu unserer zweiten Natur und zu einem integralen Teil unserer Persönlichkeit. Wir kommen als Individuen zur Welt, bauen einen Charakter auf und werden Personen[4].

Ein Beispiel dafür können wir dem Sozialleben auf der Shetland-Insel entnehmen[5]. Seit einigen Jahren wird das Touristenhotel der Insel von einem Ehepaar betrieben, das aus Kleinpächterkreisen stammt. Von Anfang an waren die Eigentümer gezwungen, ihre eigenen Vorstellungen von richtiger Lebensführung hintanzustellen und im Hotel den vollen Spielraum mittelständischen Komforts und mittelständischer Dienstleistungen anzubieten. In der letzten Zeit scheinen nun die Hoteleigentümer dem Theater, das sie so spielen, weniger zynisch gegenüberzustehen; sie sind selbst zum Mittelstand übergewechselt und legen immer größeren Wert auf die Rolle, die ihre Gäste ihnen zuschreiben.

Ein anderes Beispiel bietet der frisch eingezogene Rekrut, der sich am Anfang an die Etikette der Armee hält, um physischen Strafen zu entgehen, und schließlich dahin gelangt, daß er die Regeln einhält, um keine Schande über seine Kompanie zu bringen und den Respekt seiner Offiziere und Kameraden zu gewinnen.

Wie schon angedeutet, kann man den Weg vom Unglauben zum Glauben auch in der entgegengesetzten Richtung beschreiten, kann also von einer Überzeugung oder einer ungesicherten Wunschvorstellung zum Zynismus gelangen. In Berufen, die von der Öffentlichkeit mit religiöser Ehrfurcht betrachtet werden, geht der Nachwuchs den

Weg oft in dieser Richtung, und dies häufig nicht deswegen, weil er allmählich erkennt, daß das Publikum betrogen wird – gemessen an normalen sozialen Maßstäben können die aufgestellten Ansprüche durchaus gerechtfertigt sein –, sondern weil der Zynismus als Mittel zur Isolierung des inneren Selbst gegen den Kontakt mit dem Publikum verwendet werden kann. Wir können sogar typische »Laufbahnen« voraussagen, die mit einer gewissen Anteilnahme des Einzelnen an der Vorstellung, die er geben muß, beginnen, mehrfach zwischen Aufrichtigkeit und Zynismus schwanken, bis dann endlich alle Phasen und Wendepunkte des Selbstvertrauens, das der Rolle entspricht, durchlaufen sind. An medizinischen Fakultäten zum Beispiel verhält es sich so, daß idealistische Studenten der Anfangssemester im allgemeinen ihre noblen Zielsetzungen für einige Zeit in den Hintergrund drängen. In den ersten zwei Jahren entdecken sie, daß sie ihr Interesse an der Medizin aufgeben müssen, um ihre ganze Zeit darauf zu verwenden, zu lernen, wie man Prüfungen besteht. In den nächsten zwei Jahren sind sie zu sehr damit beschäftigt, sich Kenntnisse über Krankheiten anzueignen, um sich viel um den Patienten zu kümmern. Erst nachdem ihre medizinische Ausbildung beendet ist, können sich ihre ursprünglichen idealistischen Auffassungen vom Beruf des Arztes wieder Geltung verschaffen[6].

Während gewöhnlich also ein natürliches Schwanken zwischen Zynismus und Aufrichtigkeit zu erwarten ist, können wir doch die Möglichkeit einer Zwischenposition nicht ausschließen, die mit Hilfe von ein wenig Selbsttäuschung aufrechterhalten werden kann. Wir stellen fest, daß der Einzelne den Versuch machen kann, das Publikum zu einer bestimmten Beurteilung seiner selbst und der Situation zu veranlassen; daß er diese Beurteilung als Selbstzweck anstreben kann und daß er vielleicht dennoch nicht ganz davon überzeugt zu sein braucht, die Einschätzung seiner selbst zu verdienen, die er verlangt; daß er nicht restlos daran glauben muß, daß der Eindruck von Realität, den er hervorruft, gültig sei. Eine andere Mischung von Zynismus und Überzeugung wird in Kroebers Beschreibung des Schamanismus angedeutet:

> Schließlich ist da noch die alte Frage nach der Täuschung. Vermutlich helfen die meisten Schamanen und Medizinmänner der Welt ihrer Heiltätigkeit und besonders ihren Machtdarbietungen durch Taschenspielertricks nach. Diese Taschenspielertricks sind manch-

mal beabsichtigt; in vielen Fällen aber mag das Wissen darum auch nicht tiefer als bis zur vorbewußten Stufe gehen. Die Einstellung dazu, ob derartiges Wissen unterdrückt wird oder nicht, scheint die gleiche zu sein wie die Einstellung zur *pia fraus*. Ethnologen scheinen im allgemeinen davon überzeugt zu sein, daß selbst Schamanen, die mit Tricks nachhelfen, an ihre Kräfte und besonders an die Kräfte anderer Schamanen glauben: sie ziehen sie zu Rate, wenn sie selbst oder ihre Kinder krank sind[7].

Fassade

Ich habe den Begriff »Darstellung« zur Bezeichnung des Gesamtverhaltens eines Einzelnen verwendet, das er in Gegenwart einer bestimmten Gruppe von Zuschauern zeigt und das Einfluß auf diese Zuschauer hat. Dementsprechend empfiehlt es sich, denjenigen Teil der Darstellung des Einzelnen »Fassade« zu nennen, der regelmäßig in einer allgemeinen und vorherbestimmten Art dazu dient, die Situation für das Publikum der Vorstellung zu bestimmen. Unter Fassade verstehe ich also das standardisierte Ausdrucksrepertoire, das der Einzelne im Verlauf seiner Vorstellung bewußt oder unbewußt anwendet. Zunächst wird es sich empfehlen, die Elemente zu unterscheiden und zu benennen, die in den meisten Fällen offensichtlich zur Fassade gehören.

Da finden wir zunächst das »Bühnenbild«, das Möbelstücke, Dekorationselemente, Versatzstücke, die ganze räumliche Anordnung umfaßt – die Requisiten und Kulissen für menschliches Handeln, das sich vor, zwischen und auf ihnen abspielt. Ein Bühnenbild ist meist unbeweglich im geographischen Sinne, so daß diejenigen, die ein bestimmtes Bühnenbild als Teil ihrer Vorstellung verwenden wollen, ihr Spiel nicht beginnen können, bevor sie sich an den geeigneten Ort begeben haben, und ihre Vorstellung beenden müssen, wenn sie ihn verlassen. Nur unter außergewöhnlichen Umständen folgt das Bühnenbild den Darstellern; wir finden das bei Leichenzügen, Paraden und den Festzügen von Königen und Königinnen. Im wesentlichen scheinen derartige Ausnahmebedingungen zusätzliche Sicherungen für Darsteller zu gewähren, die sakrosankt sind oder es für den Augenblick geworden sind. Derartige Honoratioren dürfen natürlich nicht mit profanen Darstellern der Hausiererklasse verwechselt werden, die ihren Arbeitsort häufig notgedrungen zwischen den Vorstellungen wechseln. Für einen festen Ort als Bühnenbild zum eigenen Auftritt sind Herrscher oft zu heilig und Hausierer zu profan.

Wenn wir an den hier beschriebenen Teil der Fassade denken, neigen wir dazu, uns das Wohnzimmer in einem bestimmten Haus und die kleine Anzahl von Darstellern vorzustellen, die sich vollständig damit identifizieren können. Wir haben dann aber jenen Bühnenbildern zu wenig Aufmerksamkeit geschenkt, die viele Darsteller sich nur für kurze Zeit aneignen mögen. Es ist ein charakteristischer Zug der westeuropäischen Länder, zweifellos auch eine der Quellen ihrer Stabilität, daß es eine große Zahl von luxuriösen Bühnenbildern gibt, die jedermann zur Verfügung stehen, sofern er es sich leisten kann. Ein Beispiel hierfür kann aus einer Studie über den höheren Beamten in Großbritannien zitiert werden:

> Die Frage, inwieweit Personen, die zu hohen Beamtenstellungen aufsteigen, den »Stil« oder das »Milieu« einer anderen Klasse als derjenigen, der sie von Geburt her angehören, annehmen, ist heikel und schwer zu beantworten. Die einzigen zuverlässigen Informationen, die uns zur Beantwortung dieser Frage zur Verfügung stehen, sind die Mitgliederzahlen der großen Londoner Klubs. Mehr als drei Viertel unserer höheren Verwaltungsbeamten sind Mitglieder eines oder mehrerer Klubs mit hohem Prestige und beachtlichem Luxus, in denen eine Aufnahmegebühr von zwanzig Guineas oder mehr und ein Jahresbeitrag von zwölf bis zwanzig Guineas üblich ist. Diese Institutionen gehören ihrer Lage, ihrer Ausstattung, dem in ihnen gepflegten Lebensstil und ihrer ganzen Atmosphäre nach der Oberklasse (nicht einmal dem oberen Mittelstand) an. Obgleich viele ihrer Mitglieder nicht als wohlhabend bezeichnet werden können, wäre nur ein wohlhabender Mann ohne äußere Unterstützung in der Lage, für sich und seine Familie Räumlichkeiten, Essen, Getränke, Dienstleistungen und andere Bequemlichkeiten des Lebens auf dem gleichen Niveau aufzubringen, wie er sie im Union Club, im Travellers' Club oder im Reform Club vorfindet[8].

Die jüngste Entwicklung des Arztberufs ist ein weiteres Beispiel. Für einen Arzt wird es immer wichtiger, Zugang zu der komplizierten wissenschaftlichen Bühne zu bekommen, die durch die großen Krankenhäuser gegeben ist. Immer weniger Ärzte haben für ihr Auftreten einen Ort, dessen Tür sie abends hinter sich zumachen können[9].

Verstehen wir unter »Bühnenbild« die *szenischen* Komponenten des Ausdrucksrepertoires, so können wir mit dem Begriff »persönliche Fassade« jene anderen Ausdrucksmittel bezeichnen, die wir am stärksten mit dem Darsteller selbst identifizieren und von denen wir erwarten, daß er sie mit sich herumträgt. Zur persönlichen Fassade sind Amtsabzeichen oder Rangmerkmale, Kleidung, Geschlecht, Alter, Rasse, Größe, physische Erscheinung, Haltung, Sprechweise, Gesichtsausdruck, Gestik und dergleichen zu rechnen. Einige dieser Ausdrucksträger, zum Beispiel die rassischen Merkmale, sind in starkem Maße fixiert und verändern sich bei dem Einzelnen nicht von Situation zu Situation. Andere Ausdrucksträger, wie etwa die Mimik, sind dagegen verhältnismäßig flüchtig und können sich während der Darstellung von einem Augenblick zum anderen verändern.

Manchmal empfiehlt es sich, die persönliche Fassade zu trennen in »Erscheinung« und »Verhalten«, und zwar entsprechend der Wirkung der durch sie übermittelten Information. Der Begriff »Erscheinung« bezieht sich dabei auf die Teile der persönlichen Fassade, die uns über den sozialen Status des Darstellers informieren. Zugleich werden wir durch sie über die augenblickliche Situation des Einzelnen unterrichtet, das heißt darüber, ob er in einer formellen gesellschaftlichen Rolle agiert, ob er arbeitet oder sich zwanglos erholt. Mit »Verhalten« sind dann die Teile der persönlichen Fassade gemeint, die dazu dienen, uns die Rolle anzuzeigen, die der Darsteller in der Interaktion zu spielen beabsichtigt. So kann hochmütiges, aggressives Verhalten den Eindruck erwecken, der Darsteller wolle die mündliche Interaktion in Gang setzen und ihren Verlauf beeinflussen. Bescheidenes und auf Verteidigung eingestelltes Verhalten hingegen kann den Eindruck erwecken, der Darsteller sei bereit, sich der Führung anderer unterzuordnen, oder er könne wenigstens dazu veranlaßt werden.

Häufig erwarten wir natürlich eine sich gegenseitig bestätigende Übereinstimmung zwischen Erscheinung und Verhalten; wir erwarten, daß sich der unterschiedliche Sozialstatus der Partner einer Interaktion auf irgendeine Weise durch entsprechende Unterschiede ausdrückt, die auf die erwarteten Interaktionsrollen hinweisen. Dieser Typ der Kohärenz der Fassade kann durch die folgende Beschreibung der Prozession eines Mandarins durch eine chinesische Stadt illustriert werden:

Dicht dahinter ... füllt die luxuriöse, von acht Trägern getragene Sänfte des Mandarins den freien Straßenraum. Er ist der Bürgermeister der Stadt, und für alle praktischen Bereiche ihr höchster Machthaber. Er hat die ideale Erscheinung eines Beamten, denn er ist von großer und umfangreicher Gestalt und besitzt zugleich jenen strengen, kompromißlosen Gesichtsausdruck, der für jeden Beamten, der seine Untergebenen in Zucht halten will, als unerläßlich gilt. Er wirkt streng und abweisend, als sei er auf dem Weg zum Richtplatz, um einen Verbrecher enthaupten zu lassen.
Das ist das Gehabe, das ein Mandarin zur Schau trägt, wenn er sich in der Öffentlichkeit sehen läßt. Im Laufe vieler Jahre habe ich noch nie einen von ihnen, vom höchsten bis zum niedrigsten, mit einem Lächeln im Gesicht oder dem Anschein der Sympathie für das Volk gesehen, solange er offiziell durch die Straßen getragen wurde [10].

Aber natürlich können Erscheinung und Verhalten einander widersprechen, so etwa, wenn ein Darsteller, der einen höheren Status zu genießen scheint als sein Publikum, sich unerwartet herablassend oder vertraulich oder unsicher verhält oder wenn der Darsteller einer Person von hohem Rang sich vor einer Person mit noch höherem Status präsentiert.

Außer der vermuteten Übereinstimmung zwischen Erscheinung und Verhalten erwarten wir natürlich auch noch eine gewisse Kohärenz zwischen Bühnenbild, Erscheinung und Verhalten [11]. Eine solche Kohärenz bildet den Idealtypus, der uns dazu anregt, daß wir unser Augenmerk und Interesse auf die Ausnahme davon richten. Hier steht dem Forscher der Journalist zur Seite, denn die Abweichungen von der erwarteten Kohärenz zwischen Bühnenbild, Erscheinung und Verhalten bedingen Glanz und Pikanterie zahlreicher Karrieren und die Publikumswirksamkeit vieler Zeitschriftenartikel. So vermerkt etwa ein Porträt des erfolgreichen Grundstücksmaklers Roger Stevens in der Zeitschrift ›The New Yorker‹ die verblüffende Tatsache, daß Stevens ein kleines Haus, ein bescheiden eingerichtetes Büro und kein Briefpapier mit Monogramm besitzt [12].

Um die Beziehungen, die zwischen den einzelnen Komponenten der sozialen Fassade bestehen, näher zu analysieren, muß ein bedeutsames Merkmal der durch die Fassade übermittelten Information in Betracht gezogen werden: ihr Abstraktionsgrad und ihre Allgemeingültigkeit.

So spezialisiert und einmalig eine Rolle auch sein mag: von wenigen Ausnahmen abgesehen besitzt ihre soziale Fassade doch immer die Tendenz, Fakten festzulegen, die ebensogut für eine andere, von ihr leicht abweichende Rolle beansprucht und behauptet werden könnten. So wird im Dienstleistungsgewerbe in zahlreichen Rollen dem Kunden eine Vorstellung geboten, die durch den dramaturgischen Ausdruck von Reinlichkeit, Modernität, Zuverlässigkeit und Kompetenz geprägt wird. Obgleich diese abstrakten Wertvorstellungen in unterschiedlichen Berufsvorstellungen eine verschiedenartige Bedeutung haben, wird der Zuschauer veranlaßt, die abstrakten Übereinstimmungen zu betonen. Er ist nicht gezwungen, für jeden ein wenig anderen Darsteller und jede Vorstellung ein neues Erwartungsmuster bereitzuhalten, er kann vielmehr die Situation unter eine weitgefaßte Kategorie subsumieren, auf die man seine bisherigen Erfahrungen und sein stereotypes Denken mühelos anwenden kann. Der Zuschauer muß also nur mit einem kleinen und infolgedessen handlichen Vokabular von Fassaden vertraut sein und auf sie zu reagieren wissen, um sich in sehr verschiedenen Situationen orientieren zu können. So erweckt etwa die in London bei Kaminkehrern[13] und Parfümverkäufern um sich greifende Tendenz, weiße Laboratoriumskittel zu tragen, beim Kunden den Eindruck, daß diese Personen schwierige Aufgaben in einer standardisierten, klinisch reinen und vertrauenswürdigen Weise erfüllen.

Es bestehen Gründe für die Annahme, der Trend, eine große Anzahl verschiedenartiger Handlungen durch eine kleine Anzahl von Fassaden darzustellen, sei eine natürliche Entwicklungsrichtung in jeder sozialen Organisation. Radcliffe-Brown nimmt darauf Bezug, wenn er behauptet, ein »deskriptives« Verwandtschaftssystem, in dem jeder Person eine einmalige Stellung zugewiesen ist, sei zwar in sehr kleinen Gemeinschaften funktionsfähig, aber mit dem Anwachsen der Personenzahl sei eine Clan-Aufspaltung notwendig, um ein weniger kompliziertes System der Identifizierung und Verhaltensweise zu schaffen[14]. Wir können Beispiele dieser Tendenz in Fabriken, Kasernen und anderen großen sozialen Institutionen finden. Den Organisatoren dieser Institutionen ist es unmöglich, für jede Statuskategorie eigene Kantinen, eigene Wege der Lohnzahlung, eigene Urlaubsrente und eigene sanitäre Installationen innerhalb der Organisation bereitzustellen; gleichzeitig haben sie aber das Gefühl, Personen mit verschiedenem Status sollten nicht wahllos zusammengeworfen oder gemeinsam klassifiziert werden. Als Kompromißlösung wird einerseits der volle Bereich der Unterschiedlichkeit an einigen entscheidenden Punkten segmentiert, und es wird dann den Angehörigen einer bestimmten Gruppe freigestellt oder sie werden dazu gezwungen, in gewissen Situationen die gleiche soziale Fassade zu zeigen.

Neben der Tatsache, daß für verschiedene Rollen die gleiche Fassade verwendet werden kann, muß angemerkt werden, daß eine vorgegebene soziale Fassade dazu geeignet sein kann, auf der Grundlage der abstrakten stereotypen Erwartungen, die sie erweckt, institutionalisiert zu werden, womit sie eine Bedeutung und eine Stabilität annimmt, die unabhängig von den spezifischen Aufgaben ist, die zu einem gewissen Zeitpunkt in ihrem Namen erfüllt werden. Die Fassade wird zu einer »kollektiven Darstellung« und zum Selbstzweck.

Wenn ein Darsteller eine etablierte soziale Rolle übernimmt, wird er im allgemeinen feststellen, daß es bereits eine bestimmte Fassade für diese Rolle gibt. Ob er die Rolle nun in erster Linie übernommen hat, weil er die gestellte Aufgabe erfüllen wollte, oder etwa, weil ihn die entsprechende Fassade reizte, immer wird er feststellen, daß er beiden entsprechen muß.

Wenn weiterhin der Einzelne eine Aufgabe übernimmt, die nicht nur ihm neu, sondern die zugleich auch in der Gesellschaft noch nicht etabliert ist, oder wenn er den Standpunkt, von dem aus seine Aufgabe betrachtet wird, verändern will, so wird er im allgemeinen feststellen, daß bereits mehrere wohletablierte Fassaden existieren, zwischen denen er seine Wahl zu treffen hat. Wenn also eine Aufgabe eine andere Fassade erhält, so ist sie doch selten wirklich neu.

Da Fassaden meist gewählt und nicht geschaffen werden, müssen wir damit rechnen, daß Schwierigkeiten auftreten, wenn diejenigen, die eine bestimmte Aufgabe erfüllen, gezwungen sind, unter mehreren unterschiedlichen Fassaden eine geeignete auszuwählen. So sehen sich militärische Organisationen ständig vor Aufgaben gestellt, die für den einen Dienstgrad zuviel an Autorität und Fähigkeiten voraussetzen, für den nächst höheren aber zuwenig. Da die Sprünge zwischen den Dienstgraden verhältnismäßig groß sind, ist der »Rang«, den diese Aufgaben bieten, jeweils zu hoch oder zu niedrig.

Ein interessantes Beispiel für das Dilemma der Wahl zwischen verschiedenen, nicht ganz angemessenen Fassaden kann heute in amerikanischen Krankenhäusern schon bei der Frage auftauchen, wer die Narkosen gibt[15]. In einigen Krankenhäusern narkotisieren noch immer Krankenschwestern, denen, unabhängig von den Aufgaben, die sie erfüllen, eine Fassade zugestanden wird, die durch zeremonielle Unterordnung unter die Ärzte und verhältnismäßig schlechte Bezahlung gekennzeichnet ist. Um die Anästhesie als Spezialgebiet für Fachärzte zu etablieren, mußten die interessierten Ärzte die Vorstellung unterstreichen, Anästhesie sei eine so komplexe und lebenswichtige Aufgabe, daß es berechtigt sei, denjenigen, die sie durchführen, die einem Arzt zustehende zeremonielle und finanzielle Honorierung zuteil werden zu lassen. Der Unterschied zwischen der Fassade, die ein Arzt aufrechterhält, und der Fassade, die eine Krankenschwester aufrechterhält, ist groß; Dinge, die für eine Krankenschwester akzeptabel erscheinen, sind unter der Würde eines Arztes. Manche Mediziner sind der Auffassung, eine Krankenschwester habe einen »zu niedrigen Rang« und ein Arzt einen »zu hohen Rang«, um Narkosen durchzuführen: Wenn es einen etablierten sozialen Rang gäbe, der zwischen Krankenschwester und Arzt liegt, könnte vielleicht eine einfachere Lösung des Problems gefunden werden[16]. Ähnlich hätte man in der kanadischen Armee den Hauptleuten des Zahnmedizinischen Korps, die häufig von ethnisch niedrig bewerteter Abstammung sind, einen Rang zuteilen können, der ihnen in den Augen der Armee vielleicht eher zugestanden hätte als der Hauptmannsgrad, den sie innehaben, wenn eben ein Rang zwischen Oberleutnant und Hauptmann existierte.

Ich will hier den Akzent nicht zu sehr auf eine formalisierte Organisation oder Gesellschaft legen; auch der Einzelne, dem eine begrenzte Auswahl von Ausdrucksträgern zur Verfügung steht, ist oft in der Wahl des einen oder anderen nicht glücklich. So boten in der von mir untersuchten Kleinpächtergemeinschaft Gastgeber einem Besucher häufig ein Glas Schnaps, ein Glas Wein oder eine Tasse Tee an. Je höher der Rang oder je zeremonieller die augenblickliche Situation des Besuchers war, desto stärkere Alkoholika wurden angeboten. Diese Art von Ausdrucksträger brachte nun das Problem mit sich, daß manche Pächter es sich nicht leisten konnten, eine Flasche Schnaps im Haus zu haben, so daß Wein im allgemeinen die großzügigste Geste darstellte, die ihnen möglich war. Eine vielleicht noch häufiger auftretende Schwierigkeit bestand jedoch darin, daß gewisse Besucher ihrem ständigen oder augenblicklichen Status gemäß zu bedeutend für das eine Getränk und zu unbedeutend für das andere waren: sie würden sich entweder zurückgesetzt fühlen, oder der teure und beschränkte Getränkevorrat des Gastgebers wäre verschwendet. Im Mittelstand entsteht eine ähnliche Situation, wenn sich die Gastgeberin entscheiden muß, ob sie das gute Besteck auflegen soll oder nicht, ob ihr bestes Nachmittags- oder ihr einfachstes Abendkleid angebracht ist.

Ich habe schon angedeutet, daß die Fassade in durch Tradition festgelegte Komponenten wie Bühnenbild, Erscheinung und Verhalten unterteilt werden kann und daß (da verschiedene Rollen durch die gleiche Fassade dargestellt werden können) nicht immer vollständige Übereinstimmung herrschen muß zwischen dem spezifischen Charakter einer Darstellung und der verallgemeinerten sozialen Rolle, in der sie vor uns erscheint. Daher ist es auch verständlich, daß Requisiten der Fassade einer bestimmten Rolle gleichzeitig für eine größere Anzahl anderer Rollen verwendet werden können und daß sich all diese Rollen, in denen das gleiche Requisit verwendet wird, als ein bestimmter Bereich von jenen Rollen unterscheidet, in denen ein anderes Requisit einen Teil der gleichen sozialen Fassade bildet. So kann sich etwa ein Rechtsanwalt in einer für diesen Zweck bestimmten Umgebung (Bühnenbild) mit seinen Mandanten unterhalten, aber die angemessene Kleidung, die er bei diesen Gelegenheiten trägt, wird er ebenso bei einem Bankett mit Kollegen oder bei einem Theaterbesuch mit seiner Frau tragen können. Die Bilder, die an seinen Wänden hängen, und der Teppich auf seinem Fußboden könnten allerdings auch Teile einer häuslichen und weniger offiziellen Umgebung sein. Natürlich können bei zeremoniellen Gelegenheiten hohen Ranges Bühnenbild, Verhalten und Erscheinung einmalig und spezifisch sein, das heißt, nur für Darstellungen einer einzigen bestimmten Rolle gebraucht werden; aber eine derartig exklusive Anwendung der Ausdrucksträger ist eher die Ausnahme als die Regel.

Vor anderen durchsetzt der Einzelne gewöhnlich seine Tätigkeit mit Hinweisen, die bühnenwirksam ihn bestätigende Tatsachen illustrieren und beleuchten, welche sonst unbemerkt oder undeutlich bleiben könnten. Denn wenn die Tätigkeit des Einzelnen Bedeutung für andere gewinnen soll, muß er sie so gestalten, daß sie *während der Interaktion* das ausdrückt, was er mitteilen will. Es kann in der Tat vorkommen, daß von dem Darsteller Beweise seiner Fähigkeiten nicht nur im gesamten Verlauf der Interaktion, sondern auch innerhalb eines Sekundenbruchteils verlangt werden. Wenn etwa der Schiedsrichter beim Baseballspiel den Eindruck erwecken will, er sei sicher in seinen Entscheidungen, so muß er auf den Augenblick der Reflexion verzichten, der ihm gerade die Sicherheit geben könnte. Er muß sofort eine Entscheidung fällen, damit das Publikum sicher sein kann, daß sein Urteil richtig ist[17].

Dazu ist anzumerken, daß die Gestaltung bestimmter Rollen deshalb kein Problem bietet, weil einige der Handlungen, die für die Erfüllung der Hauptaufgabe der Rolle unbedingt nötig sind, gleichzeitig unter dem Aspekt der Kommunikation vorzüglich dazu geeignet sind, die von dem Darsteller beanspruchten Eigenschaften und Fähigkeiten sichtbar zu machen. Die Rollen des Preisboxers, des Chirurgen, des Violinisten und des Polizisten sind gute Beispiele dafür. Diese Tätigkeiten erlauben ein solches Maß an dramatischem Ausdruck, daß vorbildliche Praktiker – in der Wirklichkeit oder in Romanen – berühmt werden und einen besonderen Platz in den kommerziell organisierten Träumen der Nation einnehmen.

In zahlreichen Fällen stellt aber die dramatische Gestaltung der eigenen Arbeit ein Problem dar. Als Beispiel kann ein Abschnitt aus einer Untersuchung der Arbeitsbedingungen in einem Krankenhaus zitiert werden. Hier wird ein spezifisches Problem des Pflegepersonals für nicht operativ behandelte Patienten sichtbar:

> Die Dinge, die eine Krankenschwester im Operationssaal für einen frisch operierten Patienten tut, haben häufig eine auch für den Patienten erkennbare Bedeutung, auch wenn dieser mit dem Funktionsablauf eines Krankenhauses nicht vertraut ist. So sieht der Patient beispielsweise, daß die Krankenschwester seine Verbände

wechselt oder orthopädische Apparate reguliert, und kann erkennen, daß es sich um eine sinnvolle Tätigkeit handelt. Auch wenn sich die Krankenschwester nicht direkt mit ihm beschäftigt, weiß er ihre Tätigkeit zu schätzen.

Auch Pflege und die Behandlung mit Medikamenten ist eine Arbeit, die große Vorkenntnisse verlangt ... Die Diagnose des Internisten muß sich auf sorgfältige Beobachtung der Symptome über einen längeren Zeitraum stützen, während die des Chirurgen viel stärker von sichtbaren Faktoren abhängig ist. Der Mangel an Sichtbarkeit wird hier für das Pflegepersonal zum Problem. Der Patient sieht, wie die Stationsschwester am Nachbarbett stehenbleibt und einen Augenblick plaudert. Er weiß nicht, daß sie Atmung und Gesichtsfarbe des anderen Patienten beobachtet. Er glaubt, sie besuche ihn. Das gleiche glaubt bedauerlicherweise seine Familie, die daraufhin diese Krankenschwester nicht besonders respektiert. Wenn sich die Krankenschwester länger am Nachbarbett aufhält als an seinem eigenen, mag sich der Patient vernachlässigt fühlen ... Man meint, die Krankenschwestern verschwenden ihre Zeit, wenn sie nicht umherrennen und etwas Sichtbares tun, etwa eine Spritze geben [18].

Ebenso kann es den Inhabern von Dienstleistungsbetrieben schwerfallen, das, was wirklich für den Kunden geschieht, wirkungsvoll vor Augen zu führen, weil der Kunde die laufenden Kosten der Dienstleistung nicht »sehen« kann. Leichenbestatter müssen deshalb sehr viel für ihre sichtbare Leistung – einen Sarg, der in einen Sarkophag verwandelt wird – verlangen, weil zahlreiche andere Unkosten bei der Durchführung einer Beerdigung nicht so sichtbar gemacht werden können [19]. Auch Kaufleute müssen hohe Preise für Gegenstände verlangen, die teuer aussehen, um Unkosten, die der Kunde nicht sieht, wie Versicherung, Umsatzstockungen und dergleichen, auszugleichen.

Die Darstellung der eigenen Arbeit vor den Augen anderer besteht nicht allein darin, unsichtbare Kosten in sichtbare zu verwandeln. In vielen Fällen ist die Tätigkeit einer Person von einem bestimmten sozialen Rang so wenig dazu geeignet, diesen Rang offenbar zu machen, daß der Darsteller einen beachtlichen Teil seiner Energie auf die Aufgabe verwenden muß, seine Rolle wirkungsvoll zu gestalten, und diese auf die Übermittlung gerichtete Tätigkeit verlangt häufig gerade andere Eigenschaften als die, die dramatisch dargestellt werden sollen. So muß etwa der Hausbesitzer, um ein Haus so einzurichten, daß es ruhige und schlichte Würde repräsentiert, auf Auktionen rennen, mit Antiquitätenhändlern feilschen und alle Läden am Ort nach geeigneten Tapeten und Vorhangstoffen durchstöbern. Will er eine Ansprache im Radio halten, die wirklich zwanglos, spontan und natürlich wirkt, ist der Sprecher genötigt, sein Manuskript sorgfältig vorzubereiten und Satz für Satz zu prüfen, um die Aussage entsprechend zu formulieren, sich dem Rhythmus und der Geschwindigkeit der Alltagssprache anzupassen[20]. Ebenso ist ein Photomodell von ›Vogue‹ imstande, durch Kleidung, Haltung und Gesichtsausdruck Verständnis für das Buch auszudrücken, das es in der Hand hält; aber diejenigen, die sich so sehr um den angemessenen Ausdruck bemühen, finden meistens sehr wenig Zeit zum Lesen. Wie Sartre schreibt:

> Der aufmerksame Schüler, der aufmerksam *sein* will, den Blick an den Lehrer geheftet, die Ohren weit aufgetan, erschöpft sich damit, den Aufmerksamen zu spielen, derart, daß er schließlich gar nichts mehr hört[21].

So findet sich der Einzelne häufig im Widerstreit zwischen Ausdruck und Handeln. Gerade diejenigen, die genügend Zeit und Talent haben, eine Aufgabe gut zu erfüllen, haben manchmal deswegen weder die Zeit noch das Talent, anderen vorzuführen, wie gut sie sie erfüllen. Man kann sagen, daß einige Betriebsorganisationen dieses Dilemma so lösen, daß sie die dramatische Funktion offiziell einem Spezialisten übertragen, der seine Zeit darauf verwendet, die Bedeutung der Aufgabe auszudrücken, und keine Zeit darauf, sie tatsächlich zu erfüllen.

Wenn wir nun zunächst von einem anderen Bezugspunkt ausgehen und uns statt der Darstellung selbst dem Darsteller zuwenden, können wir interessante Beobachtungen über den Bereich verschiedener Rollen machen, an denen eine Gruppe oder Klasse von Individuen als Darsteller teilnimmt. Untersucht man eine Gruppe oder Klasse, so wird man feststellen, daß ihre Mitglieder dazu neigen, besonders ihre Vorstellungen von sich selbst in bestimmte Rollen zu kleiden und den anderen Rollen, die sie ebenfalls spielen, weniger Bedeutung beizumessen. So kann ein Berufstätiger durchaus bereit sein, auf der Straße, in einem Geschäft oder zu Hause eine sehr bescheidene Rolle zu übernehmen, wird aber in dem Bereich, in dem er seine beruflichen Fähigkeiten zu beweisen hat, großen Wert darauf legen, sich wirksam in Szene zu setzen. Bei der Mobilisierung seines Verhaltens, soweit es der

Schaustellung dient, macht er sich wenig Gedanken über den gesamten Bereich der verschiedenen Rollen, die er spielt, ist aber sehr um die eine Rolle besorgt, auf der seine berufliche Einschätzung basiert. An Hand dieses Kriteriums unterscheiden einige Autoren Gruppen mit aristokratischen Lebensgewohnheiten von Gruppen mittelständischen Charakters (unabhängig von ihrem Sozialstatus). Als aristokratisches Verhalten wird hier ein Habitus bezeichnet, der alle kleineren Tätigkeiten des Lebens, die außerhalb der speziellen Rollen anderer Klassen liegen, kultiviert und ihnen den Ausdruck des Charakters, der Macht und hohen Ranges verleiht.

> Welche bedeutenden Fertigkeiten werden dem jungen Adligen beigebracht, um die Würde seines Ranges aufrechtzuerhalten und sich jener Überlegenheit über seine Mitbürger würdig zu erweisen, zu der ihn die Tugend seiner Ahnen erhoben hat? Geht es um Wissen, um Fleiß, um Geduld, um Entsagung oder um Tugend irgendwelcher Art? Da alle seine Worte, alle seine Bewegungen beobachtet werden, erlernt er eine selbstverständliche Aufmerksamkeit allen Situationen des täglichen Lebens gegenüber und bemüht sich, alle diese kleinen Pflichten mit größter Korrektheit zu erfüllen. Da er weiß, wie sehr er beobachtet wird und wie bereit die Menschen im allgemeinen sind, sich seinen Neigungen gewogen zu erweisen, handelt er auch bei den unwichtigsten Anlässen mit jener Freiheit und Erhabenheit, die diese Gewißheit ganz natürlich hervorruft. Seine Miene, seine Art, sein Benehmen – sie alle bekunden durch Gewandtheit und Grazie die eigene Überlegenheit, die diejenigen, die zu niederem Stand geboren sind, wohl niemals erreichen können. Dies sind die Künste, durch die er erreichen will, daß sich die Menschen seiner Autorität leichter unterwerfen und sich nach seinen Wünschen lenken lassen, und er wird hierin nur selten enttäuscht. Diese Künste genügen im gewöhnlichen Leben, wenn sie von Stand und anderen äußeren Vorrechten unterstützt werden, um die Welt zu regieren [22].

Existieren derartige Darstellungskünstler tatsächlich, so bilden sie sicher eine sehr geeignete Gruppe, an der man die Fertigkeiten studieren kann, durch die Tätigkeit zur Schaustellung wird.

Idealisierung

Ich habe schon angedeutet, daß bei der Darstellung einer Rolle die Fassade einige recht abstrakte Ansprüche an das Publikum stellt, die meist auch bei der Darstellung anderer Rollen erhoben werden. Hierbei handelt es sich um eine der Methoden, durch die eine Darstellung »sozialisiert«, das heißt dem Verständnis und den Erwartungen der Gesellschaft, vor der sie stattfindet, angepaßt wird. Ich will nun einiges über einen weiteren wichtigen Aspekt dieses Sozialisierungsprozesses ausführen: über die Tendenz der Darsteller, beim Publikum einen auf verschiedene Art idealisierten Eindruck zu erwecken.

Die Meinung, eine Darstellung stelle das idealisierte Bild der Situation dar, ist natürlich nicht neu. Die Auffassung C. Cooleys kann als Beispiel dienen:

> Versuchten wir niemals, ein wenig besser zu scheinen, als wir sind, wie könnten wir uns dann bessern oder uns selbst »von außen nach innen erziehen«? Dieser Impuls, der Welt einen besseren oder idealisierten Aspekt unserer selbst zu zeigen, findet sich auch in den verschiedenen Berufsgruppen und Klassen, in ihrer Gesamtheit. Eine jede von ihnen verfügt bis zu einem gewissen Grad über eine eigene Phraseologie oder Pose, die ihre Mitglieder, meist ohne es zu wissen, annehmen, die aber dennoch die Wirkung einer Verschwörung hat, welche die leichtgläubige Umwelt zu beeindrucken sucht. Eine derartige Phraseologie gibt es nicht nur in der Theologie und der Philanthropie, sondern auch in der Rechtswissenschaft, der Medizin, dem Erziehungswesen und sogar in den Naturwissenschaften – vielleicht sogar besonders in den Naturwissenschaften, da es um so wahrscheinlicher ist, daß man auch unverdient Anerkennung erheischt, je bereitwilliger sie auf einem bestimmten Gebiet gespendet wird[23].

Der Einzelne wird sich also bei seiner Selbstdarstellung vor anderen darum bemühen, die offiziell anerkannten Werte der Gesellschaft zu verkörpern und zu belegen, und zwar in stärkerem Maße als in seinem sonstigen Verhalten.

Insofern eine Darstellung die gemeinsamen offiziell anerkannten Werte der Gesellschaft, vor der sie dargeboten wird, betont, können wir sie nach dem Vorbild von Durkheim und Radcliffe-Brown als

Ritual betrachten, das heißt, als eine ausdrückliche Erneuerung und Bestätigung der Werte der Gemeinschaft. Darüber hinaus werden in dem Maße, in dem die in Darstellungen nahegelegte Sicht als Wirklichkeit akzeptiert wird, diese Darstellungen Züge einer Zeremonie haben. Im eigenen Zimmer zu bleiben und sich von dem Ort fernzuhalten, an dem die Festlichkeit stattfindet beziehungsweise an dem der Kunde bedient wird, heißt, sich fernzuhalten von dem Ort, wo Wirklichkeit dargestellt wird.

Eine der reichhaltigsten Quellen über idealisierte Darstellungen bietet die Literatur über soziale Umschichtungen. In den meisten Gesellschaften scheint es ein allgemeines oder dominantes Schichtungssystem zu geben, und in den meisten Gesellschaften mit verschiedenen sozialen Schichten finden wir eine Idealisierung der oberen Ränge und einen gewissen Ehrgeiz der Menschen niedriger Position, in höhere Schichten aufzusteigen. (Man darf nicht vergessen, daß es sich hier nicht nur um das Streben nach einer anerkannten Position, sondern zugleich um das Streben nach einer Position in der Nähe des geheiligten Zentrums gemeinsamer Werte der Gesellschaft handelt.) Wir stellen allgemein fest, daß zum sozialen Aufstieg angemessene Selbstdarstellungen gehören und daß die Bemühungen, aufzusteigen, wie die Anstrengungen, nicht abzusteigen, sich in den Opfern, die zur Aufrechterhaltung der Fassade gebracht werden, manifestieren. Hat man einmal die angemessenen Bedeutungsträger erworben und sich mit ihrer Anwendung vertraut gemacht, so können sie die alltäglichen Selbstdarstellungen ausschmücken und in einem günstigen gesellschaftlichen Licht erscheinen lassen.

Vielleicht der wichtigste Teil der Bedeutungsträger innerhalb der sozialen Klassen sind die Statussymbole, die materiellen Wohlstand bestätigen. Die amerikanische Gesellschaft gleicht in dieser Hinsicht anderen Gesellschaften, wird aber häufig als extremes Beispiel einer wohlstandsorientierten Klassenstruktur angeführt – vielleicht, weil in Amerika die Freiheit und die finanzielle Möglichkeit, Wohlstandssymbole vorzuführen, so weit verbreitet sind. Dagegen ist über die indische Gesellschaft häufig gesagt worden, daß hier die soziale Umschichtung zwischen den Kasten und nicht zwischen Individuen stattfindet und daß in ihren Darstellungen Anspruch auf nicht-materielle Werte erhoben wird. In einer neueren Untersuchung über Indien finden wir etwa die folgenden Feststellungen:

> Das Kastensystem ist durchaus keine starre Ordnung, in der die Stellung jeder einzelnen Gruppe für alle Zeiten festgelegt wäre. Bewegung war immer möglich, und dies besonders in den mittleren Bereichen der Hierarchie. Eine niedere Kaste war im Verlauf von ein oder zwei Generationen imstande, in eine höhere Stellung aufzusteigen, indem sie vegetarische Lebensweise und Abstinenz auf sich nahm und soweit wie möglich die Bräuche, Riten und Glaubensinhalte der Brahmanen übernahm. Diese Übernahme des brahmanischen Lebensstils durch eine niedere Kaste scheint, obgleich theoretisch untersagt, in der Praxis häufig gewesen zu sein . . .
> Die Neigung der niederen Kasten, die höheren nachzuahmen, war einer der einflußreichsten Faktoren in der Ausbreitung des Sanskritrituals und der Sanskritbräuche sowie in der Erreichung eines gewissen Grades an kultureller Übereinstimmung nicht nur innerhalb der Kastenstruktur, sondern in ganz Indien [24].

In Wirklichkeit gibt es natürlich auch Hindukreise, deren Mitglieder es sich angelegen sein lassen, ihrem Alltagsleben einen Anstrich von Wohlstand und Luxus zu geben, und die zu wenig von asketischer Reinheit halten, um sich die Mühe zu machen, sie vorzutäuschen. Ebenso waren in Amerika immer einflußreiche Gruppen da, deren Mitglieder bei jeder Darstellung den Anschein bloßen Wohlstandes abschwächen zu müssen meinten, um dadurch den Eindruck zu erwecken, Geburt, Kultur oder moralischer Ernst seien die herrschenden Maßstäbe.

Vielleicht weil in den größeren Gesellschaften eine Orientierung nach oben die Regel ist, können wir leicht dem Glauben verfallen, die Akzente einer Darstellung dienten notwendigerweise dazu, einen höheren Sozialstatus für den Darsteller zu beanspruchen, als ihm zustände. So überraschen uns etwa die folgenden Einzelheiten häuslicher Darstellungen in der schottischen Vergangenheit nicht:

> Eines ist so gut wie sicher: der durchschnittliche Grundherr und seine Familie lebten gewöhnlich weitaus frugaler, als wenn sie Besucher empfingen. Sie erwiesen sich einer großen Gelegenheit würdig und trugen Gerichte auf, die an die Bankette des mittelalterlichen Adels erinnerten; aber genau wie eben diese Adligen führten sie zwischen den Festen »ein geheimes Haus«, wie man es nannte, und lebten von den einfachsten Speisen. Das Geheimnis wurde gut gewahrt. Kenner der Hochlandschotten, wie Edward Burt, fanden

> es äußerst schwierig, ihre täglichen Mahlzeiten zu beschreiben. Alles, was Burt sagen konnte, war, daß sie, jedesmal wenn sie einen Engländer bewirteten, bei weitem zu viele Speisen auftrugen; »und«, bemerkte er, »es ist oft genug gesagt worden, daß sie lieber alle ihre Pächter ausplündern würden, als daß wir gering von ihrer Haushaltsführung dächten; aber ich habe es von vielen, die bei ihnen angestellt waren, gehört ..., daß sie, wenn sie auch bei der Mahlzeit von fünf oder sechs Dienern bedient wurden, doch bei allem Pomp bloß auf verschiedene Art zubereitetes Hafermehl, saure Heringe oder andere billige und schlechte Speisen aßen«[25].

In Wirklichkeit haben aber zu allen Zeiten alle möglichen Personenkreise verschiedenartige Gründe dafür gehabt, systematisch Bescheidenheit zu üben und sich im Vorzeigen von Wohlstand, Begabung, geistiger Überlegenheit oder Selbstachtung zurückzuhalten.

Der hilflose, ungewandte und unbedachte Umgang, zu dem sich Neger der amerikanischen Südstaaten häufig in der Interaktion mit Weißen gezwungen fühlen, illustriert die Art, wie eine Darstellung ideale Werte hochspielen kann, die dem Darsteller eine niedrigere Stellung anweisen als die, die er insgeheim für sich selbst beansprucht. Wir können eine moderne Version dieser Maskerade zitieren:

> Wo es oberhalb des Niveaus des ungelernten Arbeiters einen echten Wettbewerb um Stellungen gibt, die im allgemeinen als »weiße Stellungen« betrachtet werden, sind einige Neger freiwillig dazu bereit, die Symbole eines niedrigeren Status zu akzeptieren, auch wenn sie Arbeiten höheren Ranges ausführen. So begnügt sich zum Beispiel der Expedient mit dem Titel und dem Gehalt eines Büroboten; die Krankenpflegerin läßt sich als Dienstmädchen bezeichnen; der Orthopäde betritt das Haus weißer Kunden nachts durch die Hintertür[26].

Amerikanische Collegestudentinnen verbergen gegenüber Studenten ihres Bildungsgrades ihre Fähigkeiten und ihre Entschlußkraft und beweisen damit – entgegen ihrem Ruf, oberflächlich zu sein – eine tiefgehende seelische Disziplin[27]. Diesen »Schauspielerinnen« wird nachgesagt, daß sie sich von ihren Freunden umständlich Dinge erklären lassen, die sie bereits wissen; daß sie mathematische Begabung vor ihren weniger befähigten Kameraden verbergen; daß sie Tischtennisspiele unmittelbar vor dem Sieg zu verlieren wissen.

Eines der amüsantesten Spiele ist, gelegentlich lange Worte falsch zu schreiben. Meinem Freund scheint das enormen Auftrieb zu geben, und er schreibt dann zurück: »Schätzchen, Rechtschreibung beherrschst Du aber sicher nicht.«[28]

Ähnlich erzählten mir die Shetlander, daß ihre Großväter ihre Katen deshalb nicht verschönerten, damit der Grundbesitzer die Verbesserungen nicht zum Anlaß nahm, eine höhere Pacht zu verlangen. Diese Tradition hat sich bis heute in einer vor dem Sozialfürsorger zur Schau gestellten Armut erhalten. Wichtiger ist, daß es heute zahlreiche Inselbewohner gibt, die seit langem die Kleinpächterexistenz mit ihrer endlosen Arbeit, ihrem geringen Komfort und der täglichen Fisch- und Kartoffelkost aufgegeben haben. Dennoch tragen diese Männer in der Öffentlichkeit häufig fellgefütterte Lederjacken und die hohen Gummistiefel, die als das Symbol des Kleinpächters bekannt sind. Sie stellen sich der Gemeinschaft als Menschen ohne »Mucken« dar, die dem Sozialstatus ihrer Gefährten treu geblieben sind. Sie spielen diese Rolle aufrichtig, mit Gefühl, in angemessener Sprache und beherrschen sie vollständig. Aber in der Zurückgezogenheit der eigenen Küche läßt die Loyalität nach, und sie genießen die Annehmlichkeiten des Mittelstandes, an die sie sich gewöhnt haben.

Die gleiche Art von negativer Idealisierung war natürlich während der wirtschaftlichen Depression in Amerika verbreitet. Die Armut manches Haushalts wurde im Hinblick auf den Sozialfürsorger überbetont – ein Beweis dafür, daß, wo es solche Kontrollen gibt, im allgemeinen auch Armutsschauspiele aufgeführt werden:

Eine Fürsorgerin hat in diesem Zusammenhang über einige interessante Erfahrungen berichtet. Sie ist italienischer Abstammung, aber hellhäutig und blond, und wirkt ausgesprochen unitalienisch. Ihr Hauptarbeitsgebiet war die Überprüfung italienischer Fürsorgeempfänger. Auf Grund der Tatsache, daß man sie nicht für eine Italienerin hielt, konnte sie auf italienisch geführte Unterhaltungen belauschen, in denen sich die Einstellung der Unterstützten zur Sozialfürsorge ausdrückte. So ruft beispielsweise die Hausfrau, während sie sich im Wohnzimmer mit der Inspektorin unterhält, eines der Kinder herein, ermahnt es aber, sich vorher die alten Schuhe anzuziehen. Oder sie hört, wie die Mutter oder der Vater jemandem im Hause zurufen, er solle den Wein oder das Essen wegräumen, bevor die Fürsorgerin hereinkommt[29].

Ein weiteres Beispiel kann aus einer neueren Untersuchung über den

Altwarenhandel angeführt werden. Wir finden darin Angaben darüber, in welcher Weise die Händler einen für sich günstigen Eindruck zu erwecken suchen:

> ... Der Altwarenhändler ist stark daran interessiert, der Öffentlichkeit Informationen über den tatsächlichen Handelswert von »Lumpen« vorzuenthalten. Er will den Mythos verewigen, Altwaren seien wertlos, und diejenigen, die damit handeln, seien verarmt und bemitleidenswert [30].

Auch in diesem Fall wird idealisiert; denn wenn der Darsteller erfolgreich sein will, muß er so spielen, daß die extremsten Klischeevorstellungen des Publikums über äußerste Armut angesprochen werden.

Unter den zahlreichen Beispielen derartig idealisierter Rollen sind vom soziologischen Standpunkt aus vielleicht nur wenige so fesselnd wie die Vorstellungen, die von Straßenbettlern dargeboten werden. In der westlichen Gesellschaft scheinen allerdings seit der Jahrhundertwende die von Bettlern aufgeführten Szenen an Theatralik verloren zu haben. Wir hören heute seltener von dem Trick mit der »armen, aber reinlichen Familie«, einer Familie, die in zerlumpten, aber unglaubhaft sauberen Kleidern auftritt, die Gesichter der Kinder unter einer Seifenschicht glänzend, die mit weichem Tuch nachpoliert wurden. Wir sehen kaum noch den halbnackten Mann, der an einer schmutzigen Brotkruste kaut, die er anscheinend aus Schwäche nicht herunterschlucken kann, oder die Szene, in der ein zerlumpter Mann einen Spatzen von einem Brotstück verjagt, das Brot bedächtig an seinem Ärmel abwischt und, anscheinend ohne das Publikum zu bemerken, das um ihn herumsteht, es zu essen beginnt. Auch der »verschämte Arme«, der mit schüchternen Blicken um das fleht, was auszusprechen sein Feingefühl ihm verbietet, ist selten geworden [31].

Wenn jemand in seiner Darstellung bestimmten Idealen gerecht werden will, so muß er Handlungen, die nicht mit ihnen übereinstimmen, unterlassen oder verbergen. Ist ein unangemessenes Verhalten – was häufig vorkommt – in irgendeiner Weise in sich selbst befriedigend, wird ihm meistens insgeheim stattgegeben; so braucht der Darsteller auf nichts zu verzichten. Wir erleben es in der amerikanischen Gesellschaft zum Beispiel, daß Achtjährige behaupten, kein Interesse an Fernsehprogrammen für Fünf- bis Sechsjährige zu haben, sie aber heimlich doch verfolgen [32]. Wir können auch beobachten, daß Hausfrauen des Mittelstandes manchmal insgeheim billigen Ersatz für

Kaffee, Eiskrem oder Butter verwenden; auf diese Weise können sie Geld, Zeit oder Arbeit sparen und dennoch den Eindruck erwecken, bei ihnen werde gut gegessen [33]. Die gleichen Frauen lassen die ›Saturday Evening Post‹ auf dem Rauchtisch im Wohnzimmer liegen und verstecken einen Band ›True Romance‹ (»Das hat sicher die Putzfrau liegenlassen«) im Schlafzimmer [34]. Das gleiche Verhalten, das wir als »geheimen Konsum« bezeichnen können, ist auch unter den Hindus zu beobachten:

> Sie halten sich an alle ihre Bräuche, solange sie beobachtet werden, aber im verborgenen achten sie nicht so streng darauf [35].
>
> Mir wurde glaubwürdig versichert, daß einige Brahmanen in kleiner Gesellschaft streng geheim in die Häuser zuverlässiger Sudras gegangen sind, um dort ohne Skrupel Fleisch und alkoholische Getränke zu sich zu nehmen [36].
>
> Der geheime Genuß berauschender Getränke ist noch häufiger als derjenige verbotener Speisen, weil er nicht so schwer zu verbergen ist. Dennoch ist es unvorstellbar, einen Brahmanen in der Öffentlichkeit betrunken zu sehen [37].

Es sei hinzugefügt, daß die beiden Kinsey-Berichte dem Studium und der Analyse des geheimen Konsums neue Anregungen gegeben haben [38].

Dabei muß im Auge behalten werden, daß jemand, der eine Darstellung gibt, bezeichnenderweise noch mehr als nur unangemessene Vergnügungen und Sparmaßnahmen verheimlicht. Einige dieser Dinge, die gewöhnlich verborgen werden, seien hier angedeutet.

Zunächst kann der Darsteller neben geheimen Vergnügungen und Sparmaßnahmen mit einer gewinnbringenden Tätigkeit beschäftigt sein, die seinem Publikum verborgen wird, weil sie mit dem Eindruck, den er von seiner Tätigkeit erwecken will, unvereinbar ist. Ein hübsches Modell dafür bietet die Kombination von Zigarrenladen und Wettbüro; aber etwas vom Geist dieser Institution findet sich bei vielen Geschäften. Eine erstaunlich hohe Zahl von Berufstätigen rechtfertigt ihr jeweiliges Arbeitsverhältnis mit den Gelegenheiten, die sich ergeben, Werkzeug zu stehlen, Lebensmittel weiterzuverkaufen, auf Geschäftskosten zu reisen, Propagandamaterial zu verteilen oder Beziehungen anzuknüpfen [39]. In all diesen Fällen dienen Arbeitsstätte und offizielle Betätigung als eine Art von Hülle, hinter der sich die eigentliche Aktivität des Darstellers verbirgt.

Als zweites können wir feststellen, daß Irrtümer und Fehler häufig vor einer Darstellung korrigiert und ihre Spuren verwischt werden. Dadurch wird der für viele Darstellungen wichtige Eindruck der Unfehlbarkeit aufrechterhalten. Es gibt den bekannten Ausspruch, daß Ärzte ihre Fehler begraben. Ein anderes Beispiel finden wir in einer neueren Untersuchung über soziale Interaktion in drei Regierungsbehörden, in der festgestellt wird, daß Beamte ihre Berichte deshalb ungern Sekretärinnen diktieren, weil sie die Berichte noch einmal durchsehen und Fehler korrigieren wollen, bevor eine Sekretärin, geschweige denn ein Vorgesetzter, sie zu Gesicht bekommt [40].

Drittens hat der Einzelne bei Interaktionen, in denen er anderen ein Produkt anbietet, die Neigung, nur das Endprodukt zu zeigen und die Käufer zu veranlassen, es im endgültigen, verpackten und aufgemachten Zustand zu beurteilen. Wurde in Wirklichkeit nur geringe Mühe auf die Fertigstellung des Produkts verwandt, wird diese Tatsache verheimlicht. In anderen Fällen werden lange, mühsame Stunden einsamer Arbeit verborgen. Es ist aufschlußreich, etwa den selbstbewußten Stil mancher wissenschaftlicher Veröffentlichungen mit der fieberhaften Arbeit zu vergleichen, die der Autor aufwenden mußte, um das Register rechtzeitig fertigzustellen, oder mit den Streitigkeiten, die er mit seinem Verleger ausgekämpft hat, damit der Anfangsbuchstabe seines Namens auf dem Buchrücken größer gedruckt wurde.

Man kann noch ein viertes Indiz für mangelnde Übereinstimmung zwischen Schein und Wirklichkeit anführen. Wir müssen konstatieren, daß viele Darstellungen niemals hätten stattfinden können, wenn nicht Vorbereitungsaufgaben erfüllt worden wären, die physisch unsauber, halb illegal, grausam oder sonstwie entwürdigend waren; aber das findet in der Darstellung selten Ausdruck. In der Terminologie von Hughes gesprochen, neigen wir dazu, alle Anzeichen »schmutziger Arbeit« vor dem Publikum zu verbergen, gleichgültig ob wir diese Arbeit nun selbst ausführen oder sie einem anderen übertragen.

Eng verwandt mit der Vorstellung von schmutziger Arbeit ist eine weitere Kluft zwischen scheinbarer und wirklicher Tätigkeit. Wenn jemand mehreren Idealen gerecht werden muß und für ihn gleichzeitig eine geglückte Selbstdarstellung wichtig ist, wird er einige dieser Ideale nur durch den geheimen Verzicht auf andere vor der Öffentlichkeit aufrechterhalten können. Meist wird der Darsteller natürlich auf diejenigen Ideale verzichten, deren Fehlen zu verbergen ist, und er wird dieses Opfer bringen, um Ideale aufrechtzuerhalten, deren inadäquate Anwendung man nicht verheimlichen kann. In Rationierungszeiten kann für einen Gastwirt, Lebensmittelhändler oder Metzger, der sein reichhaltiges Angebot beibehalten will, um das Bild zu bestätigen, das sich der Kunde von ihm macht, der Einkauf auf dem schwarzen Markt die einzige Lösung darstellen. So wird auch bei Dienstleistungen, die nach Geschwindigkeit und Qualität beurteilt werden, die Qualität der Geschwindigkeit geopfert, weil schlechte Arbeit im Gegensatz zu langsamer Bedienung verheimlicht werden kann. Ebenso wird es vorkommen, daß Wärter in einer Nervenheilanstalt einerseits zwar die Ordnung aufrechterhalten sollen, andererseits aber die Patienten nicht schlagen dürfen; wenn diese Kombination schwer zu praktizieren ist, kommt es vor, daß ein ungehorsamer Patient mit einem nassen Handtuch »geneckt« und so zur Raison gebracht wird, ohne daß Anzeichen einer Mißhandlung sichtbar bleiben [41]. Gute Behandlung kann vorgetäuscht werden, Ordnung nicht.

> Die am leichtesten geltend zu machenden Regeln, Vorschriften und Anordnungen sind solche, deren Einhaltung oder Mißachtung sichtbare Spuren hinterlassen, wie etwa Regeln über die Reinigung der Stationen, das Verschließen der Türen, den Genuß alkoholischer Getränke während der Dienstzeit, die Anwendung von Zwangsmitteln und dergleichen [42].

Hier wäre es falsch, einen allzu zynischen Standpunkt einzunehmen. Wir stellen oft fest, daß es zeitweise, wenn die grundsätzlichen Ziele einer Organisation erreicht werden sollen, notwendig wird, andere Ideale außer acht zu lassen und dabei trotzdem den Eindruck zu erwecken, auch diese anderen Ideale seien weiterhin gültig. In solchen Fällen wird das Opfer nicht dem am deutlichsten sichtbaren, sondern dem legitimerweise wichtigsten Ideal gebracht. Ein Beispiel finden wir in einem Aufsatz über die Bürokratie der Marineverwaltung:

> Diese Eigenart (die von der Gruppe erzwungene Diskretion) kann keinesfalls ausschließlich der Furcht der Mitglieder vor dem Bekanntwerden unerfreulicher Tatsachen zugeschrieben werden. Während eine solche Furcht natürlich immer eine gewisse Rolle bei dem Bestreben spielt, das »innere Bild« einer bürokratischen Hierarchie nicht ans Licht kommen zu lassen, muß einem Grundzug der infor-

mellen Struktur selbst noch größeres Gewicht beigemessen werden. Denn die informelle Struktur dient der höchst bedeutsamen Aufgabe, einen Umgehungsweg für die formal vorgeschriebenen Verfahrensregeln zu schaffen. Keine Organisation wagt diese Methoden (durch die, wohlgemerkt, gewisse Probleme gelöst werden) an die Öffentlichkeit dringen zu lassen, da sie den offiziell und in unserem Fall ganz besonders sanktionierten Methoden widersprechen, die zu den der Gruppe teuer gewordenen Traditionen gehören[43].

Schließlich bemerken wir, daß Darsteller häufig den Eindruck erwekken wollen, sie hätten ideelle Motive dafür gehabt, ihre Rolle zu übernehmen, und seien nicht gezwungen worden, irgendwelche Beleidigungen und Demütigungen einzustecken oder irgendeinen »Kuhhandel« abzuschließen, um die Rolle zu bekommen. (Obgleich ein solcher allgemeiner Eindruck von Übereinstimmung zwischen Person und Aufgabe wohl am meisten von Angehörigen der gehobenen Berufe erweckt wird, findet sich ein ähnliches Element auch in zahlreichen, weniger gut angesehenen Stellungen.) Um den Glauben an ein Ideal noch zu stützen, verlangen Gewerkschaften, Universitäten, Handelsverbände und andere Berufsgenossenschaften oder Körperschaften, die Lizenzen erteilen, von ihren Mitgliedern eine für Außenstehende schwer zu beurteilende und besonders lange Ausbildung. Zum Teil soll dadurch ein Monopol geschaffen werden, zum Teil aber auch der Eindruck erweckt werden, der lizenzierte Berufsausübende sei durch seine Ausbildung umgeformt und von anderen Menschen unterschieden. So stellt der Verfasser einer Studie über Apotheker fest, daß diese der Ansicht seien, die zur Zulassung vorgeschriebene vierjährige Universitätsausbildung sei »gut für das Gewerbe«, daß aber einige von ihnen auch die Meinung vertreten, eine Ausbildungszeit von wenigen Monaten sei vollkommen ausreichend[44]. Wir können hinzufügen, daß die amerikanische Armee während des Zweiten Weltkriegs in naiver Unschuld Berufe, wie den des Pharmazeuten oder Uhrmachers, nur von ihrer Effektivität her sah und zum Schrekken der etablierten Berufsausübenden in fünf bis sechs Wochen fähige Fachleute ausbildete. Ebenso erwecken oft Geistliche den Eindruck, sie seien auf Grund einer tief empfundenen Berufung Pfarrer geworden, wohinter sie in Amerika ihren Versuch, sozial aufzusteigen, und in England den Versuch, einen erreichten gesellschaftlichen Rang zu halten, verbergen. Auch geben sie gern vor, ihre derzeitige Gemeinde um der geistlichen Aufgabe willen, die sie an ihr zu erfüllen haben, und nicht – wie es häufig der Fall ist –, weil der Gemeindevorstand ein schönes Haus oder volle Erstattung der Umzugskosten angeboten hat, gewählt zu haben. Ähnlich wählen medizinische Fakultäten in den Vereinigten Staaten ihre Studenten teilweise nach ethnischer Zugehörigkeit aus, und ganz gewiß bedenken Patienten diesen Faktor bei der Wahl ihres Arztes. In dem tatsächlichen Verhältnis zwischen Arzt und Patient wird hingegen der Eindruck erweckt, der Arzt sei ausschließlich auf Grund seiner besonderen Befähigung und Ausbildung Arzt geworden. Ebenso verbreiten Geschäftsführer häufig eine Aura der Kompetenz und allgemeinen Übersicht über die Situation und verbergen so vor sich und anderen die Tatsache, daß sie ihre Stellung zum Teil dem Umstand verdanken, daß sie wie Geschäftsführer aussehen, aber nicht, daß sie wie Geschäftsführer arbeiten können.

> Wenige Geschäftsführer wissen, von welch ausschlaggebender Bedeutung ihre Erscheinung für den Arbeitgeber sein kann. Die Stellenvermittlerin Ann Hoff hat festgestellt, daß Arbeitgeber neuerdings nach einem idealen »Hollywoodtyp« zu suchen scheinen. Eine Gesellschaft wies einen Kandidaten ab, weil er »zu quadratische Zähne« hatte, und andere wurden disqualifiziert, weil sie während einer Unterredung zuviel tranken oder rauchten. Auch rassische und religiöse Voraussetzungen werden häufig ganz offen ausbedungen[45].

Der Darsteller wird häufig sogar den Eindruck zu erwecken versuchen, als habe er seine gegenwärtige Sicherheit und seine Fähigkeiten schon immer besessen und nie eine mühsame Lehrzeit durchmachen müssen. Bei alledem erhält der Darsteller stillschweigend die Unterstützung der Umgebung, in der er auftritt. So veröffentlichen zahlreiche Schulen und andere Institutionen strenge Aufnahmebedingungen und Prüfungsanforderungen, obgleich sie in Wirklichkeit nicht viele Kandidaten abweisen, und eine Nervenheilanstalt unterzieht möglicherweise alle ihre zukünftigen Krankenwärter einer eingehenden Vorstellungsbesprechung und einem Rorschachtest, und stellt dennoch sämtliche Kandidaten ein[46].

Interessanterweise werden immer dann, wenn die Bedeutung inoffizieller Qualifikationen bei öffentlichen Posten zu einem Skandal oder einem Politikum wird, einigen wenigen Personen, denen derartige Qualifikationen in geradezu auffälliger Weise fehlen, unter großer Publizität zum Beweis der geübten Fairneß repräsentative Rollen im öffentlichen Leben zugewiesen. So wird der Eindruck der Legitimität geschaffen [47].

Ich habe schon darauf hingewiesen, daß der Darsteller dazu neigt, diejenigen Handlungen, Sachverhalte und Motive zu verbergen oder wenigstens abzuschwächen, die mit der Idealisierung seiner selbst oder seines Produkts unvereinbar sind. Darüber hinaus erweckt der Darsteller bei seinem Publikum oft den Glauben, er sei mit ihm durch weniger materielle Bande verknüpft, als es oft der Fall ist. Hierzu können zwei allgemeine Beispiele angeführt werden.

Zunächst erwecken Darsteller häufig den Eindruck, die Rolle, die sie in einem bestimmten Augenblick spielen, sei ihre einzige oder wenigstens wichtigste. Wie schon oben erwähnt, nimmt das Publikum seinerseits häufig an, die projizierte Rolle umfasse die ganze Person des Darstellers, wie es auch William James im folgenden oft zitierten Text andeutet:

> Wir können praktisch sagen, daß er so viele verschiedene soziale Persönlichkeiten besitzt, wie es getrennte *Personengruppen* gibt, an deren Meinung ihm gelegen ist. Im allgemeinen zeigt er jeder dieser einzelnen Gruppen eine andere Seite seiner selbst. Mancher Jugendliche, der sich vor seinen Eltern und Lehrern bescheiden genug gibt, prahlt und flucht vor seinen »rauhbeinigen« jungen Freunden wie ein Seeräuber. Wir zeigen uns unseren Kindern nicht so wie unseren Vereinsbrüdern, unseren Kunden nicht so wie unseren Arbeitern, unseren eigenen Vorgesetzten und Arbeitgebern nicht so wie unseren engsten Freunden [48].

Als Auswirkung dieser Verpflichtung auf die Rolle, die man gerade spielt, und zugleich als ihre Ursache tritt eine »Segregation« des Publikums auf; durch diese kann der Darsteller einigermaßen sicher sein, daß diejenigen, vor denen er eine seiner Rollen spielt, nicht die gleichen sind, vor denen er in anderer Umgebung eine andere Rolle spielt. Segregation als Schutz für die hervorgerufenen Eindrücke wird später noch besprochen werden. Hier möchte ich nur anmerken, daß, selbst wenn der Darsteller diese Segregation und die durch sie ermöglichte Illusion zerstören wollte, das Publikum ihn daran häufig hindern würde. Es kann eine große Zeit- und Energieersparnis darin sehen, daß es den Darsteller so behandeln darf, als sei er alles das und nur das, was seine Rolle vorgibt[49]. Das Großstadtleben würde für viele unerträglich, wenn es bei jedem Kontakt zwischen zwei Menschen zum Austausch persönlicher Sorgen, Klagen und Geheimnisse käme. Ein Mann, der in Ruhe zu Abend essen will, wird daher auch oft eine Kellnerin seiner Ehefrau vorziehen.

Darüber hinaus neigt der Darsteller dazu, den Eindruck zu erwecken, die augenblickliche Darstellung seiner Rolle und seine Beziehung zu dem augenblicklich anwesenden Publikum hätten etwas Besonderes und Einmaliges an sich. Das Routinierte der Vorstellung wird verschleiert (im typischen Fall ist sich der Darsteller nicht bewußt, wie routiniert seine Vorstellung in Wirklichkeit ist), und die spontanen Aspekte der Situation werden dafür betont. Der Arzt als Darsteller bietet ein verständliches Beispiel:

> Er muß ein gutes Gedächtnis vortäuschen. Der Patient – im Bewußtsein der einmaligen Bedeutung der Ereignisse, die sich in ihm abspielen – erinnert sich an alles und erzählt dem Arzt jede Einzelheit. Er kann nicht glauben, daß sich der Arzt nicht ebenfalls erinnert, und ist zutiefst verletzt, wenn dieser es sich anmerken läßt, daß er vergessen hat, was für Tabletten er bei der letzten Visite verschrieben hat, wie viele eingenommen werden sollten und zu welcher Tageszeit[50].

Ebenso empfiehlt der Hausarzt – wie sich in einer Untersuchung über Ärzte in Chicago ergeben hat – dem Patienten einen bestimmten Spezialisten wegen seiner fachlichen Qualifikationen, obwohl vielleicht seine kollegiale Verbindung mit ihm, eine Abmachung über Honorarbeteiligung oder irgendein anderes klar definiertes Quidproquo für diese Entscheidung ausschlaggebend war[51]. Im Geschäftsleben wird diese Seite der Darstellungen als »persönliches Entgegenkommen« häufig angewandt und ist übel beleumdet; in anderen Lebensbereichen wird über den »ärztlichen Charme« oder über »Verkaufstechniken« gescherzt. Dabei vergißt man häufig zu erwähnen, daß man als Darsteller in der Rolle des Patienten diese persönliche Wirkung taktvoll dadurch aufrechterhält, daß man den Eindruck erweckt, es seien keine Preisvergleiche angestellt worden und man dächte nicht daran, die Dienstleistung woanders in Anspruch zu nehmen. Vielleicht sind es die eigenen Schuldgefühle, die den Blick für diese Bereiche krasser Pseudogemeinschaft schärfen; denn es gibt kaum eine Darstellung, in welcher Situation auch immer, in der die persönliche Wirkung nicht verwendet würde, um die Einmaligkeit des Verhältnisses zwischen Darsteller und Publikum hochzuspielen. Wir verspüren zum Beispiel eine leichte Enttäuschung, wenn wir einen engen Freund, dessen spontane Zuwendung wir für unseren ureigensten Besitz hielten, vertraut mit anderen Freunden (besonders mit solchen, die wir nicht kennen) sprechen hören. Ausdrücklich wird dieses Thema in einem amerikanischen Lehrbuch der Etikette aus dem 19. Jahrhundert angesprochen:

> Wenn man jemandem ein Kompliment gemacht hat oder ihm gegenüber irgendeinen Ausdruck besonderer Höflichkeit gebraucht hat, sollte man in seiner Gegenwart nicht das gleiche Verhalten gegenüber anderen an den Tag legen. Wenn man etwa von einem Herrn besucht wird und ihm mit Wärme und Gefühl sagt, daß man »sich gefreut habe, ihn zu sehen«, wird er dies als Aufmerksamkeit empfinden und sich wahrscheinlich dafür bedanken; wenn er aber hört, wie man zwanzig anderen genau das gleiche sagt, wird er nicht nur erkennen, daß die Höflichkeit wertlos war, sondern er wird sich auch getäuscht fühlen[52].

Ausdruckskontrolle

Wie schon angedeutet, kann sich der Darsteller darauf verlassen, daß sein Publikum kleine Hinweise als Zeichen für wichtige Momente der Vorstellung annimmt. Diese bequeme Tatsache hat eine unbequeme Folge. Auf Grund eben dieser Neigung des Publikums, Zeichen zu deuten, kann es die Hinweise mißverstehen oder zufällige beziehungsweise versehentliche Gesten und Ereignisse, die nach dem Willen des Darstellers keinerlei Bedeutung übermitteln sollten, falsch interpretieren.

Um diesen Komplikationen bei der Kommunikation zu begegnen, versuchen die Darsteller im allgemeinen, sich zu vergewissern, daß möglichst viele Nebenereignisse innerhalb der Darstellung, wie unwichtig sie auch sein mögen, so eintreten, daß sie entweder überhaupt keinen Eindruck oder den machen, der mit der allgemeinen Definition der Situation vereinbar ist. Wenn wir wissen, daß das Publikum insgeheim der Realität, die ihm aufgezwungen wird, skeptisch gegenübersteht, können wir seine Neigung, die kleinsten Fehler als Anzeichen dafür zu nehmen, daß das ganze Schauspiel unwahr ist, leicht verstehen; aber daß auch unvoreingenommene Zuschauer durch die Entdeckung einer winzigen Unstimmigkeit in dem ihnen übermittelten Eindruck gestört, empört und in ihrem Glauben erschüttert werden können, ist für den Beobachter des sozialen Lebens schon schwieriger zu verstehen. Manche dieser kleineren Mißgeschicke und ungewollten Gesten sind so sehr dazu angetan, einen Eindruck zu erwekken, der im Gegensatz zu dem vom Darsteller geschaffenen steht, daß das Publikum gegen seinen Willen aus der Teilnahme an der Interaktion herausgerissen wird, auch wenn es bei einiger Überlegung einsieht, daß das störende Ereignis wirklich bedeutungslos war, und übersehen werden sollte. Der springende Punkt liegt nicht darin, daß die flüchtige Deutung der Situation, die durch eine ungewollte Geste geschaffen wird, in sich besonders tadelnswert wäre, sondern eher darin, daß sie von der vorher entworfenen Definition *abweicht*. Diese Abweichung treibt einen äußerst störenden Keil zwischen den allgemein anerkannten Entwurf und die Realität, denn es gehört gerade zur Projektion, daß sie als die unter den gegebenen Umständen einzig mögliche akzeptiert werden kann. Vielleicht sollten wir also Darstellungen nicht mechanisch beurteilen, als könne auch hier ein großer Gewinn einen kleinen Verlust ausgleichen. Eine Metaphernsprache aus dem Bereich der Kunst wäre angemessener; denn sie weist uns auf die Tatsache hin, daß eine einzige Note in der falschen Tonart den Klang eines ganzen Konzerts zerstören kann.

In unserer Gesellschaft treten einige ungewollte Gesten in so verschiedenartigen Darstellungen auf und vermitteln Eindrücke, die so unvereinbar mit den gewünschten sind, daß diese Mißgeschicke innerhalb der Gesellschaft eine symbolische Bedeutung angenommen haben. Wir können drei Hauptgruppen derartiger Ereignisse erwähnen. Erstens mag ein Darsteller ungewollt Unfähigkeit, schlechtes Benehmen oder mangelnden Respekt beweisen, indem er momentan die Muskelkontrolle über sich selbst verliert. Er mag stolpern und fallen, rülpsen, gähnen, sich versprechen, sich kratzen oder Wind lassen; er mag jemanden versehentlich stoßen. Zweitens mag der Darsteller den Eindruck erwecken, er sei entweder zu stark oder zu wenig an der Interaktion beteiligt. Er mag stottern, seinen Text vergessen, nervös oder schuldbewußt wirken, befangen sein; er mag im ungeeigneten Augenblick in Gelächter ausbrechen, Wutanfälle haben oder sonst

Affekten nachgeben, die ihn als Teilnehmer an der Interaktion disqualifizieren. Drittens mag die Wirkung des Darstellers durch mangelhafte Inszenierung beeinträchtigt sein: Das Bühnenbild ist nicht oder für die falsche Vorstellung aufgebaut worden, es gerät im Verlauf der Vorstellung in Unordnung, unvorhergesehene Zufälle verschieben Auftritt und Abgang des Darstellers auf den falschen Zeitpunkt, oder es entstehen peinliche Pausen in der Interaktion[53].

Natürlich wird bei den verschiedenen Darstellungen ein unterschiedlicher Grad an Sorgfalt in bezug auf die Gestaltung der Einzelheiten gefordert. In manchen uns fremden Kulturen muß von den Darstellern die Einheitlichkeit ihres Ausdrucks in extremem Maße beachtet werden. So schreibt etwa Marcel Granet über das Verhältnis der Kinder zu ihren Eltern in China:

> Ihre feine Kleidung ist in sich selbst eine Ehrenerweisung. Ihr gutes Benehmen wird für einen Beweis der Ehrfurcht gehalten. In Gegenwart der Eltern ist Ernst geboten: Man vermeidet es, zu rülpsen, zu niesen, zu husten, zu gähnen, sich die Nase zu putzen oder auszuspucken. Jedes Ausspucken trüge die Gefahr in sich, die Heiligkeit des Vaters zu beschmutzen. Das Futter des Gewands sehen zu lassen wäre ein Verbrechen. Um dem Vater zu beweisen, daß man ihn als Oberhaupt ansieht, muß man in seiner Gegenwart immer stehen, die Augen geradeaus gerichtet, der Körper aufrecht auf beiden Beinen, ohne daß man es wagen könnte, sich gegen irgend etwas zu stützen, sich zu beugen oder auf einem Bein zu stehen. So bringt man mit der ehrfürchtigen und gedämpften Stimme, die einem Gefolgsmann ansteht, am Morgen und am Abend seine Ehrfurcht dar. Dann wartet man auf Befehle[54].

Auch bei Szenen in unserem eigenen Kulturbereich, in denen hochgestellte Persönlichkeiten an symbolisch bedeutsamen Handlungen teilnehmen, wird innere Übereinstimmung aller Gesten gefordert. Sir Frederick Ponsonby, der ehemalige Hofmarschall am britischen Hof, schreibt:

> Wenn ich an einer Audienz teilnahm, fiel mir stets auf, daß die von der Kapelle gespielte Musik nicht paßte. Ich beschloß, mein Möglichstes zu tun, dies zu ändern. Die meisten Mitglieder der königlichen Familie waren völlig unmusikalisch und liebten Volksmusik ... Ich wies darauf hin, daß diese volkstümlichen Weisen die Zeremonie aller Würde beraubten. Die Vorstellung bei Hofe

war für eine Frau oft ein großes Erlebnis, aber wenn sie dann zu der Melodie ›His nose was redder than it was‹ am König und an der Königin vorbeizog, war der ganze Eindruck verdorben. Ich bestand darauf, daß Menuette und altertümliche Weisen, Opernmusik mit geheimnisvollem Klang die Zeremonie begleiteten[55].
Ich kümmerte mich auch um die Musik, die von der Kapelle der Ehrengarde bei Belehnungszeremonien gespielt wurde, und schrieb deswegen an den Senior Bandmaster, Hauptmann Rogan. Mir gefiel nicht, daß bedeutende Männer zum Ritter geschlagen wurden, während die Kapelle draußen lustige Lieder spielte. Auch während der Innenminister eindrucksvoll die besonderen Verdienste eines Mannes, der für die Albert Medal vorgeschlagen war, verlas, spielte die Kapelle draußen einen Two-Step, was der Zeremonie alle Würde nahm. Ich schlug vor, dramatische Opernmusik zu spielen, und er stimmte mir in allem zu ...[56]

In ähnlicher Weise mag es bei Beerdigungszeremonien des amerikanischen Mittelstandes dem geziemend in Schwarz gekleideten Sargträger, der während des Gottesdienstes taktvoll an der Friedhofsmauer steht, wohl erlaubt sein, eine Zigarette zu rauchen, aber die Hinterbliebenen wären schockiert und erzürnt, wenn er den Zigarettenstummel in hohem Bogen ins Gebüsch würfe, statt ihn unauffällig vor seine Füße fallen zu lassen[57].

Ebenso wie wir diese Forderungen nach angemessener Übereinstimmung bei feierlichen Anlässen verstehen, erwarten wir, daß bei weltlichen Konflikten, insbesondere bei hochgeistigen, jede der Hauptpersonen ihr Verhalten sorgfältig kontrollieren muß, um der Opposition keine Angriffspunkte zu bieten. So schreibt Dale in einer Untersuchung der Arbeitsbedingungen höherer Verwaltungsbeamter:

Die Entwürfe offizieller Briefe werden einer noch gründlicheren Prüfung unterzogen als offizielle Berichte; denn eine inkorrekte Behauptung oder eine unglückliche Formulierung in einem Brief, dessen Inhalt noch so harmlos und dessen Gegenstand vollständig unbedeutend sein mag, kann das Ministerium in Aufruhr versetzen, wenn er in die Hände einer jener zahllosen Personen fällt, für die der trivialste Fehler einer Behörde ein gefundenes Fressen ist. Drei oder vier Jahre Disziplin während der noch aufnahmefähigen Lebensjahre zwischen vierundzwanzig und achtundzwanzig erfüllen Geist und Charakter mit einer Leidenschaft für exakte Tatsachen und begründete Schlußfolgerungen und mit einem unerbittlichen Mißtrauen gegenüber vagen Gemeinplätzen[58].

Trotz unserer Bereitschaft einzusehen, daß diese verschiedenen Situationen einen bestimmten Ausdruck erfordern, neigen wir doch dazu, solche Situationen selbst als Ausnahmefälle anzusehen; wir verschließen uns gern der Tatsache, daß auch das alltägliche Verhalten in der angelsächsischen Gesellschaft oft den schärfsten Kontrollen in bezug auf Eignung, Schicklichkeit und Verträglichkeit mit den herrschenden Sitten unterzogen werden müsse. Vielleicht geht diese Blindheit zum Teil darauf zurück, daß wir uns als Darsteller oft derjenigen Maßstäbe stärker bewußt sind, die wir an unser eigenes Handeln hätten anlegen sollen, als derjenigen, die wir ohne Nachdenken anwenden. Für den wissenschaftlichen Standpunkt ist es jedenfalls wichtig zu wissen, wo die Dissonanz herrührt, die durch ein falsch geschriebenes Wort oder einen hervorhängenden Unterrock entsteht. Wir müssen zu erkennen suchen, warum ein kurzsichtiger Klempner den Eindruck von Kraft, der nun einmal zu seinem Beruf gehört, zu wahren glaubt, indem er die Brille in die Tasche steckt, wenn die Hausfrau naht, und seine Arbeit in eine Vorstellung verwandelt, oder warum es dem Fernsehtechniker geraten erscheint, die Schrauben, die er nicht wieder in den Apparat einsetzt, neben seinen eigenen aufzubewahren, damit die nicht erneuerten Schrauben keinen schlechten Eindruck hervorrufen. Mit anderen Worten: Wir müssen bereit sein zu sehen, daß der Eindruck von Realität, den eine Darstellung erweckt, ein zartes, zerbrechliches Ding ist, das durch das kleinste Mißgeschick zerstört werden kann.

Die notwendige Stimmigkeit des Ausdrucks bei unseren Darstellungen weist uns auf eine entscheidende Diskrepanz zwischen dem allzu-menschlichen Selbst und dem Bild der Persönlichkeit, wie es vor der Gesellschaft erscheint, hin. Als menschliche Wesen sind wir allem Anschein nach Kreaturen mit variablen Impulsen, mit Stimmungen und Energien, die sich von einem Augenblick zum nächsten verändern. Als Persönlichkeiten vor einem Publikum dürfen wir uns jedoch nicht unseren Hoch- und Tiefpunkten hingeben. Wie es E. Durkheim formuliert hat, gestatten wir uns nicht, daß unser soziales Handeln »von unserer körperlichen Verfassung abhängig ist, wie es unsere Empfindungen und unser allgemeines Befinden sind«[59]. Eine gewisse Reglementierung des Geistes wird erwartet, so daß man sich darauf verlassen kann, daß wir jederzeit eine vollständig homogene Darstellung bieten. Santayana hat angedeutet, daß der Sozialisierungsprozeß nicht nur verwandelt; er fixiert auch:

> Aber ob wir nun eine freudige oder betrübte Miene annehmen – indem wir es tun, deuten wir unsere Stimmung. Von nun an und solange wir unter diesem Zauber der Selbsterkenntnis bleiben, leben wir nicht nur, sondern spielen auch; wir komponieren und spielen unsere gewählte Rolle, wir tragen den Kothurn der Überlegung, wir verteidigen und idealisieren unsere Leidenschaften, wir ermutigen uns in beredter Weise, zu sein, was wir sind, pflichtbewußt oder zynisch, sorglos oder streng; wir halten Monologe (vor einem imaginären Publikum), und wir hüllen uns in die Robe unserer unveräußerlichen Rolle. Wir fordern Applaus und erwarten, unter allgemeinem Schweigen des Schreckens zu sterben. Wir bemühen uns, den großen Gefühlen gerecht zu werden, die wir geäußert haben, so wie wir versuchen, an die Religion zu glauben, zu der wir uns bekennen. Je größer die Hindernisse, desto größer unser Eifer. Hinter unseren öffentlichen Prinzipien und unseren verpflichtenden Worten müssen wir alle Unstimmigkeiten unseres Gefühls und unseres Verhaltens verbergen; und dies ohne Heuchelei, weil unser bewußt angenommener Charakter unser wahres Selbst darstellt, nicht der Strom unserer unfreiwilligen Träume. Das Porträt, das wir so zeichnen und als unsere wahre Person hinstellen, kann durchaus in heroischem Stil gehalten sein, mit Säule und Vorhang und ferner Landschaft, und mit dem Finger, der auf den Erdball oder den Totenschädel der Philosophie weist, doch wenn dies unser angeborener Stil ist, wenn unsere Kunst vital ist, so wird sie um so echtere Kunst sein, je stärker sie ihr Vorbild verwandelt. Die strenge Büste einer archaischen Skulptur, die den Marmorblock kaum menschlich macht, drückt den Geist eines Menschen gerechter aus als das trübe Gesicht, das ein Mann am Morgen macht, oder seine gelegentlichen Grimassen. Jeder, der seiner Entschlüsse sicher, der stolz auf sein Amt oder der um seine Pflicht besorgt ist, nimmt eine tragische Maske an. Noch in diesem Leben und wie alles Seiende dem aushöhlenden Strom seines eigenen Wesens unterworfen, hat er seine Seele zur Idee kristallisiert und, mit mehr Stolz als Kummer, sein Leben auf dem Altar der Musen geopfert. Selbsterkenntnis gibt wie jede Kunst oder Wissenschaft

> ihren Gegenstand in einem neuen Medium, dem Medium der Ideen, wieder, in dem er seine alten Dimensionen und seine alte Zugehörigkeit verliert. Unsere animalischen Gewohnheiten werden vom Bewußtsein in Loyalität und Pflichtgefühl verwandelt, und wir werden »Personen« oder Masken[60].

Durch soziale Disziplin kann also eine Rolle von innen her durchgehalten werden. Aber, wie Simone de Beauvoir uns zeigt, wird die Pose auch durch äußerliche Hilfsmittel gestützt:

> Aber selbst wenn sich jede nach ihrer Stellung kleidet, gibt es hier noch Spielraum. Künstlichkeit wie Kunst beruhen auf Imaginärem. Nicht allein Korsett, Büstenhalter, Haarefärben, Schminken, verkleiden Körper und Gesicht, sondern selbst eine absolut nicht sophistische Frau will nicht als solche betrachtet werden, sobald sie »in Toilette« ist: Sie ist wie ein Gemälde, eine Statue, wie eine Schauspielerin auf der Bühne ein Analogon, hinter dem ein abwesendes Objekt vorgestellt wird, ihre Persönlichkeit, die sie aber doch wiederum nicht ist. Eben dieses Vertauschen mit einem irrealen, notwendigen, vollendeten Objekt gleich einer Romanheldin, einem Porträt oder einer Büste schmeichelt ihr. Sie will sich in sie entfremden und meinen, sie sei selbst in ihnen Gestalt geworden, gerechtfertigt[61].

Unwahre Darstellungen

Wie schon erwähnt, kann das Publikum sich in einer Situation dadurch orientieren, daß es den Hinweisen der Darsteller Vertrauen schenkt und sie als Anzeichen für etwas Größeres als die Zeichen selbst, bzw. als etwas von diesen Unterschiedenes behandelt. Besteht nun einerseits wegen dieser Neigung des Publikums, Zeichen zu deuten, für den Darsteller die Gefahr, mißverstanden zu werden, und wird er gezwungen, bei allem, was er in Gegenwart seiner Zuschauer tut, darüber zu wachen, was sein Tun in den Augen der anderen implizieren könnte, so wird andererseits das Publikum durch diese Neigung der Gefahr ausgesetzt, getäuscht und irregeführt zu werden; denn es gibt nur wenige Zeichen, die nicht mißbraucht werden könnten, um die Existenz von etwas, das in Wirklichkeit nicht vorhanden ist, zu beweisen. Es ist auch klar, daß viele Darsteller sowohl die

Fähigkeit als auch Grund dazu hätten, die Tatsachen falsch darzustellen; nur Scham, Schuldgefühl oder Furcht hindern sie daran, dies zu tun.

Als Zuschauer können wir natürlich spüren, ob der Eindruck, den der Darsteller erwecken will, wahr oder falsch, echt oder unecht, gültig oder »gemacht« ist. Derartige Skepsis ist so gang und gäbe, daß wir, wie schon angedeutet, unser Augenmerk primär oft gerade auf die Elemente der Darstellung richten, die nicht ohne weiteres manipulierbar sind, um uns ein Urteil über die leichter zu fälschenden Hinweise bilden zu können. (Wissenschaftliche Polizeiarbeit und Testversuche sind extreme Beispiele dafür.) Und wenn wir auch nur zögernd dazu bereit sind, gewisse Statussymbole als Berechtigungsnachweise dafür anzuerkennen, daß der Darsteller nur in einer bestimmten Art behandelt werden darf, so sind wir doch zugleich immer dazu bereit, uns auf die Lücken in seiner Verschanzung zu stürzen, um seine Ansprüche unglaubwürdig zu machen.

Denken wir an diejenigen, die eine falsche Fassade oder »nur« eine Fassade präsentieren, die sich verstellen, uns täuschen und betrügen, so denken wir an Unstimmigkeiten zwischen dem erweckten Anschein und der Wirklichkeit. Zugleich denken wir an die gefährliche Lage, in die sich diese Darsteller gebracht haben; denn in jedem Augenblick ihrer Vorstellung kann ein Ereignis eintreten, das sie entlarvt und das dem widerspricht, was sie öffentlich behauptet haben, und sie werden dadurch gedemütigt und verlieren vielleicht sogar für immer ihren guten Ruf. Wir haben oft das Gefühl, gerade dieser erschreckenden Möglichkeit, in flagranti bei einem offensichtlichen Täuschungsakt ertappt zu werden, könne sich der aufrichtige Darsteller entziehen. Diese allgemein verbreitete Ansicht ist aber nur begrenzt richtig.

Wenn wir danach fragen, ob ein Eindruck, den einer erweckt hat, wahr oder falsch sei, meinen wir manchmal tatsächlich, ob der Darsteller das Recht habe, die jeweilige Vorstellung zu geben oder nicht; wir sind also nicht primär an der Darstellung selbst interessiert. Entdecken wir, daß jemand, mit dem wir zu tun haben, ein Betrüger oder offenkundiger Schwindler ist, so beinhaltet diese Entdeckung, daß er nicht das Recht hatte, die Rolle zu spielen, die er gespielt hat. Wir nehmen an, daß die Art, wie sich der Betrüger darstellte, nicht nur seine Person in falschem Licht zeigt, sondern darüber hinaus noch andere Fehler aufweist; aber häufig wird die Maskerade entlarvt, bevor wir irgendeinen Unterschied zwischen der falschen Darstellung und der echten, die sie vortäuscht, entdecken können. Paradoxerweise sind wir um so mehr auf der Hut, je ähnlicher die Darstellung des Betrügers der echten Darstellung ist; denn die gekonnte Darstellung dessen, der sich dann als Betrüger herausstellt, kann in unserem Bewußtsein die moralische Verbindung erschüttern, die zwischen dem Recht, eine Rolle zu spielen, und der Fähigkeit, sie zu spielen, besteht. (In der Person des geschickten Imitators, der von Anfang an zugibt, daß seine Absichten nicht ernsthaft sind, kann ein Weg zur Auflösung dieser Bedrohung angedeutet sein.)

Die soziale Definition der gewählten Verkörperung ist aber in sich selbst nicht besonders folgerichtig. Während es zum Beispiel allgemein als ein unentschuldbares Vergehen gegen die Regeln des Zusammenlebens gilt, sich als Person eines mit Ehrfurcht respektierten Standes, etwa als Arzt oder als Priester, auszugeben, berührt es uns meist weit weniger, wenn sich jemand als Angehöriger eines weniger geschätzten, nicht wichtigen, profanen Standes, etwa als Landstreicher oder als ungelernter Arbeiter, ausgibt. Wenn es sich herausstellt, daß wir es mit einem Darsteller zu tun hatten, der einem höheren Stand angehört, als er uns glauben ließ, so tritt eher eine verwunderte und betrübte als eine feindselige Reaktion ein. Die Mythologie und die Illustriertenliteratur sind in der Tat voll von romantischen Erzählungen, in denen sowohl der Schurke als auch der Held betrügerische Behauptungen aufstellen, die im letzten Kapitel enthüllt werden, wenn sich herausstellt, daß der Schurke keinen hohen Stand beanspruchen kann, der Held nicht einem niedrigen angehört.

Während wir Darsteller, wie beispielsweise den Hochstapler, der bewußt alle Fakten seines Lebens falsch darstellt, streng verurteilen, können wir doch Sympathie mit denjenigen empfinden, die nur einen verhängnisvollen Makel haben und zu verbergen suchen, daß sie beispielsweise ehemalige Sträflinge, daß sie defloriert, epileptisch oder rassisch benachteiligt sind, statt ihre Schwäche zuzugeben und den Versuch zu machen, sie ehrenhaft zu überwinden. Auch machen wir einen Unterschied, ob jemand versucht, eine falsche Individualität vorzutäuschen, was wir im allgemeinen für unentschuldbar halten, oder ob jemand nur vorgibt, zu einer bestimmten gesellschaftlichen Schicht zu gehören, was wir gewöhnlich weniger streng verurteilen. Wir beurteilen auch unterschiedlich, ob sich jemand falsch darstellt, um etwas zu fördern, was er für die berechtigten Ansprüche einer Gruppe hält, oder auch, weil er Spaß daran hat, oder ob er wegen privater psychologischer bzw. materieller Vorteile ein falsches Bild von sich vor anderen entwirft.

Da schließlich der Begriff des »Ranges« in mancher Hinsicht unklar ist, ist auch die Verkörperung eines Ranges begrifflich schwer zu fassen. Es gibt beispielsweise viele Ränge, bei denen die Zugehörigkeit offensichtlich nicht von irgendeiner formellen Beglaubigung abhängig ist. Der Anspruch, Volljurist zu sein, kann sich als berechtigt oder unberechtigt erweisen; aber der Anspruch, ein Freund, ein wahrer Gläubiger oder ein Musikkenner zu sein, kann nur graduell bestätigt bzw. entwertet werden. Wo es keine objektiven Kriterien für bestimmte Qualifikationen gibt und wo die wirklichen Fachkenner nicht zum Schutz ihrer Stellung organisiert sind, kann sich jeder zum Experten ernennen und braucht keine andere Strafe als allenfalls Hohngelächter zu befürchten.

Alle diese Quellen der Verwirrung werden lehrreich durch die variable Einstellung veranschaulicht, die wir in Fragen des Alters und des Geschlechts an den Tag legen. Für einen fünfzehnjährigen Jungen, der ein Auto steuern oder in einem Lokal Alkohol genießen will, ist es strafbar, sich als Achtzehnjährigen auszugeben, aber in manchen sozialen Situationen wäre es für eine Frau undiplomatisch, sich nicht als jünger und sexuell attraktiver auszugeben, als sie tatsächlich ist. Wenn wir von einer Frau sagen, sie habe in Wirklichkeit keine so gute Figur, wie es scheint, oder wenn wir sagen, sie sei in Wirklichkeit keine Ärztin, obwohl es so scheint, so verwenden wir den Ausdruck »in Wirklichkeit« in zwei verschiedenen Bedeutungen. Zudem können Veränderungen des persönlichen Erscheinungsbildes, die einmal als Beschönigung und falsche Darstellung gelten, ein paar Jahre später als reine Dekoration angesehen werden; eine solche unterschiedliche Beurteilung findet sich auch gleichzeitig zwischen den verschiedenen Bevölkerungsgruppen. So wird etwa seit neuerem im allgemeinen das Färben von grauem Haar als selbstverständlich angesehen, obgleich es gewisse Bevölkerungsgruppen noch immer für unerlaubt halten[62]. Es ist in Ordnung, wenn Neueinwanderer in ihrer Kleidung und in ihren Sitten gebürtige Amerikaner imitieren, aber es bleibt eine fragwürdige Angelegenheit, wenn sie ihren Namen[63] oder ihre Nasenform[64] »amerikanisieren«.

Versuchen wir einen anderen Zugang zum Verständnis der unwahren Darstellung zu finden: Eine »offene«, »blanke« oder »unverschämte« Lüge kann als Lüge erkannt werden; denn es gibt unerschütterliche Beweise dafür, daß der Lügner sie bewußt und absichtlich erzählte. Die Behauptung, man sei zu einem gewissen Zeitpunkt an einem gewissen Ort gewesen, obwohl dies nicht der Fall war, ist ein solches Beispiel. (Zu manchen Arten der falschen Darstellung, aber nicht zu allen, gehören solche Lügen, oft haben hingegen derartige Lügen nichts mit falscher Darstellung zu tun.) Wer beim Erzählen offensichtlicher Lügen ertappt wird, verliert unter Umständen nicht nur während der Interaktion sein Ansehen, sondern sein guter Ruf kann auch völlig zerstört werden, weil viele Zuschauer das Gefühl haben, demjenigen, der einmal eine solche Unwahrheit zu erzählen imstande war, nie wieder ganz vertrauen zu können. Die sogenannten »frommen Lügen« hingegen, die zum Beispiel Ärzte, Gäste und viele andere Menschen offenbar deshalb erzählen, um die Empfindungen des getäuschten Publikums zu schonen, halten wir nicht für besonders verabscheuenswert. (Diese Lügen, die andere schützen, also nicht den Erzähler verteidigen wollen, werden wir später noch untersuchen.) Es ist darüber hinaus im gewöhnlichen Leben dem Darsteller meistens möglich, absichtlich einen falschen Eindruck hervorzurufen, ohne sich dabei in die unhaltbare Position, eine offenbare Lüge erzählt zu haben, zu begeben. Gewisse Kunstgriffe bei der Kommunikation, wie Andeutungen, taktische Zweideutigkeiten und entscheidende Auslassungen, erlauben es dem Fehlinformanten, Nutzen aus Lügen zu ziehen, ohne im strengen Sinne gelogen zu haben. Die Massenmedien haben hier ihre eigene Technik entwickelt und bieten den Beweis dafür, daß durch geschickt gewählte Kameraeinstellung und Bearbeitung müder Applaus für eine Berühmtheit in stürmischen Beifall verwandelt werden kann[65].

Die Schattierungen zwischen Wahrheit und Lüge und die Schwierigkeiten, die daraus erwachsen, sind offiziell bekannt. Organisationen wie die der Immobilienmakler haben ausführliche Kodices geschaffen, in denen im einzelnen festgelegt wird, in welchem Maße durch Über- oder Untertreibung und Verschweigen fehlerhafte Eindrücke erweckt werden dürfen[66].

Der britische Verwaltungsdienst scheint auf Grund ähnlicher Einsichten zu verfahren:

Die Regel ist hier (bei »Äußerungen, die für die Öffentlichkeit bestimmt sind oder wahrscheinlich an die Öffentlichkeit dringen werden«) einfach. Es darf nichts gesagt werden, was nicht wahr ist; aber es ist ebenso überflüssig und manchmal sogar im öffentlichen Interesse unerwünscht, alles was relevant und wahr ist, zu sagen; die Tatsachen dürfen in jeder geeigneten Reihenfolge mitgeteilt werden. Es ist erstaunlich, was ein geschickter Schreiber innerhalb dieser Grenzen erreichen kann. Man könnte boshaft, aber nicht ohne Berechtigung sagen, daß eine Antwort auf eine unangenehme Frage im Unterhaus vollkommen ist, wenn sie kurz ist, die Frage vollständig zu beantworten scheint, wenn ihre Richtigkeit Wort für Wort bewiesen werden kann, wenn sie keine Ansatzpunkte für peinliche Zusatzfragen bietet und in Wirklichkeit nichts enthüllt[67].

Das Gericht übergeht manche allgemein üblichen sozialen Absprachen, indem es dafür eigene einführt. Im amerikanischen Recht wird zwischen Absicht, Fahrlässigkeit und strenger Haftung unterschieden; unwahre Darstellung gilt als absichtliche Handlung, die aber aus Wort oder Tat, aus einer mehrdeutigen oder irreführenden Behauptung, die nur im wörtlichen Sinne wahr ist, aus Verschweigen oder aus dem Verhindern einer Entdeckung entspringen kann[68]. Die Beurteilung, ob Verschweigen strafbar ist, variiert je nach dem Lebensbereich, da es einen Maßstab für das Werbegeschäft und einen anderen für berufsmäßige Berater gibt. Weiterhin nimmt das Gericht im allgemeinen an,

> ... daß eine Darstellung, die im ehrlichen Glauben an ihre Richtigkeit gegeben wird, dennoch infolge des Fehlens vernünftiger Sorgfalt bei der Feststellung der Tatsachen oder in der Ausdrucksweise oder infolge des Fehlens der für einen bestimmten Beruf notwendigen Geschicklichkeit oder Fähigkeit fahrlässig sein kann[69].
>
> ... die Tatsache, daß der Angeklagte keine eigenen Interessen verfolgte, daß er aus den besten Motiven handelte und daß er glaubte, dem Kläger einen Gefallen zu erweisen, entbindet ihn nicht von der Haftung, solange er tatsächlich absichtlich irreführen wollte[70].

Wenden wir uns nun von der direkten Täuschung über die Person und der offenbaren Lüge anderen Typen der falschen Darstellung zu, so wird die übliche Unterscheidung zwischen wahren und falschen Eindrücken noch unhaltbarer. Was in einem Jahrzehnt als Scharlatanerie galt, ist oft schon im nächsten ein legitimer Beruf[71]. Wir stellen auch fest, daß Tätigkeiten, die von einigen Gruppen in unserer Gesellschaft als legitim angesehen werden, bei anderen Gruppen als Betrug angesehen werden.

Wir können auch, und das ist entscheidender, feststellen, daß es kaum einen gewöhnlichen Beruf oder eine Beziehung gibt, deren Darsteller nicht auf verborgene Handlungen zurückgreifen, die mit dem hervorgerufenen Eindruck unvereinbar sind. Obwohl ihn bestimmte Darstellungen und sogar bestimmte Rollen in eine Lage versetzen können, in der er nichts verbergen muß, gibt es doch immer irgendwo im Bereich seines Handelns etwas, das er nicht offen zutage treten lassen kann. Je mehr Angelegenheiten berührt werden und je mehr Rollen mit einer Beziehung verknüpft sind, desto größer scheint auch die Wahrscheinlichkeit, daß Einzelheiten geheimgehalten werden. So erwarten wir selbst in einer gut geführten Ehe, daß die Partner voreinander Geheimnisse haben, über finanzielle Fragen, vergangene Erfahrungen, gegenwärtige Seitensprünge, »schlechte« oder kostspielige Angewohnheiten, persönliche Hoffnungen und Befürchtungen, Streiche der Kinder, seine wahre Meinung über Verwandte und gemeinsame Bekannte usw.[72]. Bei solcher Zurückhaltung ist es möglich, einen wünschenswerten Status quo in der Beziehung aufrechtzuerhalten, ohne die sich daraus ergebenden Konsequenzen in allen Lebensbereichen einzuhalten.

Am wichtigsten ist vielleicht die Tatsache, daß ein falscher Eindruck, den ein Einzelner in irgendeiner seiner Rollen erweckt, seinen gesamten Status, dessen Teil die Rolle ist, bedrohen kann, denn eine diskreditierende Entdeckung in einem Handlungsbereich läßt die zahlreichen anderen, in denen er womöglich nichts zu verbergen hat, zweifelhaft erscheinen. Ebenso kann der Einzelne, wenn er auch nur einen Punkt zu verbergen hat, und selbst, wenn die Gefahr der Entdeckung höchst unwahrscheinlich ist, während seiner ganzen Darstellung von Angst verfolgt sein.

In früheren Abschnitten dieses Kapitels wurden einige allgemeine Charakteristiken von Darstellungen beschrieben: Handeln, das auf Leistung ausgerichtet ist, wird leicht in mitteilsames Handeln umgesetzt; die Fassade, hinter der die Rolle gespielt wird, ist meist auch für andere, leicht abweichende Rollen geeignet und ist deshalb häufig einer bestimmten Rolle nicht ganz angepaßt; man hat genügend Selbstkontrolle, um eine funktionsfähige Übereinstimmung herzustellen; es wird ein unwirklicher Eindruck geschaffen, indem bestimmte Tatsachen betont und andere verborgen werden; der logische Zusammenhang wird aufrechterhalten, indem der Darsteller mehr Sorgfalt auf die Vermeidung kleinerer Disharmonien verwendet, als das Publikum dem ausdrücklichen Zweck der Darstellung gemäß erwarten würde.

Alle diese allgemeinen Züge der Darstellung können als zwanghafte Wechselwirkungen angesehen werden, die sich auf den Einzelnen auswirken und sein Handeln in eine Darstellung verwandeln. Anstatt seine Aufgabe lediglich auszuführen und seine Gefühle zu zeigen, wird der Einzelne die Erfüllung seiner Aufgabe zum Ausdruck bringen und seine Gefühle verständlich mitteilen. Im allgemeinen wird also die Darstellung einer Tätigkeit sich bis zu einem gewissen Grad von der Tätigkeit selbst unterscheiden und sie deshalb unvermeidbar falsch darstellen; und da der Einzelne gezwungen ist, sich Zeichen zu bedienen, um eine Darstellung seiner Tätigkeit zu geben, ist das Bild, das er konstruiert, so getreulich es sich auch an die Tatsachen hält, allen möglichen Störungen unterworfen.

Während wir im allgemeinen an der Konzeption festhalten können, daß Eindrücke durch mangelnde Übereinstimmung mit der Realität entwertet werden, gibt es dagegen oft keinen Grund für die Behauptung, die mit dem hervorgerufenen Eindruck nicht übereinstimmenden Tatsachen seien realer als die dargestellte Wirklichkeit. Eine zynische Betrachtung von Darstellungen, wie sie im Alltag gegeben werden, kann ebenso einseitig sein, wie die Ansicht, die der Darsteller selbst hervorrufen will. Zur Beantwortung vieler soziologischer Fragen ist es vielleicht nicht einmal notwendig zu entscheiden, was mehr Realität hat: der hervorgerufene Eindruck oder der Eindruck, den der Darsteller beim Publikum nicht aufkommen lassen will. Soziologisch relevant – wenigstens in unserem Zusammenhang – ist allein die Tatsache, daß die Eindrücke, die bei Darstellungen erzeugt werden, Störungen unterworfen sind. Wir wollen wissen, welcher Realitätseindruck den angestrebten Eindruck zerstören kann; was Realität überhaupt ist, müssen andere Wissenschaften beantworten. Wir wollen fragen: »Auf welche Weise kann ein vorhandener Eindruck entwertet werden?« Das ist eine andere Frage als: »In welcher Hinsicht ist der Eindruck falsch?«

Wir kommen also auf die Einsicht zurück, daß die Darstellung von

Betrügern und Lügnern zwar offensichtlich falsch ist und sich in dieser Hinsicht von gewöhnlichen Darstellungen unterscheidet, daß aber in beiden Fällen der Darsteller die gleiche Sorgfalt aufwenden muß, um den einmal geschaffenen Eindruck aufrechtzuerhalten. So wissen wir beispielsweise, daß der formelle Verhaltenskodex britischer Verwaltungsbeamter[73] ebenso wie derjenige amerikanischer Baseball-Schiedsrichter[74] diese nicht nur dazu verpflichtet, keine Unlauterkeiten zu begehen, sondern auch nichts Harmloses zu tun, was möglicherweise den (irrigen) Eindruck erwecken könnte, es ginge nicht ganz mit rechten Dingen zu. Ob ein aufrichtiger Darsteller die Wahrheit oder ein unaufrichtiger Darsteller die Unwahrheit mitteilen will, beide müssen dafür sorgen, ihrer Art, sich darzustellen, den richtigen Ausdruck zu verleihen, aus ihrer Darstellung Ausdrucksweisen auszuschließen, durch die der hervorgerufene Eindruck entwertet werden könnte, und sie müssen darauf achtgeben, daß das Publikum ihren Darstellungen unbeabsichtigte Bedeutung unterlegt[75]. Infolge dieser gemeinsamen dramaturgischen Bedingungen können wir Darstellungen, die vollkommen unwahr sind, ausnützen, um etwas über vollkommen aufrichtige Darstellungen zu erfahren[76].

Mystifikation

Ich habe dargelegt, wie in der Darstellung des Einzelnen gewisse Dinge betont und andere verschleiert werden. Wenn wir Wahrnehmung als eine Art gemeinschaftlichen Kontakt betrachten, dann ist die Kontrolle über das, was wahrgenommen wird, Kontrolle über den hergestellten Kontakt, und die Steuerung und Einschränkung dessen, was gezeigt wird, ist eine Regulierung und Einschränkung des Kontakts. Hier besteht ein Zusammenhang zwischen informationsbezogenen und rituellen Beziehungen. Mangelnde Steuerung der durch das Publikum erworbenen Information kann zu Störungen der entworfenen Definition der Situation führen; mangelnde Steuerung des Kontakts kann dazu führen, daß das Ritual des Darstellers in den Augen des Publikums disharmonisch wirkt.

Allgemein gilt Einschränkung des Kontakts, also die Wahrung der sozialen Distanz, als Methode, um beim Publikum Ehrfurcht zu erzeugen, eine Methode, wie Kenneth Burke es formulierte, um den

Darsteller beim Publikum in einem Zustand der Mystifikation zu halten. Cooleys Ausführungen können als Beispiel dienen:

Wie weit es einem Menschen möglich ist, andere durch eine falsche Vorstellung seiner selbst zu beeinflussen, hängt von einer Anzahl von Umständen ab. Wie schon beschrieben, kann der Mensch selbst eine unwichtige Nebenerscheinung ohne bestimmte Beziehung zu der Vorstellung, die von seiner Person existiert, sein, wobei diese ein selbständiges Erzeugnis der Einbildungskraft ist. Das ist nur dann möglich, wenn es keinen unmittelbaren Kontakt zwischen Führer und Gefolgsmann gibt, und ist zum Teil die Erklärung dafür, warum Autorität, besonders dann, wenn sie persönliche Schwächen verhüllt, immer dazu neigt, sich mit steifen Formen und künstlichen Geheimnissen zu umgeben, durch die allzu vertrauter Kontakt vermieden und der Einbildungskraft die Möglichkeit zur Idealisierung geboten wird ... Die Disziplin eines Heeres oder einer Flotte etwa zeigt deutlich die Notwendigkeit derjenigen Formen, die den Vorgesetzten vom Untergebenen trennen und so jenem eine nicht überprüfbare Stärke verleihen. Genauso benutzen, wie Professor Ross in seinem Buch über Sozialkontrolle bemerkt, gesellschaftlich gewandte Menschen die Umfangsformen weitgehend als Mittel der Selbstverhüllung, und diese Selbstverhüllung dient neben anderem der Aufrechterhaltung einer Art von Überlegenheit über einfachere Menschen[77].

Ponsonby äußerte sich in dem gleichen Sinne, als er den König von Norwegen beriet:

Eines Abends erzählte mir König Haakon von seinen Schwierigkeiten mit der demokratisch gesonnenen Opposition und davon, wie vorsichtig er infolgedessen in allem sein müßte, was er tat oder sagte. Er sollte sich, wie er meinte, soviel wie möglich unter das Volk mischen, und glaubte, sich populär zu machen, wenn er und Königin Maud anstelle eines Automobils die Straßenbahn benützten.

Ich sagte ihm ganz offen, daß ich dies für einen großen Fehler hielt, weil aus Vertraulichkeit Verachtung entsteht. Als Marineoffizier müsse er wissen, daß der Kapitän eines Schiffes seine Mahlzeiten niemals gemeinsam mit den anderen Offizieren einnimmt, sondern sich von ihnen fernhält. Das dient natürlich dazu, jede Vertraulichkeit zu unterbinden. Ich sagte ihm, er müsse sich auf ein Podest stellen und dort bleiben; dann erst könne er auch gelegentlich gefahrlos heruntersteigen. Das Volk wolle keinen König, mit dem es auf ein Picknick gehen kann, sondern etwas Ungreifbares wie das delphische Orakel. Die Monarchie sei in Wirklichkeit die Schöpfung jedes einzelnen Gehirns. Jedermann überlege sich gerne, was er tun würde, wenn er König wäre. Das Volk schreibe dem Monarchen jede nur erdenkbare Tugend und Fähigkeit zu. Es müsse deshalb enttäuscht sein, wenn es ihn wie einen gewöhnlichen Menschen auf der Straße umhergehen sehe[78].

Die logische Folgerung aus dieser Theorie, sei sie nun richtig oder falsch, ist, das Publikum überhaupt daran zu hindern, den Darsteller zu betrachten, und in den Fällen, in denen der Darsteller den Besitz metaphysischer Fähigkeiten oder Mächte für sich beanspruchte, scheint diese Folgerung auch in die Tat umgesetzt worden zu sein.

Natürlich wird das Publikum selbst häufig an der Wahrung der sozialen Distanz mitarbeiten, indem es – von ehrfürchtiger Scheu vor der dem Darsteller zugeschriebenen Integrität erfüllt – respektvoll Abstand hält; wie Simmel schreibt:

> Nach der zweiten dieser Entscheidungen zu handeln, entspricht dem (auch sonst wirksamen) Gefühl, daß jeden Menschen eine Idealsphäre umgebe. Obgleich sie in verschiedenen Richtungen verschiedene Abmessungen hat und entsprechend der Person variiert, mit der man Beziehungen aufrechterhält, kann diese Sphäre nicht durchdrungen werden, ohne dabei den Persönlichkeitswert des Individuums zu zerstören. Eine Sphäre dieser Art umgibt einen Menschen auf Grund seiner »Ehre«. Die Sprache bezeichnet eine Ehrverletzung sehr deutlich als ein »Zunahetreten«, der Durchmesser der Sphäre markiert sozusagen den Abstand, dessen Überschreiten durch einen anderen die Ehre verletzt[79].

Ähnlich schreibt Durkheim:

> Die menschliche Persönlichkeit ist etwas Heiliges; man verletzt sie nicht und übertritt ihre Grenzen nicht, obwohl gleichzeitig das höchste Gut die Gemeinschaft mit anderen ist[80].

Im Gegensatz zu den implizierten Folgerungen aus Cooleys Bemerkungen muß deutlich darauf hingewiesen werden, daß Ehrfurcht und Distanz ebenso (wenn auch nicht im gleichen Maße) gegenüber Darstellern gleichen und niedrigeren Standes empfunden werden wie gegenüber Darstellern gehobenen Standes.

Wie immer sie sich auf das Publikum auswirken mögen, dem Darsteller gewähren diese Einschränkungen, denen das Publikum unterworfen wird, Ellbogenfreiheit für den Aufbau eines selbstgewählten Eindrucks, und gestatten ihm, zu seinem eigenen Besten oder dem des Publikums schützend oder abschreckend zu wirken, was durch allzu genaue Beobachtung hinfällig würde.

Ich möchte zum Abschluß noch anmerken, daß diejenigen Dinge, um die sich das Publikum aus Respekt vor dem Darsteller nicht kümmert, meist solche sind, deren Entdeckung ihn beschämen würde. Wie Riezler es ausgedrückt hat, ist das soziale Leben einer Münze vergleichbar, auf deren Vorderseite sich die Ehrfurcht und auf deren Kehrseite sich die Scham befindet[81]. Das Publikum wähnt hinter der Darstellung Mysterien und geheime Mächte, und der Darsteller ahnt, daß seine entscheidenden Geheimnisse unbedeutend sind. Wie zahllose Volksmärchen und Initiationsriten zeigen, ist das Geheimnis, das hinter dem Mysterium steht, oft die Tatsache, daß es in Wirklichkeit kein Mysterium gibt; das wirkliche Problem besteht darin, das Publikum daran zu hindern, dies ebenfalls zu bemerken.

Dichtung und Wahrheit

In der angelsächsischen Kultur scheint es zwei Modelle zu geben, an denen wir unsere Vorstellungen vom Verhalten der Menschen orientieren: die wahre, aufrichtige oder ehrliche Darstellung und die unwahre Darstellung, die von Fälschern sorgsam für uns konstruiert wird, gleich ob wir sie nun ernst nehmen sollen, wie die des Hochstaplers, oder ob wir sie nicht ernst nehmen sollen, wie die des Schauspielers. Wir neigen dazu, ehrliche Darstellungen so zu sehen, als fänden sie ohne Absicht statt, als seien sie vielmehr ein Produkt unbewußter Reaktion des Einzelnen auf die tatsächliche Situation. Kunstvoll aufgemachte Darstellungen halten wir dagegen gern für mühselig, aus zahlreichen falschen Einzelheiten zusammengezimmert, da die Realität fehlt, auf die diese Einzelheiten die unmittelbare Antwort sein könnte. Es muß nun deutlich gesehen werden, daß diese dichotomische Vorstellung von dem aufrichtigen Darsteller nahegebracht wird; gerade durch sie wird seiner Darstellung Kraft verliehen. Sie ist aber eine schlechte Analyse eben dieser Darstellung.

Zunächst soll festgehalten werden, daß viele Menschen aufrichtig glauben, ihrer Auslegung der Situation sei identisch mit der Realität. In dieser Arbeit will ich nicht untersuchen, wie hoch zahlenmäßig der Anteil derer, die so denken, zur Gesamtbevölkerung ist, sondern die unmittelbare Beziehung zwischen Aufrichtigkeit und Darstellung, die sich bietet. Soll die Darstellung erfolgreich sein, so müssen die Zuschauer im großen ganzen von der Aufrichtigkeit der Darsteller überzeugt sein können. Das ist der springende Punkt innerhalb des Dramas der Ereignisse. Die Darsteller mögen aufrichtig sein – oder sie mögen unaufrichtig sein, aber ehrlich von ihrer eigenen Aufrichtigkeit überzeugt sein –, diese Anhänglichkeit an die eigene Rolle ist zu ihrer überzeugenden Darstellung gar nicht notwendig. Es gibt nicht viele französische Köche, die in Wirklichkeit russische Spione sind, und vielleicht auch nicht viele Frauen, die die Ehefrau eines Mannes und die Maitresse eines anderen spielen; aber derartige Doppelrollen kommen vor und werden oft über einen langen Zeitraum hinweg erfolgreich aufrechterhalten. Da liegt die Annahme nahe, daß, obwohl die Menschen meistens mit ihrer Erscheinung identisch sind, der Anschein aber dennoch künstlich geschaffen sein kann. Es besteht also ein statistisches und kein inhärentes Verhältnis zwischen Erscheinung und Wirklichkeit. Wenn wir die unvorhersehbaren Gefährdungen, denen eine Darstellung ausgesetzt ist, und die Notwendigkeit, Solidarität mit den Mitdarstellern zu üben und Distanz zum Publikum zu wahren, in Rechnung stellen, können wir sagen, daß ein stures Unvermögen, von der eigenen Sicht der Wirklichkeit abzuweichen, unter Umständen die Darstellung gefährden kann. Manche Darstellungen werden durch grundsätzliche Unehrlichkeit, manche durch vollkommene Aufrichtigkeit zum Erfolg; aber im allgemeinen trifft für den Darsteller keines dieser beiden Extreme zu, und vielleicht ist auch keines von ihnen dramaturgisch empfehlenswert.

Daraus folgt, daß eine ehrliche, aufrichtige, ernstgemeinte Darstellung nicht ganz so unlösbar mit der wirklichen Welt verknüpft ist, wie man auf den ersten Blick vielleicht meinen möchte. Diese Schlußfolgerung wird um so einleuchtender, wenn wir noch einmal die Distanz untersuchen, die man üblicherweise zwischen einer ganz echten und einer völlig künstlichen Darstellung bemerkt. Wenden wir uns in diesem Zusammenhang dem bemerkenswerten Phänomen des Bühnenschauspielers zu. Große Geschicklichkeit, langjährige Übung und psychologisches Talent sind notwendig, um ein guter Schauspieler zu werden. Aber diese Tatsache sollte uns nicht den Blick dafür verstellen, daß fast jeder ein Manuskript schnell so weit auswendig lernen kann, um einem wohlwollenden Publikum ein gewisses Gefühl der Realität des Dargebotenen zu vermitteln. Das rührt anscheinend daher, daß der normale gesellschaftliche Verkehr ebenso aufgebaut ist wie die Szene eines Theaterstückes, bestehend aus dem Aneinanderreihen dramatisch überhöhter Handlungen, Reaktionen und abschließender Erwiderung. Das Manuskript kann selbst in den Händen ungelernter Schauspieler Leben gewinnen, weil das Leben selbst etwas Dramatisches ist. Natürlich ist nicht die ganze Welt eine Bühne, aber die entscheidenden Punkte, in denen sie es nicht ist, sind nicht leicht zu finden.

Die in jüngster Zeit üblich gewordene Verwendung des »Psychodramas« als Methode der Psychotherapie erhellt in diesem Zusammenhang eine weitere Tatsache. In diesen von Psychiatern inszenierten Dramen spielen die Patienten ihre Rollen nicht nur mit beachtlicher Wirkung, sie verwenden dabei auch kein Manuskript. Ihre eigene Vergangenheit ist in ihnen so lebhaft, daß sie diese von neuem aufleben lassen können. Anscheinend ermöglicht eine einmal aufrichtig und ernsthaft gespielte Rolle dem Darsteller, diese später künstlich zu inszenieren. Darüber hinaus scheinen die Rollen, die andere, für ihn bedeutsame Menschen gespielt haben, ihm ebenfalls zugänglich zu sein, so daß er imstande ist, einmal die Person zu sein, die er war, und einmal die Person, die ein anderer für ihn war. Diese Fähigkeit, gespielte Rollen notfalls auszutauschen, hätte man voraussagen können, offenbar hat sie jeder. Denn während wir lernen, unsere Rollen im wirklichen Leben zu spielen, richten wir unsere eigenen Inszenierungen aus nach den uns allmählich unbewußt vertrautwerdenden Rollen derjenigen, an die wir uns wenden. Wenn wir gelernt haben, eine Rolle richtig zu handhaben, dann teilweise mit Hilfe einer »vorgreifenden Sozialisierung«[82], das heißt, weil wir schon in jener Realität geschult sind, die für uns gerade erst real wird.

Wenn der Einzelne eine neue Stellung in der Gesellschaft einnimmt und eine neue Rolle übernimmt, wird ihm im allgemeinen nicht in allen Einzelheiten mitgeteilt, wie er sich verhalten soll, und auch die Gegebenheiten seiner neuen Situation bestimmen nicht von Anfang an eindeutig sein Verhalten. Üblicherweise werden ihm nur ein paar

Stichworte, Hinweise und Regieanweisungen gegeben, und es wird angenommen, daß er bereits eine große Zahl von Kleinigkeiten und Details der Darstellung in seinem Repertoire hat, die in der neuen Szenerie notwendig werden. Er dürfte bereits eine ungefähre Vorstellung davon haben, wie Bescheidenheit, Unterwürfigkeit oder gerechter Zorn aussehen, und kann, wenn nötig, versuchen, diese Rollen zu spielen. Er kann sogar imstande sein, einen Hypnotisierten zu spielen[83] oder ein »Zwangsverbrechen« zu begehen[84], weil er mit den Modellen solcher Handlungsweise bereits vertraut ist.

Eine Theatervorstellung oder ein Betrug setzen eine gründliche Bearbeitung des gesprochenen Rollentextes voraus; aber die vielen Rollen, bei denen es um die persönliche Ausstrahlung geht, sind oft von spärlichen Regieanweisungen bestimmt. Es wird erwartet, daß der Darsteller bereits einiges darüber weiß, wie er seine Stimme, sein Gesicht und seinen Körper bewegen muß, auch wenn es ihm selbst – oder seinem Regisseur – schwerfallen würde, dieses Wissen in Worte zu fassen. Hier kommen wir natürlich wieder der Situation des geraden, aufrichtigen Menschen nahe. Eingliederung in das soziale Leben setzt vielleicht nicht so sehr das Lernen der vielen spezifischen Details einer einzigen konkreten Rolle voraus – oft würden weder Zeit noch Energie dazu ausreichen. Was anscheinend vom Einzelnen verlangt wird, ist, daß er genügend Ausdrucksdetails lernt, um jede Rolle, die ihm übertragen wird, auszufüllen und irgendwie mit ihr fertig zu werden. Die legitimen Darstellungen im täglichen Leben werden nicht in dem Sinne »gespielt« oder »dargeboten«, daß der Darsteller im voraus weiß, was er tun wird, und es allein um seiner Wirkung willen tut. Die Ausstrahlung, die andere von ihm empfangen, wird ihm selbst besonders »unzugänglich« sein[85]. Aber ebensowenig wie bei »unaufrichtigen« Darstellern hat die Unfähigkeit des gewöhnlichen Menschen, die Bewegungen seiner Augen und seines Körpers vorauszubestimmen, zu bedeuten; nicht mit Hilfe dieser Mittel wird er sich so ausdrücken, wie es in dem Repertoire seiner Handlungen dramatisch vorgeformt ist. Kurz gesagt, wir alle spielen besser, als wir es zu tun glauben.

Wenn wir sehen, wie ein Ringkämpfer im Fernsehen seinen Gegner beschimpft, zu Fall bringt und unfair mit ihm kämpft, sind wir durchaus bereit zu erkennen, daß er trotz des aufgewirbelten Staubs den Schurken nur spielt, daß er dies weiß und in der nächsten Runde die

Rolle des fairen Kämpfers übernehmen und mit gleichem Eifer und Erfolg spielen kann. Hingegen fällt es uns offenbar schwerer, einzusehen, daß zwar Details wie Zahl und Art der Niederwürfe vorher ausgemacht sein können, daß aber die Einzelheiten des Ausdrucks und der Bewegung nicht dem Drehbuch entstammen, sondern die Beherrschung einer bestimmten Sprache voraussetzen, die, wenn sie beherrscht wird, ohne viel Voraussicht oder Berechnung von Augenblick zu Augenblick in Praxis umgesetzt wird.

Wenn wir über Menschen auf den Westindischen Inseln lesen, daß sie zum »Pferd«, das heißt zum Träger eines Voodoo-Geists werden[86], dann leuchtet uns ein, daß der Besessene infolge »des durch lebenslänglichen Besuch der Kultgemeinde akkumulierten Wissens und Erinnerns«[87] imstande ist, ein zutreffendes Porträt des Gottes, der in ihn gefahren ist, zu entwerfen, daß er dabei das genau richtige soziale Verhältnis zu den Zuschauern wahrt, auch daß die Besessenheit genau im richtigen Augenblick der zeremoniellen Handlung eintritt, wobei der Besessene seine rituellen Verpflichtungen soweit erfüllt, daß er mit anderen, die gleichzeitig von anderen Geistern besessen werden, an einer Art improvisiertem Drama teilnimmt. Dabei darf man allerdings nicht übersehen, daß diese vom Kontext bestimmte Struktur der Rolle des Besessenen es den Kultteilnehmern immer noch gestattet, daran zu glauben, daß Besessenheit etwas Wirkliches ist und daß Personen zufällig von Geistern überfallen werden, die sie sich nicht wählen können.

Wenn wir ein junges Mädchen aus dem amerikanischen Mittelstand beobachten, wie es vor ihrem Freund dumm spielt, so weisen wir auf die Elemente von List und Täuschung in ihrem Verhalten hin. Aber ebenso wie es selbst und ihr Freund akzeptieren wir es als echt und ungespielt, daß die Darstellerin eben ein junges Mädchen aus dem amerikanischen Mittelstand ist. Dabei aber übersehen wir den größeren Teil der Darstellung. Es ist eine Binsenweisheit, daß verschiedene soziale Gruppen Attribute wie Alter, Geschlecht, geographische Herkunft und sozialen Status auf verschiedene Weise ausdrücken und daß in jedem Fall die bloßen Attribute durch eine komplexe kulturelle Konfiguration richtiger Verhaltensweisen ausgeschmückt werden.

Eine bestimmte Art von Person sein, heißt also nicht nur, die geforderten Attribute zu besitzen, sondern auch, die Regeln für Verhalten und Erscheinung einzuhalten, die eine bestimmte soziale Gruppe mit diesen Attributen verbindet. Die unreflektierte Leichtigkeit, mit der Darsteller ständig derartige Rollen der Aufrechterhaltung sozialer Maßstäbe erfolgreich spielen, besagt nicht, daß er keine Rolle darstellt, sondern nur, daß die Teilnehmer sich dessen nicht bewußt geworden sind.

Ein Status, eine Stellung, eine soziale Position ist nicht etwas Materielles, das in Besitz genommen und dann zur Schau gestellt werden kann; es ist ein Modell kohärenten, ausgeschmückten und klar artikulierten Verhaltens. Ob es nun geschickt oder ungeschickt, bewußt oder unbewußt, trügerisch oder guten Glaubens dargestellt wird, auf jeden Fall ist es etwas, das gespielt und dargestellt werden, etwas, das realisiert werden muß. Hierfür finden wir ein gutes Beispiel bei Sartre:

> Betrachten wir diesen Kaffeehauskellner. Er hat rasche und sichere Bewegungen, ein wenig allzu bestimmte und ein wenig allzu schnelle, er kommt ein wenig allzu rasch auf die Gäste zu, er verbeugt sich mit ein wenig zuviel Beflissenheit, seine Stimme und seine Blicke drücken eine Interessiertheit aus, die ein wenig zu sehr von Besorgnis um die Bestellung des Kunden in Anspruch genommen ist; dort kommt er zurück und versucht durch seine Art, zu gehen, die unbeugsame Härte irgendeines Automaten nachzumachen, während er gleichzeitig sein Tablett mit einer Art Seiltänzerkühnheit trägt, wobei er es in einem fortwährend labilen und fortwährend gestörten Gleichgewicht hält, das er mit einer leichten Bewegung des Armes oder der Hand fortwährend wieder herstellt. Seine ganze Verhaltensweise sieht wie ein Spiel aus. Er läßt es sich angelegen sein, seine Bewegungen aneinanderzureihen, als wären sie Mechanismen, die sich gegenseitig antreiben, auch sein Gesichtsausdruck und seine Stimme wirken mechanisch; er legt sich die erbarmungslose Behendigkeit und Schnelligkeit einer Sache bei. Er spielt, er unterhält sich dabei. Aber wem spielt er etwas vor? Man braucht ihn nicht lange zu beobachten, um sich darüber klar zu werden: er spielt, Kaffeehauskellner zu sein. Darin liegt nichts Überraschendes; das Spiel ist eine Weise des Sichzurechtfindens und des Nachforschens. Das Kind spielt mit seinem Körper, um ihn zu erforschen, um eine Bestandsaufnahme zu machen; der Kaffeehauskellner spielt mit seiner Stellung, um sie real zu setzen. Das ist für ihn ebenso notwendig wie für jeden Kaufmann: ihre Stellung ist ganz Zeremonie, und das Publikum verlangt von ihnen, daß sie sie wie

eine Zeremonie realisieren; es gibt den Tanz des Kolonialwarenhändlers, des Schneiders, des Auktionators, durch den sie sich bemühen, ihre Kundschaft davon zu überzeugen, daß sie weiter nichts sind als ein Kolonialwarenhändler, ein Auktionator, ein Schneider. Ein Kolonialwarenhändler, der vor sich hinträumt, wirkt auf den Käufer anstößig, weil er nicht mehr durch und durch Kolonialwarenhändler ist. Die Höflichkeit erfordert, daß er sich in den Grenzen seiner Kolonialwarenhändlerfunktion hält, so wie der Soldat beim Stillgestanden sich zum Soldatending macht mit geradeaus gerichtetem Blick, der aber nicht sieht, der nicht mehr dazu da ist, etwas zu sehen, denn das Exerzierreglement und nicht sein augenblickliches Interesse bestimmt den Punkt, den er zu fixieren hat (der Punkt liegt »zehn Schritte von ihm«). Das sind Vorsichtsmaßregeln, um den Menschen in dem einzusperren, was er ist. Als ob wir in der fortwährenden Angst lebten, daß er aus ihm entwischt, daß er plötzlich aus seiner Stellung herauskommt oder sie umgeht[88].

Das Ensemble

Es liegt nahe, im Inhalt einer Darstellung nichts weiter als den Ausdruck des Charakters des Darstellers zu sehen, und daher die darstellerische Funktion ausschließlich unter persönlichen Gesichtspunkten zu betrachten. Eine derart eingeschränkte Sicht aber kann wichtige andere Funktionen verdecken, die die Darstellung für die Interaktion als Ganzes hat.

Zunächst ist es häufig so, daß in einer Darstellung hauptsächlich Charakteristika der dargestellten Aufgabe, und nicht Charakteristika des Darstellers zum Ausdruck kommen sollen. So erleben wir es oft, daß Menschen, die beruflich mit Publikum umzugehen haben, sei es in der Wissenschaft, in der Verwaltung, im Geschäftsleben oder in handwerklichen Berufen, durch ihre Bewegungen Leistungsfähigkeit und Zuverlässigkeit zu suggerieren versuchen; was ein solches Verhalten auch immer über den Darsteller selbst aussagen mag, sein Hauptzweck ist vor allem, seine Dienstleistung oder das angebotene Produkt in ein vorteilhaftes Licht zu rücken. Ferner wird häufig die persönliche Fassade des Darstellers weniger deswegen errichtet, weil sie sich dazu eignet, ihn so erscheinen zu lassen, wie er es möchte, als vielmehr darum, weil seine Erscheinung und sein Verhalten sich in eine größere Szenerie einfügen sollen. In diesem Licht wird verständlich, wie der Auswahlprozeß des Großstadtlebens Mädchen mit guter Erziehung und reinem Akzent die Stellung einer Empfangsdame vermittelt, wo sie neben ihrer eigenen Fassade auch noch die Fassade einer Organisation aufbauen können.

Am entscheidensten aber ist, daß die Definition einer Situation, wenn sie auch von einem Einzelnen entworfen wird, integraler Bestandteil einer Darstellung ist, die durch enge Zusammenarbeit mehrerer Teilnehmer geschaffen und gestützt wird. Beispielsweise können die beiden Stationsärzte in einem Krankenhaus vom Assistenzarzt verlangen, und es als einen Teil seiner Ausbildung betrachten, daß er das Krankenblatt eines Patienten durchgeht und seine Meinung zu jeder einzelnen Eintragung äußert. Er wird vielleicht nicht erkennen, daß seine relative Unwissenheit zum Teil darauf zurückzuführen ist, daß die Stationsärzte das Krankenblatt am vorangehenden Abend bereits gemeinsam durchgearbeitet haben; erst recht nicht wird er merken, daß die beiden die Bearbeitung des Krankenblatts untereinander aufgeteilt haben [1]. Diese Form der Zusammenarbeit garantiert eine gute Leistung der Stationsärzte – jedenfalls, wenn im richtigen Augenblick der richtige Arzt die Fragen stellen kann.

Häufig muß auch jedes Mitglied einer Gruppe, die sich darstellt, eine ihm eigentlich fremde Rolle übernehmen, wenn die Gesamtwirkung des Ensembles zufriedenstellend sein soll. Wird zum Beispiel in einem Haushalt eine feierliche Einladung inszeniert, muß ein Mitglied des Ensembles die Rolle des Dienstboten annehmen. Gleichzeitig muß die Person, welche die Rolle der Gastgeberin spielt, sich so geben, als sei sie stets von Dienstboten umgeben. Dies wurde in überzeugender Weise in dem Touristenhotel der Shetland-Insel (im folgenden: ›Shetland-Hotel‹) demonstriert, in dem ich mich studienhalber aufhielt. Dort wurde von den Hotelpächtern ein Gesamteindruck mittelständischer Bedienung erzeugt, indem sie sich selbst die Rollen des Gastgebers und der Gastgeberin und ihren Angestellten die Rollen von Hausgehilfen zuschrieben – obgleich im Blickwinkel der lokalen Klassenstruktur die Mädchen, die als Zimmermädchen arbeiteten, einen etwas höheren Status hatten als die Hoteleigentümer, bei denen sie angestellt waren. Waren keine Hotelgäste anwesend, so ließen sich die Mädchen nicht viel blauen Dunst über das Verhältnis von Bedienung und Herrschaft vormachen. Ein weiteres Beispiel bietet das Familienleben des Mittelstandes. In unserer Gesellschaft wird, wenn ein Ehepaar von neuen Freunden zu einem geselligen Abend eingeladen wird, die Frau vielleicht respektvollere Unterordnung unter den Willen und die Ansichten ihres Mannes demonstrieren, als sie an den Tag legt, wenn sie mit ihm allein oder in der Gesellschaft von alten Bekannten ist. Übernimmt sie die Rolle, ihn zu respektieren, so kann er die beherrschende Rolle spielen; und wenn jedes Mitglied des Ehe-Ensembles seine bestimmte Rolle spielt, kann das Ehepaar als Einheit den Eindruck erwecken, den ein neues Publikum von ihnen erwartet. Die Rassenetikette der amerikanischen Südstaaten bietet ein weiteres

Beispiel. Charles Johnson weist darauf hin, daß ein Neger einen weißen Arbeitskollegen mit dem Vornamen anreden kann, wenn nur wenige andere Weiße in der Nähe sind, aber es ist selbstverständlich, daß er ihn wieder mit »Mister« anreden wird, wenn mehrere Weiße hinzukommen [2]. Die Geschäftsetikette bietet ein ähnliches Beispiel:

> Wenn Fremde anwesend sind, ist ein Hauch von geschäftlicher Förmlichkeit noch wichtiger. Sie können den ganzen Tag lang ihre Sekretärin »Mary« und ihren Partner »Joe« nennen, aber wenn ein Fremder ins Büro kommt, sollten Sie von ihren Mitarbeitern so sprechen, wie auch der Fremde sie ihrer Meinung nach anreden sollte: Miß oder Mister. Sie können einen Standardwitz mit der Telefonistin teilen, aber Sie unterlassen ihn besser, wenn Sie in Gegenwart Fremder telefonieren [3].
>
> Sie [Ihre Sekretärin] will vor Fremden Miß oder Missis genannt werden; jedenfalls wird sie sich nicht geschmeichelt fühlen, wenn Ihr »Mary« allen anderen nahelegt, sie ebenso vertraulich anzureden [4].

Ich werde den Ausdruck »Ensemble« *(team)* für jede Gruppe von Individuen verwenden, die gemeinsam eine Rolle aufbauen.

Bisher sind wir in diesem Bericht davon ausgegangen, wie der Einzelne sich darstellt und haben uns mit zwei Erscheinungen beschäftigt – mit der Einzeldarstellung auf der einen Seite und mit der Gruppe und der Interaktion als Ganzem auf der anderen Seite. Zur Untersuchung gewisser Arten und Aspekte der Interaktion scheint dieser Blickwinkel hinreichend; alles was nicht in diesen Rahmen paßte, konnte als reduzierbare Komplikation behandelt werden. So ließ sich die Zusammenarbeit zweier Darsteller, von denen anscheinend jeder damit beschäftigt war, seine eigene Vorstellung zu geben, als eine Art von Abmachung oder »Verständigung« analysieren, ohne daß man den grundlegenden Bezugsrahmen zu ändern brauchte. In der Untersuchung bestimmter sozialer Institutionen scheint jedoch die kooperative Tätigkeit einiger Teilnehmer zu bedeutsam, um nur als Variation eines Themas behandelt zu werden. Gleichgültig ob nun die Mitglieder eines Ensembles gleichartige Einzelvorstellungen oder ob sie verschiedene Darstellungen inszenieren, die sich zu einem Ganzen zusammenfügen, das gesamte Ensemble läßt einen bestimmten Eindruck entstehen, der für sich allein als drittes Phänomen zwischen der Einzeldarstellung einerseits und der Gesamtinteraktion der Gruppe andererseits betrachtet werden kann. Ja gerade dann, wenn unser besonderes Interesse der Manipulation von Eindrücken den Konsequenzen solcher Manipulationen und den Techniken, die diese Konsequenzen abfangen sollen, gilt, können das Ensemble und die Ensemble-Darstellung als Ausgangspunkt besonders geeignet sein[5]. Von hier aus können Situationen, wie eine Interaktion zwischen zwei Personen, dem theoretischen Rahmen eingefügt werden, indem man sie als Interaktionen zwischen zwei Gruppen beschreibt, von denen jede nur ein Mitglied hat. (Logisch gesehen könnte man sogar behaupten, ein Publikum, das hinreichend von einem bestimmten sozialen Bühnenbild beeindruckt wird, in dem keine anderen Personen anwesend sind, sei das Publikum einer Ensembledarstellung, in der das Ensemble keine Mitglieder hat.)

Der Begriff des Ensembles gestattet uns, Einzeldarstellungen oder solche von mehreren Personen zu untersuchen; darüber hinaus ist er für noch einen weiteren Fall gültig. Es wurde weiter oben angedeutet, daß ein Darsteller von seinem eigenen Spiel gefangengenommen werden kann und den von ihm hervorgerufenen Eindruck einer Realität für die, und zwar für die einzige Realität hält. In einem solchen Fall wird der Darsteller zu seinem eigenen Publikum; er wird Darsteller und Zuschauer des gleichen Schauspiels. Vermutlich hat er sich die Maßstäbe, die er vor anderen aufrechterhalten will, so zu eigen gemacht, daß er ihnen gemäß auch ohne fremde Beobachter zu handeln sucht. Dann wird es für ihn in seiner Darstellerrolle notwendig, in seiner Zuschauerrolle die diskreditierenden Tatsachen, die er über die Darstellung in Erfahrung bringen mußte, vor sich selbst zu verbergen. Umgangssprachlich ausgedrückt: Es wird Dinge geben, die er weiß oder gewußt hat und die er vor sich selbst nicht zugeben darf. Dieses komplizierte Manöver der Selbsttäuschung geht ständig vor sich; die Psychoanalytiker haben uns die besten Beispiele dafür unter den Termini Verdrängung und Dissoziation geliefert[6]. Vielleicht haben wir es hier mit einer Quelle des Phänomens der »Selbst-Entfremdung« zu tun, nämlich jenes Prozesses, auf Grund dessen sich eine Person sich selbst entfremdet fühlt[7].

Wenn ein Darsteller das, was er privat tut, nach seinen moralischen Maßstäben ausrichtet, kann er diese Maßstäbe mit einer bestimmten Gruppe von Menschen in Verbindung bringen, und sich so ein nichtanwesendes Publikum seiner Tätigkeit schaffen. Daraus folgt auch, daß der Einzelne in seinem Privatleben an Maßstäben festhalten mag, an die er persönlich zwar nicht glaubt, nach denen er sich aber deshalb richtet, weil er die Strafe des unsichtbaren Publikums fürchtet. Mit anderen Worten: Der Einzelne kann sein eigenes Publikum sein, oder er kann sich einbilden, es sei ein Publikum anwesend. (Hier wird überall der analytische Unterschied zwischen dem Begriff des Ensembles und dem des Einzeldarstellers sichtbar.) Das sollte uns darauf hinweisen, daß auch ein Ensemble eine Vorstellung inszenieren kann, die sich an ein Publikum wendet, das körperlich gar nicht anwesend ist. So werden in einigen amerikanischen Irrenhäusern verstorbene Patienten, die keine Verwandten haben, auf dem Krankenhausgelände mit verhältnismäßig großem Zeremoniell beerdigt. Zweifellos trägt das dazu bei, minimale Zivilisationsmaßstäbe in einer Umgebung aufrechtzuerhalten, wo diese Maßstäbe durch Rückständigkeit und allgemeinen Mangel an öffentlichem Interesse bedroht sind. Jedenfalls können in Fällen, in denen keine Verwandten auftauchen, der Anstaltsgeistliche, der Beerdigungsdirektor der Anstalt und ein oder zwei andere Beamte selbst alle Beerdigungsrollen spielen und ohne Publikum vor der Leiche des toten Patienten die allgemein übliche zivilisierte Anteilnahme an dem Verstorbenen darstellen.

Es ist offensichtlich, daß Individuen, die Mitglieder des gleichen Ensembles sind, auf Grund dieser Tatsache in einer wichtigen Beziehung zueinander stehen. Zwei Grundelemente dieser Beziehung können angeführt werden.

Zunächst scheint es, als könne jedes Mitglied des Ensembles die gemeinsame Darstellung stören oder sie durch unangemessenes Verhalten unterbrechen. Jedes Ensemblemitglied muß sich auf das gute Benehmen der anderen verlassen, und diese sind ihrerseits gezwungen, sich auf ihn zu verlassen. Alle Mitglieder eines Ensembles sind also notwendigerweise durch gegenseitige Abhängigkeit miteinander verbunden. Haben sie, wie es oft der Fall ist, verschiedenen Status und Rang innerhalb der Gesellschaft, so wird dieses gegenseitige Abhängigkeitsverhältnis leicht die strukturellen oder sozialen Spaltungen überbrücken und so einen Zusammenhalt innerhalb der Gesellschaft bilden. Wo funktionelle und hierarchische Positionen eine Organisation aufteilen, können Darstellungsensembles dazu beitragen, die Trennungen zu integrieren.

Zweitens können Mitglieder eines Ensembles, die zusammenarbeiten müssen, um einen bestimmten Eindruck vor ihrem Publikum zu wahren, offensichtlich kaum den gleichen Eindruck auch voreinander glaubhaft machen. Als Verschworene sind sie gezwungen, einander als »Eingeweihte« zu sehen, als Personen, vor denen eine bestimmte Fassade nicht aufrechterhalten werden kann. Ensemblemitglieder sind daher meistens proportional zur Häufigkeit ihres gemeinsamen Auftretens als Ensemble und zur Größe des Bereichs, in dem ein bestimmter Eindruck gewahrt werden muß, durch ein besonders enges Verhältnis, das man »Vertraulichkeit« nennen könnte, miteinander verknüpft. Unter Ensemblemitgliedern braucht das Privileg der Vertraulichkeit – einer Art von Intimität ohne Wärme – nicht organischer Natur zu sein und muß sich nicht allmählich während gemeinsam verbrachter Zeit entwickeln; es kann sich um eine formalisierte Beziehung handeln, die automatisch angeboten und angenommen wird, sobald der Einzelne in das Ensemble eintritt.

Wenn wir darauf hinweisen, daß Ensemblemitglieder meist durch Bande gegenseitiger Abhängigkeit und gegenseitiger Vertraulichkeit miteinander verbunden sind, dürfen wir die so gebildete Gruppe nicht mit anderen Typen, wie etwa der inoffiziellen Gruppe oder Clique, verwechseln. Ein Ensemblemitglied ist jemand, auf dessen dramaturgische Mitarbeit man bei der Darstellung einer Situation angewiesen ist; auch wenn ein Mitglied in den Bereich gerät, der außerhalb der inoffiziellen Sanktionen liegt und darauf besteht, »die Tricks zu verraten« oder dem Schauspiel eine besondere Richtung zu geben, gehört er noch immer zum Ensemble. In der Tat kann er, gerade weil er ein Teil des Ensembles ist, Schwierigkeiten dieser Art machen. So ist der Einzelne in der Fabrik, der die Akkordnorm bricht, immer noch ein Teil des Ensembles, auch wenn seine Arbeit den Eindruck des voll ausgelasteten Arbeitstages gefährdet, den die anderen Arbeiter zu erwecken bemüht sind. Vom kameradschaftlichen Standpunkt aus kann man ihn geflissentlich übersehen, aber nicht als Bedrohung der vom Ensemble aufgestellten Situationsbestimmung. Ebenso kann es vorkommen, daß ein Mädchen, das zu leicht zu erobern ist, auf einer Party von den anderen Mädchen geschnitten wird; aber in gewisser Hinsicht gehört es doch zum gleichen Ensemble und bedroht so den im Kollektiv aufrechterhaltenen Eindruck, Mädchen seien schwer zu erringen. Während also Ensemblemitglieder häufig

Personen sind, die sich inoffiziell darauf einigen, ihren Anstrengungen zum Zweck des Selbstschutzes in eine bestimmte Richtung zu lenken, und sie infolgedessen eine inoffizielle Gruppe bilden, ist diese Übereinkunft selbst kein Kriterium für die Definition des Ensemblebegriffes.

Die Mitglieder einer Clique – wenn wir den Ausdruck verwenden, um eine kleine Zahl von Personen zu bezeichnen, die zum Zweck zwangloser Vergnügungen zusammenkommen – können ebenfalls ein Ensemble bilden; denn es ist wahrscheinlich, daß sie zusammenarbeiten müssen, um ihre Exklusivität taktvoll vor einigen Nichtmitgliedern zu verbergen und sie vor anderen wiederum zu betonen. Es gibt aber einen bedeutsamen Unterschied zwischen dem Begriff des Ensembles und dem der Clique. In größeren gesellschaftlichen Institutionen sind Personen mit einer bestimmten Sozialstatushöhe dadurch miteinander verbunden, daß sie ihrem Untergebenen und Vorgesetzten gegenüber eine gemeinsame Definition ihrer Situation geben müssen. So stehen Personen, obwohl sie sich in wichtigen Punkten voneinander unterscheiden und infolgedessen danach streben, sozialen Abstand voneinander zu halten, in einer Beziehung aufgezwungener Vertraulichkeit zueinander, wie sie für die Ensemblemitglieder bei der Inszenierung eines Schauspiels charakteristisch ist. Es scheint oft so, als würden kleine Cliquen nicht gebildet, um die Interessen derjenigen zu wahren, mit denen gemeinsam der Einzelne sein Schauspiel inszeniert, sondern um ihn vor einer unerwünschten Identifikation mit den anderen Mitgliedern seines Ensembles zu schützen. Cliquen sollen also häufig den Einzelnen nicht von Personen anderen Ranges, sondern vor Personen gleichen Ranges abschirmen. Infolgedessen ist es möglich, daß nicht alle Mitglieder einer Clique den gleichen Status besitzen, aber entscheidend ist, daß nicht alle Personen des gleichen Status in die Clique aufgenommen werden[8].

Schließlich müssen wir noch eine Bemerkung darüber machen, was ein Ensemble nicht ist. Individuen können sich offiziell oder inoffiziell zu einer Gruppe zusammenschließen, die mit allen ihnen zu Gebote stehenden Mitteln verwandte oder gemeinsame Ziele anstrebt. Soweit sie in Zusammenarbeit einen gegebenen Eindruck aufrechterhalten, um damit ihre eigenen Ziele zu erreichen, bilden sie ein Ensemble in unserem Sinn. Aber es sollte kein Zweifel darüber bestehen, daß es viele andere Mittel außer der dramaturgischen Kooperation gibt, durch die eine Handlungsgruppe ihre Ziele erreichen kann. Jene anderen Mittel, wie Gewaltanwendung oder Verhandlungsstärke, können durch gezielte Manipulation des Eindrucks verstärkt oder geschwächt werden, aber die Möglichkeit, gemeinsam Gewalt oder Verhandlungsstärke anzuwenden, ist für eine Anzahl von Personen der Anlaß, eine Gruppe zu bilden, was nichts damit zu tun hat, daß die so gebildete Gruppe gelegentlich im dramaturgischen Sinne als Ensemble handeln wird. (Ebenso kann ein Einzelner, der sich in einer Macht- oder Führungsposition befindet, seine Stärke durch die Angemessenheit und Überzeugungskraft seiner Erscheinung und seines Verhaltens stärken oder schwächen, aber man kann nicht sagen, daß die dramaturgischen Qualitäten seines Handelns gewöhnlich die Basis seiner Stellung bilden.)

Wollen wir den Begriff des Ensembles als Ausgangspunkt verwenden, so wird es sich empfehlen, einige Schritte, die wir vorher getan haben, nachzuvollziehen und unseren terminologischen Rahmen neu zu definieren, damit wir ihn, wie für den Einzeldarsteller, auch für das Ensemble verwenden können.

Man hat behauptet, es sei das Ziel des Darstellers, eine bestimmte Definition der Situation zu stützen, sozusagen seine Sicht der Realität. Als Ein-Mann-Ensemble kann er schnell entscheiden, welchen der möglichen Standpunkte zu einer Frage er einnehmen will, und kann dann uneingeschränkt so handeln, als sei seine Wahl die einzig mögliche gewesen. Diese Entscheidung kann seiner eigenen Situation und seinen Interessen genau angepaßt werden.

Wenden wir uns nach dem Ein-Mann-Ensemble einem größeren zu, so ändert sich der Realitätscharakter, dem das Ensemble verpflichtet ist. An Stelle einer vielseitigen Situationsbestimmung muß die Realität auf eine magere Parteilinie reduziert werden, denn es ist zu erwarten, daß die gemeinsame Bestimmung der Situation den verschiedenen Mitgliedern des Ensembles in unterschiedlichem Grade entspricht. Ein Ensemblemitglied wird womöglich die Parteilinie im Scherz ablehnen, obwohl es sie im Ernst akzeptiert. Auf der anderen Seite kommt als neuer Faktor die Loyalität gegenüber dem Ensemble und die Unterstützung der Ensemblemitglieder ins Spiel.

Man scheint allgemein der Ansicht zu sein, öffentlicher Streit zwischen Ensemblemitgliedern hindere diese nicht nur an gemeinsamem Handeln, sondern beeinträchtige auch die vom Ensemble dargestellte

Realität. Um jenen Realitätseindruck zu schützen, kann von den Ensemblemitgliedern verlangt werden, daß sie keine öffentlichen Meinungsäußerungen abgeben; bevor die offizielle Stellung des Ensembles einmal festgelegt ist, können alle Mitglieder verpflichtet werden, sich nach ihm zu richten. (Die Frage nach dem zugelassenen Umfang »sowjetischer Selbstkritik« und danach, wer sie üben darf, bevor der Standpunkt des Ensembles festgelegt ist, steht hier nicht zur Debatte.) Ein Beispiel finden wir im Verwaltungsdienst:

> Bei derartigen Ausschußsitzungen (Sitzungen des Cabinet Committee) nehmen Verwaltungsbeamte an der Diskussion teil und bringen ihre Meinung mit einer Einschränkung frei zum Ausdruck: Sie wenden sich nicht direkt gegen ihren Minister. Die Möglichkeit einer solchen offenen Unstimmigkeit ist nur sehr selten gegeben und sollte sich nie ergeben. In neun von zehn Fällen haben sich der Minister und der Beamte, der mit ihm an der Sitzung teilnimmt, vorher über die einzuschlagende Marschrichtung geeinigt, und im zehnten Fall erscheint der Beamte, der nicht mit der Ansicht seines Ministers in einer bestimmten Frage übereinstimmt, nicht zu der Sitzung, auf der sie diskutiert werden soll[9].

Ein weiteres Beispiel kann aus einer neueren Studie über die Machtstruktur in einer Kleinstadt zitiert werden:

> Wer, in welchem Umfang auch immer, an Gemeindearbeit beteiligt war, wird immer wieder von einer Art »Prinzip der Einstimmigkeit« beeindruckt gewesen sein. Sobald die Vorsitzenden der Gemeinde ihre Entscheidungen formuliert haben, verlangen sie strikte Konformität der Meinung. Entscheidungen werden im allgemeinen nicht eilig gefällt. Besonders in den oberen Führungsgremien gibt es genügend Zeit zur Diskussion der meisten Projekte, bevor sie ins Aktionsstadium eintreten. Dies gilt auch für Gemeindeprojekte. Ist die Diskussionszeit vorüber und die Richtung festgelegt, dann wird Einstimmigkeit erforderlich. Vertreter abweichender Meinungen werden unter Druck gesetzt, und das Projekt ist durchgebracht[10].

Offene Meinungsverschiedenheiten vor dem Publikum erzeugen, wie wir sagen, einen Mißklang. Man kann behaupten, daß Mißtöne in der Musik aus dem gleichen Grund vermieden werden wie Mißtöne in übertragener Bedeutung: In beiden Fällen handelt es sich darum, eine festgelegte Situation aufrechtzuerhalten. Das kann aus einem kurzen Buch über die Arbeitsprobleme des professionellen Konzertbegleiters illustriert werden:

> Einer idealen Aufführung kommen Sänger und Pianist am nächsten, wenn sie genau das tun, was der Komponist will. Es kommt jedoch vor, daß der Sänger vom Begleiter geradezu das Gegenteil von dem, was der Komponist vorschreibt, verlangt. Der Sänger will da einen Akzent setzen, wo keiner hingehört, dort eine Fermate anbringen, wo sie nicht notwendig ist, hier ein Rallentando machen, wo es a tempo sein sollte; er will Forte singen, wo Piano richtig wäre, oder an einer Stelle gefühlvoll werden, wo der Stimmung Nobilmente entsprechen würde.
>
> Diese Aufzählung aller Möglichkeiten ist keineswegs vollständig. Mit der Hand auf dem Herzen und mit Tränen in den Augen wird der Sänger schwören, daß sein Sinnen und Trachten einzig darauf gerichtet sei, genauso zu singen, wie es der Komponist geschrieben hat. Die Lage ist recht peinlich; wenn der Sänger nun auf seine Weise singt und der Pianist auf die andere Weise spielt, ist das Chaos unvermeidlich. Die Erörterung führt möglicherweise zu keiner Einigung – was soll der Begleiter dann tun?
>
> Bei der Aufführung muß er mit dem Sänger gehen, aber nachher möge er die Erinnerung an jene sogenannte Interpretation aus seinem Gedächtnis auslöschen [11].

Einmütigkeit ist jedoch oft nicht die einzige Bedingung für die Ensembledarstellung. Man scheint allgemein davon überzeugt zu sein, daß die realsten und solidesten Dinge im Leben diejenigen sind, die von verschiedenen Beobachtern unabhängig voneinander in gleicher Weise beschrieben werden. Wenn zwei Teilnehmer eines Ereignisses sich entschlössen, so ehrlich wie nur möglich darüber zu berichten, müßten – so meinen wir gewöhnlich – ihre Schilderungen einigermaßen ähnlich ausfallen, auch wenn sie sich vorher nicht über ihre Darstellung geeinigt haben. Die Absicht, die Wahrheit zu sagen, macht anscheinend vorherige Verabredungen überflüssig. Wir neigen auch zu der Annahme, daß die beiden, wollten sie bei ihrer Schilderung lügen oder das Ereignis voreingenommen darstellen, sich vorher nicht nur miteinander verständigen müßten, um »Unebenheiten auszubügeln«, sondern diese Absprache auch verheimlichen würden. (Wenn, nebenbei bemerkt, die Ensemblemitglieder auch noch ein Schauspiel des Selbstrespekts voreinander aufführen, werden sie sich nach der allgemein akzeptierten Linie richten müssen und vor sich selbst und den anderen verbergen, wie wenig selbständig sie ihre Position wirklich ausfüllen; aber diese Probleme führen über die Frage der Ensembledarstellung als Untersuchungseinheit hinaus.)

Es sollte bemerkt werden, daß es nicht nur Sache des Ensemblemitglieds ist, auf offizielle Verlautbarungen zu warten, bevor es seinen Standpunkt einnimmt, sondern daß es die offizielle Verlautbarung kennen muß, damit es seine Rolle im Ensemble spielen und sich als Teil desselben fühlen kann. So beschreibt beispielsweise ein Autor, wie einige chinesische Kaufleute den Preis ihrer Waren nach der Erscheinung des Kunden festsetzen:

> Ein besonderes Ergebnis dieser genauen Beobachtung des Kunden zeigt sich, wenn ein Kunde einen chinesischen Laden betritt und sich, nachdem er verschiedene Gegenstände angesehen hat, nach dem Preis irgendeines unter ihnen erkundigt. Derjenige, der gefragt wurde, wird dann nämlich, wenn er nicht ganz sicher ist, daß der Kunde mit keinem anderen Verkäufer gesprochen hat, nicht sofort antworten, sondern vorher alle anderen Verkäufer fragen, ob sie dem Kunden einen Preis für den Gegenstand genannt haben. Wenn diese wichtige Vorsichtsmaßnahme, was selten geschieht, außer acht gelassen wurde, werden die von verschiedenen Händlern genannten Summen fast immer voneinander abweichen, was bedeutet, daß die Verkäufer den Kunden verschieden eingeschätzt haben[12].

Einem Ensemblemitglied Informationen über die Einstellung seines Ensembles vorzuenthalten, heißt letzten Endes, ihm seine Rolle vorzuenthalten, denn wenn er nicht weiß, welche Einstellung er vertreten soll, kann er sich dem Publikum gegenüber nicht in seiner Identität behaupten. Soll ein Chirurg einen Patienten operieren, der ihm von einem anderen Arzt überwiesen wurde, dann wird es der Chirurg als allererstes Gebot der Höflichkeit betrachten, dem überweisenden Arzt mitzuteilen, wann die Operation stattfindet, und ihn, falls dieser nicht zur Operation erscheint, anrufen und ihn davon unterrichten, ob sie erfolgreich war. Wenn er so »auf dem laufenden gehalten« wird, kann sich der Überweisende Arzt den Verwandten des Patienten überzeugender präsentieren, nämlich als einer, der am Fortgang der Behandlung teilnimmt[13].

Ich möchte noch eine weitere Tatsache hinzufügen, die das Einhalten der generellen Richtung einer Darstellung betrifft. Wenn ein Ensemblemitglied in Anwesenheit des Publikums einen Fehler macht, müssen die anderen oft ihr Bedürfnis unterdrücken, es zu bestrafen und zu belehren. Schließlich würden ja sofortige Sanktionen häufig die Interaktion nur noch mehr verwirren und dem Publikum ein Schauspiel bieten, das – wie weiter oben ausgeführt – für Ensemblemitglieder reserviert bleiben sollte. So gibt es in autoritären Organisationen, wo ein Ensemble von Vorgesetzten ein Schauspiel der Unfehlbarkeit und Einigkeit darbietet, oft eine strenge Regel, nach der ein Vorgesetzter keinen Mangel an Respekt und keine Feindseligkeit gegenüber einem anderen Vorgesetzten zeigen darf, solange ein Untergebener anwesend ist. Armee-Offiziere zeigen sich vor Mannschaftsgraden einmütig, Eltern vor ihren Kindern[14], Manager vor Arbeitern, Krankenschwestern vor Patienten[15] usw. Natürlich kann offene und heftige Kritik laut werden, wenn keine Untergebenen anwesend sind, was häufig genug geschieht. So stellte sich in einer neueren Untersuchung über den Beruf des Lehrers heraus, daß die Lehrer, um den Eindruck beruflicher Fähigkeit und institutioneller Autorität zu wahren, sicher sein müssen, daß der Direktor, wenn zornige Eltern mit Beschwerden in der Schule erscheinen, die Position seiner Mitarbeiter mindestens solange stützen wird, bis sich die Eltern entfernt haben[16]. Desgleichen vertreten Lehrer die Meinung, daß ihre Kollegen in Gegenwart von Schülern nicht anderer Ansicht sein oder ihnen widersprechen sollten. »Laß' nur einen anderen Lehrer die Augenbrauen komisch zusammenkneifen, gerade so, daß sie [die Kinder] es merken, und denen entgeht nichts, schon ist ihr Respekt vor dir hin.«[17] Wir wissen auch, daß es einen strengen Kodex ärztlicher Etikette gibt, demzufolge ein zur Konsultation zugezogener Arzt in Gegenwart des Patienten und seines Hausarztes sorgfältig darauf achtet, niemals etwas zu sagen, wodurch der Eindruck von Kompetenz, den der Hausarzt wahren will, erschüttert würde. Wie Hughes andeutet, ist »die [Berufs-]Etikette eine Sammlung von Ritualen, die ohne ausdrückliche Absprache entstehen, um vor den Kunden die Einheitsfront des Berufs zu sichern«[18]. Natürlich tritt diese Art von Solidarität nicht nur in Gegenwart Untergebener, sondern auch vor Vorgesetzten auf. Beispielsweise erfahren wir aus einer neueren Untersuchung über die Polizei, daß zwei Mitglieder einer Polizeistreife, die gegenseitig Zeugen ihrer illegalen und halblegalen

Handlungen sind und von denen jeder ohne weiteres das Schauspiel der Legalität des anderen vor dem Richter unglaubhaft machen könnte, eine heldenhafte Solidarität üben und ihre Aussagen gegenseitig bestätigen werden, gleich welche Scheußlichkeiten sie verdecken und wie gering die Aussicht ist, daß irgend jemand die Schilderungen glauben wird [19].

Offenbar werden Darsteller, wenn sie die Linie des Ensembles beibehalten wollen, als Mitdarsteller diejenigen auswählen, von denen man annehmen kann, daß sie sich richtig verhalten; zum Beispiel werden Kinder häufig von der Vorstellung, die den Gästen in einem Haushalt geboten wird, ausgeschlossen, weil man sich nicht darauf verlassen kann, ob sie »sich benehmen«, das heißt, ob sie nicht durch ihr Verhalten Widersprüche zu dem erzeugten Eindruck aufdecken [20]. Ebenso stellen Personen, von denen bekannt ist, daß sie sich gern betrinken, daß sie dann geschwätzig oder sonstwie »schwierig« werden, ein darstellerisches Risiko dar, ebenso wie jene, die zwar nüchtern, aber in törichter Weise indiskret sind, oder jene, die sich weigern, »mitzumachen« und den Eindruck zu unterstützen, den Gäste laut stillschweigender Übereinkunft auf ihren Gastgeber zu machen haben.

Ich habe bereits ausgeführt, daß bei vielen Interaktionen einige der Teilnehmer als Ensemble zusammenarbeiten oder sich in einer Lage befinden, in der sie auf diese Zusammenarbeit angewiesen sind, um eine bestimmte Definition der Situation aufrechtzuerhalten. Wenn wir nun konkrete gesellschaftliche Institutionen untersuchen, finden wir oft, daß auf eine gebotene Ensembledarstellung alle übrigen Teilnehmer der Interaktion in ihren verschiedenen Reaktionen darauf ihrerseits selbst ein Ensemble bilden. Da jedes Ensemble seine Rolle für das andere spielt, kann man von dramatischer Interaktion statt von dramatischer Handlung sprechen, und wir dürfen diese Interaktion nicht als ein Potpourri betrachten, das so viele Stimmen hat, wie es Teilnehmer gibt, vielmehr als einen Dialog und ein Zusammenspiel zwischen zwei Ensembles. Ich weiß keine allgemeingültige Erklärung dafür, warum sich unter natürlichen Bedingungen Interaktionen gewöhnlich zwischen nur zwei Ensembles abspielen, aber es scheint erfahrungsgemäß der Fall zu sein. So können wir in großen sozialen Gefügen, in denen es eine Rangordnung gibt, feststellen, daß im allgemeinen auch von Menschen mit verschiedenem gesellschaftlichem Status erwartet wird, daß sie sich für die Dauer einer Interaktion in zwei Ensembles gruppieren. Beispielsweise wird sich ein Leutnant in einer bestimmten Situation mit allen Offizieren gegen alle Mannschaftsgrade verbünden; bei anderer Gelegenheit wird er sich vor älteren Offizieren zusammen mit allen anwesenden jüngeren des gleichen Dienstgrades darstellen. Gewiß gibt es bestimmte Interaktionen, die sich nicht auf ein Zwei-Ensemble-Modell zurückführen lassen. So erfordern Schiedsgerichtsverhandlungen in wesentlichen Teilen ein Drei-Ensemble-Modell, der Wettbewerb oder auch bestimmte gesellschaftliche Situationen häufig ein Mehr-Ensemble-Modell. Es sollte dabei bewußt bleiben, daß die Interaktion unabhängig von der Zahl der an ihr beteiligten Ensembles auch sinnvoll unter dem Gesichtspunkt der gemeinsamen Anstrengung aller Teilnehmer, durch eine gewisse Übereinstimmung die Zusammenarbeit zu ermöglichen, analysiert werden kann.

Wenn wir Interaktion als einen Dialog zwischen zwei Ensembles behandeln, wird es in manchen Fällen geboten sein, ein Ensemble als »die Darsteller« und das andere als »die Zuschauer« oder »das Publikum« zu bezeichnen und vorübergehend außer acht zu lassen, daß auch dies Publikum eine Ensembledarstellung bietet. In einigen Fällen, etwa wenn zwei Ein-Personen-Ensembles in der Öffentlichkeit oder im Haus eines gemeinsamen Freundes miteinander zu tun haben, ist es willkürlich, welches Ensemble wir Darsteller und welches Publikum nennen. In vielen wichtigen gesellschaftlichen Situationen wird jedoch der Rahmen der Interaktion ausschließlich von einem der beiden Ensembles bestimmt und aufgebaut und trägt daher auch mehr zum Schauspiel des einen als des anderen bei. Ein Kunde in einem Laden, ein Klient in einem Büro, eine Gruppe von Gästen in der Wohnung des Gastgebers – sie alle geben eine Vorstellung und halten eine Fassade aufrecht, aber das Bühnenbild, vor dem sie dies tun, unterliegt nicht ihrer unmittelbaren Kontrolle; es ist ein integraler Bestandteil der Darbietung derjenigen, vor denen sie sich bewegen. In solchen Fällen empfiehlt es sich, das Ensemble, das die Kontrolle über das Bühnenbild hat, das Darstellerensemble, und das andere das Publikum zu nennen. Außerdem sollte dasjenige Ensemble, das mehr Handlung zur Interaktion beiträgt oder den dramatisch ausgeprägteren Part spielt bzw. Tempo und Richtung für beide Ensembles bestimmt, als Darsteller bezeichnet werden.

Natürlich darf kein Teilnehmer an der Interaktion dem Darstellerensemble und dem Publikum gleichzeitig angehören, wenn der hervorgerufene Eindruck gewahrt werden soll. Wenn zum Beispiel der Inhaber eines kleinen Damenoberbekleidungsgeschäfts seiner Kundin erklären will, ein bestimmtes Kleid sei verbilligt, weil es angestaubt sei, weil die Saison zu Ende sei oder weil dieses Modell ausläuft, obwohl es in Wirklichkeit eine ungünstige Farbe oder einen unvorteilhaften Schnitt hat und deshalb im Preis herabgesetzt wurde, und wenn er bei ihr Eindruck machen will, indem er von seinem Einkaufsbüro in New York redet, das er gar nicht besitzt, oder wenn er von seiner Direktrice spricht, die in Wirklichkeit Verkäuferin ist, dann muß er sich darüber im klaren sein, daß er für Samstag als Aushilfsverkäuferin kein Mädchen aus der Nachbarschaft einstellen darf, die bereits seine Kundin war oder es bald wieder sein wird [21].

Häufig hat die Kontrolle über das Bühnenbild einen Vorteil. Im engeren Sinne gestattet solche Kontrolle dem Ensemble, strategische Kunstgriffe einzuführen und dadurch die dem Publikum zugängliche Information zu beeinflussen. So ist es für Ärzte, die verhindern wollen, daß an Krebs erkrankte Patienten erfahren, was ihnen fehlt, vorteilhaft, wenn sie die Krebskranken über das ganze Krankenhaus verteilen können, so daß diese nicht schon von der Station her, auf der sie liegen, auf ihre Krankheit schließen können. (Natürlich ist es für das Krankenhauspersonal infolge dieser Inszenierungsstrategie zeitraubender als sonst notwendig wäre, weil sie durch Gänge laufen und Apparate umherschieben müssen.) Genauso ist der Friseur, wenn er den Ansturm seiner Voranmeldungen durch einen dem Publikum zugänglichen Terminkalender regelt, in der Lage, seine Kaffeepause zu schützen, indem er bei der dafür in Frage kommenden Zeit einen Tarnnamen in den Terminkalender schreibt. Der Kunde kann dann selbst sehen, daß für diese Zeit kein Termin frei ist. Eine andere interessante Möglichkeit, Bühnenbild und Requisiten zu gebrauchen, lernen wir in einem Artikel über amerikanische »Sororities« (Studentinnen-Verbindungen) kennen. Darin wird beschrieben, wie die Mitglieder der Gruppe, die eine Tee-Einladung für eventuell neu aufzunehmende Studentinnen geben, unter ihnen sofort die für sie interessanten Mädchen auswählen können, ohne den Eindruck zu erwecken, als würden die Gäste des Hauses unterschiedlich behandelt:

> »Es ist schwer, sich an 967 Mädchen zu erinnern, die man nur ein paar Minuten in einem Empfangskordon gesehen hat, selbst wenn

sie eine Empfehlung mitbringen«, gab Carol zu. »Deshalb haben wir einen Trick erfunden, um die guten von den langweiligen Typen zu scheiden. Wir haben drei Tabletts für die Visitenkarten der in Frage kommenden – eines für goldene Mädchen, eines für mögliche, und eines für Blindgänger. Die Aktive, die sich auf der Party mit den Mädchen unterhält, muß sie dann geschickt an das richtige Tablett führen, wenn sie ihre Visitenkarte abgeben will«, fuhr Carol fort. »Die Kandidatinnen kommen nie dahinter, was wir eigentlich machen!« [22]

Ein weiteres Beispiel ist ein Kunstgriff, der in Hotels angewandt wird. Wenn irgendein Mitglied des Hotelpersonals Zweifel an dem Charakter oder den Absichten eines Gästepaars hat, kann er dem Pagen ein geheimes Signal geben, »den Riegel vorzulegen«.

Dabei handelt es sich um einen einfachen Trick, der es den Angestellten leichter macht, verdächtige Personen im Auge zu behalten. Nachdem der Page das Paar in ihr Zimmer gebracht hat, drückt er, wenn er die Tür hinter sich zumacht, auf einen kleinen Knopf auf der Innenseite der Türklinke. Dadurch dreht sich ein Rädchen im Schloß, und es wird ein schwarzer Streifen in dem runden Mittelloch des Riegels auf der Außenseite sichtbar. Er ist so unauffällig, daß ihn die Gäste nicht bemerken, aber Zimmermädchen, Etagenkellner, Liftboys und Pagen sind angehalten, auf diese Türen aufzupassen ... und über alle lauten Gespräche oder ungewöhnlichen Vorgänge dahinter zu berichten [23].

Im gleichen Sinn kann die Kontrolle über das Bühnenbild dem Ensemble ein Gefühl der Sicherheit verleihen. So schreibt ein Forscher über das Verhältnis zwischen Apotheker und Arzt:

Der Laden ist ein weiterer Faktor. Der Arzt kommt oft in die Apotheke, sei es, um Arzneimittel zu holen, oder zur Information und Unterhaltung. Dabei hat der Mann hinter dem Ladentisch ungefähr den gleichen Vorteil, den ein stehender Redner vor seinem sitzenden Publikum hat [24]. Ein Faktor, der zu diesem Gefühl der Unabhängigkeit des Apothekers in seiner medizinischen Praxis beiträgt, ist seine Apotheke. Sie ist in gewissem Sinn ein Teil seiner selbst. Die Regale und Tische voll von Flaschen und Apparaten verleihen ihm Würde und Prestige [25].

Eine gute literarische Darstellung dessen, was geschieht, wenn jemand der Kontrolle über sein Bühnenbild beraubt wird, gibt Franz Kafka in ›Der Prozeß‹, wenn er K.s Zusammentreffen mit den Behörden in seiner Pension beschreibt:

Als er vollständig angezogen war, mußte er knapp vor Willem durch das leere Nebenzimmer in das folgende Zimmer gehen, dessen Tür mit beiden Flügeln bereits geöffnet war. Dieses Zimmer wurde, wie K. genau wußte, seit kurzer Zeit von einem Fräulein Bürstner, einer Schreibmaschinistin, bewohnt, die sehr früh in die Arbeit zu gehen pflegte, spät nach Hause kam und mit der K. nicht viel mehr als die Grußworte gewechselt hatte. Jetzt war das Nachttischchen als Verhandlungstisch von ihrem Bett in die Mitte des Zimmers gerückt, und der Aufseher saß hinter ihm. Er hatte die Beine übereinandergeschlagen und einen Arm auf die Rückenlehne des Stuhles gelegt.

... »Josef K.?« fragte der Aufseher; vielleicht nur um K.s zerstreute Blicke auf sich zu lenken. K. nickte. »Sie sind durch die Vorgänge des heutigen Morgens wohl sehr überrascht?« fragte der Aufseher und verschob dabei mit beiden Händen die wenigen Gegenstände, die auf dem Nachttischchen lagen, die Kerze mit Zündhölzchen, ein Buch und ein Nadelkissen, als seien es Gegenstände, die er zur Verhandlung benötigte. »Gewiß«, sagte K., und das Wohlgefühl, endlich einem vernünftigen Menschen gegenüberzustehen und über seine Angelegenheit mit ihm sprechen zu können, ergriff ihn. »Gewiß, ich bin überrascht, aber ich bin keineswegs sehr überrascht.« »Nicht sehr überrascht?« fragte der Aufseher und stellte nun die Kerze in die Mitte des Tischchens, während er die anderen Sachen um sie gruppierte. »Sie mißverstehen mich vielleicht«, beeilte sich K. zu bemerken. »Ich meine« – hier unterbrach sich K. und sah sich nach einem Sessel um. »Ich kann mich doch setzen?« fragte er. »Es ist nicht üblich«, antwortete der Aufseher [26].

Natürlich muß man das Privileg, eine Vorstellung im eigenen Stadion zu geben, bezahlen; man hat Gelegenheit, Informationen über sich selbst durch szenische Mittel zu bieten, aber man hat keine Gelegenheit, die Tatsachen zu verschleiern, die durch das Bühnenbild vermittelt werden. Ein potentieller Darsteller wird also manchmal seine eigene Bühne und deren Kontrollmöglichkeiten meiden müssen, um eine wenig schmeichelhafte Darstellung zu verhindern, und dies kann mehr bedeuten als einen geselligen Abend aufzuschieben, weil die neuen Möbel noch nicht eingetroffen sind. So erfahren wir, daß

> ... Mütter in den Londoner Slums häufiger als andere Frauen ihre Kinder in der Klinik zur Welt bringen wollen. Der Hauptgrund dafür sind die Unkosten, die mit einer Geburt zu Hause verknüpft sind; es müßten dafür die richtigen Utensilien gekauft werden, zum Beispiel Handtücher und Badewannen, damit alles den strengen Maßstäben der Hebamme entspricht. Zudem bedeutet das die Anwesenheit einer fremden Frau im Haus, wofür vorher extra saubergemacht werden müßte [27].

Wenn man eine Ensemblevorstellung untersucht, stellt man häufig fest, daß irgend jemandem das Recht übertragen wird, die dramatische Handlung zu regeln und zu dirigieren. Der Gerichtsdiener ist ein Beispiel dafür. Manchmal spielt derjenige, der das Schauspiel auf diese Art beherrscht und gewissermaßen sein Regisseur ist, eine echte Rolle in der Vorstellung, die er leitet. So beschreibt zum Beispiel ein Romanautor die Funktion des Pfarrers bei einer Hochzeitszeremonie:

> Der Pfarrer ließ die Türe angelehnt, so daß sie [Robert, der Bräutigam, und Lionel, der Trauzeuge] ihr Stichwort hören und unverzüglich eintreten konnten. Sie standen wie Lauscher an der Tür. Lionel fühlte nach seiner Tasche, spürte die runden Konturen des Rings und legte dann seine Hand an Roberts Ellbogen. Bei ihrem Stichwort öffnete Lionel die Tür und schob Robert vor.
> Die Zeremonie verlief reibungslos unter der festen und erfahrenen Führung des Pfarrers, der die Stichworte kräftig betonte und mit seinen Augenbrauen die Darsteller warnte und dirigierte. Die Gäste merkten nicht, daß Robert Mühe hatte, den Ring an den Finger der Braut zu stecken; aber sie bemerkten, daß der Brautvater zuviel und daß Roberts Mutter überhaupt nicht weinte. Diese Kleinigkeiten waren jedoch schnell vergessen [28].

Im allgemeinen ist es unterschiedlich, in welchem Ausmaß die einzelnen Ensemblemitglieder die Vorstellung leiten dürfen. Man beobachtet übrigens, daß sich die Strukturähnlichkeiten anscheinend verschiedenartiger Rollen sehr exakt in den gleichen Überzeugungen spiegeln, die ihre Regisseure auf der ganzen Welt entwickeln. Ob es sich um eine Beerdigung, eine Hochzeit, eine Bridge-Party, einen Ausverkauf, eine Hinrichtung oder ein Picknick handelt, der Regisseur neigt dazu, die Vorstellung danach zu beurteilen, ob sie »glatt«, »wirkungsvoll« und »reibungslos« abgelaufen ist und ob man auf alle möglichen Störungen im voraus gefaßt war.

In vielen Darstellungen müssen zwei wichtige Funktionen erfüllt sein, und wenn das Ensemble einen Regisseur hat, wird man ihm oft die Verantwortung dafür auferlegen.

Erstens kann man es dem Regisseur zur Pflicht machen, jedes Ensemblemitglied, dessen Darstellung unpassend erscheint, wieder »auf Vordermann zu bringen«. Beschwichtigung und Bestrafung sind die üblichen Korrektive. Die Rolle des Baseball-Schiedsrichters, der für die Zuschauer eine bestimmte Art von Realität schaffen muß, kann als Beispiel dienen:

> Alle Schiedsrichter bestehen darauf, daß sich die Spieler beherrschen und nicht durch Gesten kundtun, daß sie deren Entscheidungen mißbilligen [29].
>
> Ich habe mich als Spieler oft genug auf dem Spielfeld abreagiert, um zu wissen, daß ein Sicherheitsventil für die irrsinnige Spannung dasein muß. Als Schiedsrichter konnte ich mit den Spielern mitfühlen. Aber als Schiedsrichter mußte ich auch entscheiden, wie weit ich einen Spieler gehen lassen durfte, ohne das Spiel aufzuhalten und ohne ihm Gelegenheit zu geben, mich zu beleidigen, anzugreifen oder lächerlich zu machen, und so das Spiel herabzuwürdigen. Dafür zu sorgen, daß die Männer auf dem Spielfeld Disziplin halten, war ebenso wichtig, wie, sie richtig aufzurufen – und zudem schwieriger.
>
> Es ist leicht für einen Schiedsrichter, einen Mann vom Platz zu stellen. Viel schwieriger ist es manchmal, ihn im Spiel zu halten – das, worüber er sich beschweren wird, im voraus zu sehen und zu verstehen, so daß kein häßlicher Streit entsteht [30]. Ich lasse keine Albereien auf dem Spielfeld zu, und das tut auch kein anderer Schiedsrichter. Komiker gehören auf die Bühne oder ins Fernsehen, nicht ins Baseballspiel. Eine Parodie oder Travestie des Spiels kann dieses nur lächerlich machen und zugleich den Schiedsrichter der Verachtung preisgeben, weil er solch ein Schauspiel zugelassen hat. Deshalb werden Komiker und Besserwisser verjagt, wenn sie ihre Show abziehen wollen [31].

Natürlich hat der Regisseur seltener die Aufgabe, unpassende Affekte zu ersticken, als vielmehr angemessene, affektive Teilnahme zu stimulieren, »die Schau anzukurbeln«, wie man das manchmal nennt.

Zweitens kann vom Regisseur verlangt werden, daß er die Rollen und ihre persönliche Fassade verteilt, denn in jeder Institution muß eine Anzahl Charakterrollen und zeremonieller Requisiten an potentielle Darsteller verteilt werden.

Es ist offensichtlich, daß Ensemblemitglieder (die wahrscheinlich ebenso mit der Schau, die sie voreinander abziehen, wie mit der Schau, die sie gemeinsam für das Publikum inszenieren, beschäftigt sind) eine andere Einstellung zum Regisseur haben, wenn jener unpassende Erscheinungen korrigiert und größere und kleinere Vorrechte zuteilt, als zu den übrigen Ensemblemitgliedern. Wenn weiterhin das Publikum sich der Tatsache bewußt ist, daß die Vorstellung einen Regisseur hat, so liegt es nahe, daß es ihn in stärkerem Maße für den Erfolg der Vorstellung verantwortlich macht als die anderen Darsteller. In den meisten Fällen reagiert der Regisseur auf diese Verantwortlichkeit, indem er Ansprüche an die Vorführung stellt, die von den anderen nicht erhoben werden. Dies kann die Entfremdung vertiefen, die zwischen ihm und den übrigen Mitgliedern des Ensembles bereits besteht. Der Regisseur kann infolgedessen langsam in eine Grenzrolle zwischen Darstellern und Zuschauern, halb innerhalb und halb außerhalb beider Lager, gedrängt werden – ein Vermittler ohne den Schutz, den Vermittler sonst genießen. Der Fabrik-Vorarbeiter ist ein in jüngster Zeit viel diskutiertes Beispiel [32].

Wenn wir eine Szene nehmen, für die ein Ensemble von mehreren Darstellern erforderlich ist, stellen wir bisweilen fest, daß ein Ensemblemitglied zum Hauptdarsteller, Star oder Mittelpunkt der Aufmerksamkeit wird. Ein extremes Beispiel bietet das traditionelle Hofleben, wo in einem Saal das Gefolge als lebendes Bild so arrangiert ist, daß das Auge von jedem Punkt im Saal aus auf den König als den Mittelpunkt der Aufmerksamkeit hingeführt wird. Er darf auch auffälliger gekleidet sein und höher sitzen als alle anderen. Die Konzentration der Aufmerksamkeit wirkt noch spektakulärer in der Choreographie der musikalischen Komödie, wenn vierzig oder fünfzig Tänzer der Heldin zu Füßen liegen.

Die Extravaganz der Darstellungen bei königlichen Audienzen sollte uns nicht darüber hinwegtäuschen, daß der Begriff ›Hof‹ sich auch für unsere Untersuchung eignet: Hofhaltungen findet man in der Tat meist außerhalb der Paläste, so etwa in den Kantinen der Filmstudios von Hollywood. Bei flüchtiger Betrachtung scheint es oft, als würden außerberufliche gesellschaftliche Beziehungen nur unter Menschen des gleichen Sozialstatus' geknüpft. Wenn man jedoch eine

Gruppe genau untersucht, dann stellt man oft fest, daß sie aus mehreren, in sich geschlossenen Einzelgruppierungen besteht. Häufig bilden sich jene um eine beherrschende Figur, die ständig als Blickpunkt der Aufmerksamkeit in der Bühnenmitte gehalten wird. Evelyn Waugh kam in einem Essay über die britische Oberschicht auf dieses Thema zu sprechen:

> Schauen wir einmal auf die Zeit vor fünfundzwanzig Jahren zurück, in der es noch eine verhältnismäßig stabile aristokratische Struktur gab und das Land noch in die ererbten Einflußbereiche einiger Magnaten aufgeteilt war. Nach meiner Erinnerung mieden die Granden einander, wenn sie nicht eng verwandt waren. Sie trafen sich bei offiziellen Anlässen und auf dem Rennplatz. Sie besuchten sich nicht gegenseitig. Man konnte fast jeden Typ in einem Herzogschloß finden – genesende notleidende Vettern, Ratgeber, Schmeichler, Gigolos und Erpresser. Das einzige, was man bestimmt nicht fand, waren andere Herzöge. Die englische Gesellschaft schien mir ein Komplex von Stämmen zu sein, von denen jeder seinen eigenen Häuptling, seine eigenen Ältesten, seine eigenen Medizinmänner und Krieger hatte, jeder mit seinem eigenen Dialekt und seiner eigenen Gottheit, und alle voller Haß gegen Fremde[33].

Das gesellschaftliche Leben unserer Universitätsprofessoren und anderer intellektueller Bürokratien scheint sich nach einem ähnlichen Muster zu gestalten: Cliquen und Kreise, wie die kleineren Parteien der Verwaltungspolitik, bilden ihren Hofstaat innerhalb des geselligen Lebens, und hier können Lokalgrößen ungefährdet ihren hervorstehenden Witz, ihre Fähigkeit und ihre Tiefsinnigkeit demonstrieren.

Allgemein kann man also sagen, daß diejenigen, die an einer Ensembledarstellung mitwirken, sich voneinander durch verschieden hohe dramatische Dominanz unterscheiden und daß sich die Rollen innerhalb eines Ensembles je nach der Differenz der Dominanz unterscheiden, die sich die Mitglieder untereinander zugestehen.

Die Begriffe der dramatischen Dominanz und der Regiedominanz als einander widerstreitender Größen in einer Darstellung können, *mutatis mutandis*, auf eine Interaktion als Ganzes angewandt werden. Dabei kann man zeigen, welches der beiden Ensembles mehr von der dramatischen Dominanz und welches mehr von der Regiedominanz, und ebenso, welche Darsteller in beiderlei Hinsicht führend sind, wenn man die Teilnehmer beider Ensembles zusammen betrachtet.

Häufig wird natürlich ein dominanter Darsteller oder ein dominantes Ensemble auch die Dominanz der anderen Art besitzen; das ist aber durchaus nicht immer der Fall. Wenn beispielsweise in einem Begräbnisinstitut die Leiche für die Hinterbliebenen aufgebahrt wird, werden im allgemeinen das Bühnenbild und die Darsteller – sowohl das Ensemble der Hinterbliebenen als auch das Ensemble des Instituts – darauf bedacht sein, ihre Gefühle ganz auf den Verstorbenen und auf ihre Beziehungen zu ihm auszurichten; er ist der Mittelpunkt der Vorstellung und ihr dramatisch dominierender Teilnehmer. Da aber die Hinterbliebenen sowohl unerfahren als auch von ihrem Kummer absorbiert sind, und der Mittelpunkt des Schauspiels nicht aus seiner Passivität heraus kann, wird der Begräbnisdirektor selbst die Regie übernehmen, obwohl er sich zurückhaltend zeigen, bzw. gar nicht selbst zugegen sein wird.

Es sollte klargemacht werden, daß »dramatische Dominanz« und »Regiedominanz« dramaturgische Termini sind und daß Darsteller, die derartige Dominanz genießen, nicht über andere Typen der Macht und Autorität zu verfügen brauchen. Es ist allgemein bekannt, daß Darsteller, die anscheinend Führungsrollen spielen, häufig nur Marionetten sind, die als Kompromiß oder zur Neutralisierung einer potentiell bedrohlichen Situation gewählt werden, oder auch, um die Macht hinter der Fassade, und folglich die Macht hinter der Macht hinter der Fassade zu verschleiern. So stellen wir auch jedesmal fest: Wenn unerfahrenen oder temporären Amtsträgern formelle Autorität über erfahrene Untergebene verliehen wird, dann wird der formell ermächtigten Person eine Rolle zugeschoben, die zwar dramatisch dominiert, in der aber die Regie im Schauspiel die Untergebenen führen[34]. So wurde der britischen Infanterie im Ersten Weltkrieg oft nachgesagt, erfahrene Feldwebel aus der Arbeiterklasse seien mit der delikaten Aufgabe betraut worden, ihren neugebackenen Leutnants beizubringen, wie man eine ausdrucksreiche Rolle an der Spitze des Bataillons übernimmt, um bald darauf in auffällig dramatischer Situation zu sterben, so wie es sich für die Absolventen der höheren Schulen gehört. Die Feldwebel selbst hatten ihren bescheidenen Platz in der Nachhut der Kompanie und lebten im allgemeinen lange genug, daß sie immer wieder neue Leutnants unterrichten konnten.

Dramatische Dominanz und Regiedominanz wurden als zwei Dimensionen erwähnt, in denen jeder Ort innerhalb eines Ensembles variieren kann. Wenn wir den Bezugspunkt ein wenig verschieben, entdecken wir eine dritte Variation.

Im allgemeinen werden innerhalb einer gesellschaftlichen Institution diejenigen zu Mitgliedern eines Ensembles, welche gemeinsam daran arbeiten, ihre Tätigkeit in einem bestimmten Licht darzustellen. Wenn der Einzelne nun die Rolle des Darstellers übernimmt, braucht er dennoch nicht aufzuhören, einen Teil seiner Anstrengungen auf nicht-dramaturgische Fragen zu richten, das heißt auf die Tätigkeit selbst, die sich als Darstellung akzeptabel dramatisieren läßt. Wir können also annehmen, daß es zwischen den Einzelnen, die in einem bestimmten Ensemble mitspielen, Unterschiede gibt, wie sie ihre Zeit zwischen reiner Tätigkeit und reiner Vorstellung aufteilen. Auf der einen Seite finden wir diejenigen, die selten vor dem Publikum erscheinen und sich kaum darum kümmern, wie sie ihm erscheinen. Auf der anderen Seite gibt es die sozusagen »rein zeremoniellen Rollen«. deren Darsteller sich um wenig anderes als um den Eindruck kümmern, den sie erwecken. Beispielsweise mögen sowohl der Präsident als auch der Forschungsleiter einer Gewerkschaft ihre Zeit im Chefbüro des Gewerkschaftshauptquartiers verbringen, und angemessen gekleidet und mit angemessener Sprache erscheinen, um der Gewerkschaft eine respektable Fassade zu geben. Man kann jedoch feststellen, daß der Präsident sich auch damit beschäftigt, zahlreiche wichtige Entscheidungen zu fällen, während der Forschungsleiter unter Umständen wenig mehr zu tun hat, als sichtbar Teil des präsidentiellen Gefolges zu sein. Gewerkschaftsfunktionäre empfinden derartige, rein zeremonielle Rollen als Teil ihrer »Schaufensterdekoration«[35]. Die gleiche Arbeitsteilung trifft man in Familien an, wenn es darum geht, etwas Allgemeineres vorzuführen als die bloße Qualifikation für bestimmte Aufgaben. Nach dem familiären Konsumverhalten haben Ehemänner in der modernen Gesellschaft die Aufgabe, sozial-ökonomischen Status zu erwerben, und ihre Ehefrauen, diesen Erwerb zu zeigen. Ein noch klareres Beispiel derartiger Spezialisierung bot in früheren Zeiten der Diener:

> Aber der Hauptwert des Dieners bestand in einer dieser [häuslichen] Dienstleistungen. Es war die Wirksamkeit, mit der er den Wohlstand seines Herrn anzeigte. Alle Hausangestellten dienten

diesem Zweck, da ihre Anwesenheit im Hause demonstrierte, daß der Herr in der Lage sei, sie als Gegenleistung für wenig oder keine produktive Arbeit zu bezahlen und zu ernähren. Aber in dieser Hinsicht waren nicht alle gleich wirkungsvoll. Diejenigen, denen ungewöhnliche Fähigkeiten und spezialisierte Ausbildung eine hohe Entlohnung einbrachten, warfen ein günstigeres Licht auf ihren Arbeitgeber als jene, die geringere Gehälter empfingen. Diejenigen, welche durch ihre Pflichten auffällig im Rampenlicht standen, wiesen wirksamer auf den Reichtum ihres Herrn hin als jene, die durch ihre Arbeit ständig außer Sichtweite blieben. Bediente in Livree, vom Kutscher bis hinunter zum Pagen, wirkten am stärksten. Ihre Rollen versahen sie mit einem Höchstmaß an Sichtbarkeit. Darüber hinaus betonte die Livree selbst, wie fern sie jeder produktiven Arbeit waren. Ihre Wirksamkeit erreichte das Maximum in der Person des livrierten Dieners, denn seine Rolle setzte ihn der Sichtbarkeit mehr aus als jede andere. Er war infolgedessen einer der lebenswichtigsten Teile der Schaustellung seines Herrn [36].

Dabei ist anzumerken, daß derjenige, der eine rein zeremonielle Rolle spielt, nicht notwendigerweise eine dramatisch dominante Rolle haben muß.

Ein Ensemble kann also definiert werden als eine Gruppe von Individuen, die eng zusammenarbeiten muß, wenn eine gegebene Situationsbestimmung aufrechterhalten werden soll. Ein Ensemble ist zwar eine Gruppe, aber nicht in bezug auf eine soziale Struktur oder eine soziale Organisation, sondern eher in bezug auf eine Interaktion oder eine Reihe von Interaktionen, in denen es um die relevante Definition der Situation geht.

Wir haben gesehen und werden weiterhin sehen, daß Ausmaß und Art der Zusammenarbeit, durch die der Erfolg erzielt wird, wahrscheinlich verschleiert und geheimgehalten werden. Ein Ensemble hat also etwas vom Charakter einer Geheimorganisation. Das Publikum mag sich natürlich der Tatsache bewußt sein, daß die Mitglieder des Ensembles von etwas zusammengehalten werden, woran kein Zuschauer teilhat. So wissen etwa die Kunden, die ein Dienstleistungsinstitut betreten, ganz offensichtlich, daß alle Angestellten auf Grund ihrer offiziellen Rolle etwas anderes sind als die Kunden. Aber die Personen, die zur Belegschaft einer Institution gehören, sind nicht auf Grund ihres Belegschaftsstatus Mitglieder eines Ensembles, sondern nur, um eine gegebene Situationsbestimmung zu erhalten. Es wird oft kein Geheimnis daraus gemacht, wer zur Belegschaft gehört; aber sie bilden insofern eine Geheimorganisation, ein Ensemble, als das Geheimnis gewahrt wird, wie sie zusammenarbeiten, um eine bestimmte Situation zu wahren. Wohl können Ensembles von Einzelnen gegründet werden, um der Gruppe zu helfen, deren Mitglieder sie sind, aber indem sie sich selbst und ihrer Gruppe in dieser dramaturgischen Weise helfen, handeln sie als Ensemble, nicht als Gruppe. Demgemäß ist ein Ensemble, wie der Ausdruck hier verwendet wird, ein geheimer Zusammenschluß, dessen Mitglieder von Nicht-Mitgliedern als eine Art Exklusivgesellschaft angesehen werden mögen. Sie sind jedoch nur auf Grund ihrer Zusammenarbeit als Ensemble Mitglieder einer anderen Gesellschaft.

Da wir alle in Ensembles mitarbeiten, müssen wir alle ein wenig von der süßen Schuld des Verschwörers in uns tragen. Und da jedes Ensemble damit beschäftigt ist, die Stabilität der einen oder anderen Situationsbestimmung zu erhalten, indem es bestimmte Tatsachen verschleiert oder verdunkelt, ist die Laufbahn des Darstellers gewissermaßen die des heimlichen Verschwörers.

Ort und ortsbestimmtes Verhalten

Eine Region kann für unsere Zwecke definiert werden als ein Ort, der bis zu einem gewissen Grade durch Wahrnehmungsschranken begrenzt ist. Natürlich unterscheiden sich einzelne Regionen durch das Ausmaß der Begrenzung und dadurch, wie sich die Wahrnehmungsschranken auf die verschiedenen Kommunikationsmittel auswirken. So können dicke Glasscheiben, wie man sie in Rundfunkstudios findet, eine Region wohl akustisch, aber nicht visuell begrenzen, während ein durch spanische Wände aufgeteiltes Büro im umgekehrten Sinne abgeschlossen ist.

In der angelsächsischen Gesellschaft – die sich im wesentlichen in geschlossenen Räumen bewegt – stellt man sich im allgemeinen in stark eingegrenzten, häufig auch noch zeitlich begrenzten Regionen dar. Eindruck und Verständnis, die durch die Vorstellung hervorgerufen werden, erfüllen dann die Region und den Zeitraum so, daß der Einzelne, der sich in diesem abgeschlossenen Raum-Zeit-Bereich befindet, in der Lage ist, die Vorstellung zu beobachten und sich von der Bestimmung der Situation leiten zu lassen, die durch die Vorstellung nahegelegt wird[1].

Häufig konzentriert sich eine Vorstellung für Darsteller und Zuschauer nur auf einen Brennpunkt der Aufmerksamkeit, so etwa, wenn eine politische Rede in einem Versammlungsraum gehalten wird oder wenn sich ein Patient mit seinem Arzt in dessen Praxis unterhält. Zu vielen Darstellungen gehören jedoch als konstituierendes Element verschiedene voneinander unabhängige Konventionspunkte der mündlichen Interaktion. So sind auf einer Cocktailparty mehrere Gesprächsgruppen vereint, deren Größe und Teilnehmerkreis sich ständig ändern. Ebenso hat das Geschehen in einem Ladengeschäft mehrere Brennpunkte der verbalen Interaktion, die jeweils von einem Paar, Verkäufer und Kunde, geschaffen werden.

Wenn wir eine bestimmte Darstellung als Bezugspunkt wählen, wird es sich manchmal empfehlen, für die Region, in der die Vorstellung stattfindet, den Ausdruck »Vorderbühne« zu verwenden. Das feststehende Zeichen-Repertoire dieser Region ist bereits unter dem Titel »Bühnenbild« als Teil der Fassade identifiziert worden. Wir werden feststellen, daß anscheinend einige Aspekte der Darstellung nicht dem Publikum, sondern denen, die auf der Vorderbühne sind, vorgespielt werden.

Die Darstellung des Einzelnen auf der Vorderbühne kann man als Versuch ansehen, als wolle er den Eindruck erwecken, seine Tätigkeit in dieser Region halte sich an gewisse Normen. Diese Normen scheinen unter zwei große Kategorien zu fallen. Eine Kategorie bezieht sich auf die Art, wie der Darsteller sein Publikum behandelt, solange er mit ihm spricht oder Gesten mit ihm austauscht, die als Sprachersatz dienen. Diese Normen werden gelegentlich als Höflichkeitsregeln bezeichnet. Die andere Kategorie bezieht sich auf das Verhalten des Darstellers, solange er im Gesichtskreis oder Hörbereich des Publikums ist, sich aber nicht notwendigerweise mit ihm unterhält. Ich werde für diese zweite Normenkategorie den Ausdruck »Anstand« verwenden, obwohl ich einige Einschränkungen machen muß, um den Gebrauch des Wortes in diesem Sinne zu rechtfertigen.

Wenn wir uns den Regeln des Anstands zuwenden, und zwar jenen Regeln, die sich nicht darauf beziehen, wie wir andere im Gespräch behandeln sollen, so möchten wir sie wiederum in zwei Untergruppen, nämlich moralische und instrumentale, aufteilen. Moralische Forderungen sind Selbstzweck und berufen sich vermutlich auf Regeln der Nicht-Einmischung und Nicht-Belästigung anderer, Regeln des sexuellen Anstands, Regeln der Ehrfurcht vor geheiligten Orten usw. Instrumentale Forderungen sind keineswegs Selbstzweck, und sie beziehen sich vermutlich auf Pflichten, wie sie zum Beispiel ein Arbeitgeber von seinen Angestellten erwarten kann – Sorge für sein Eigentum, Aufrechterhaltung von Arbeitsnormen usw. Man mag einwenden, der Ausdruck Anstand solle sich nur auf die moralischen Forderungen erstrecken, und man müsse einen anderen Terminus finden, um die instrumentalen Kategorien zusammenzufassen. Untersuchen wir jedoch die Ordnung, die in einer gegebenen Region aufrechterhalten wird, so stellen wir fest, daß die beiden Arten des Anstands, die moralische und die instrumentale, den Einzelnen, der sich nach ihnen richten muß, in sehr ähnlicher Weise zu beeinflussen scheinen, und daß für die meisten zu beachtenden Normen sowohl moralische als auch instrumentale Rechtfertigungen vorgebracht werden. Wenn die Norm durch Sanktionen gestützt wird, dann ist es für den Darsteller oft von recht geringem Gewicht, ob sie vornehmlich durch instrumentale oder durch moralische Gründe gerechtfertigt wird und ob er dazu aufgefordert ist oder nicht, sich diese Norm zu eigen zu machen.

Man muß erwähnen, daß der Teil der persönlichen Fassade, den ich als »Verhalten« bezeichnet habe, in bezug auf die Höflichkeit, und der Teil, den ich als »Erscheinung« bezeichnet habe, in bezug auf den Anstand wichtig sind. Es ist anzunehmen, daß anständiges Benehmen zwar die Form des ausdrücklichen Respekts vor der Region und dem Bühnenbild, in denen man sich befindet, annehmen kann, daß aber dieser zur Schau gestellte Respekt natürlich von dem Wunsch motiviert sein kann, einen günstigen Eindruck auf das Publikum zu machen, oder Sanktionen zu verhindern usw. Schließlich sollte man darauf verweisen, daß die Forderungen des Anstands im ökologischen Sinne durchdringender sind als die Forderungen der Höflichkeit. Das Publikum kann die gesamte Vorderbühne ständig kontrollieren, aber dabei brauchen keine oder nur wenige Darsteller genötigt sein, sich mit dem Publikum zu unterhalten und folglich Höflichkeit zu demonstrieren.

Bei der Untersuchung sozialer Institutionen ist es wichtig, die herrschenden Anstandsregeln zu beschreiben; das ist schwierig, weil Informanten wie Forscher dazu neigen, viele dieser Normen als selbstverständlich hinzunehmen, und so lange kein Zwischenfall, keine Krise oder keine besonderen Umstände eintreten, das gar nicht merken werden. Es ist beispielsweise bekannt, daß in verschiedenen Geschäftsbüros die Maßstäbe in bezug auf inoffizielle Gespräche der Bürokräfte untereinander verschieden sind, aber erst wenn wir ein Büro untersuchen, in dem Ausländer angestellt sind, merken wir plötzlich, daß die Erlaubnis, sich zwanglos zu unterhalten, nicht so weit geht, daß man sich in der fremden Sprache ebenso zwanglos unterhalten darf[2].

Wir sind gewohnt anzunehmen, daß sich die Anstandsregeln, die in sakralen Institutionen, etwa in Kirchen, herrschen, wesentlich von denen des Arbeitsplatzes unterscheiden. Wir brauchen aber deshalb nicht zu glauben, die Normen an sakralen Orten seien zahlreicher oder strenger als jene am Arbeitsplatz. Während es einer Frau in der Kirche erlaubt sein mag, im Sitzen zu träumen oder sogar zu schlafen, kann von ihr als Verkäuferin in einem Modegeschäft verlangt werden, daß sie steht, aufmerksam bleibt, keinen Kaugummi kaut, daß sie lächelt, auch wenn sie mit niemandem spricht, und daß sie Kleider trägt, die sie sich kaum leisten kann.

Eine Form des Anstands an Arbeitsstätten, die ausgiebig untersucht wurde, ist die »Beschäftigungstheorie«, wie es in der Umgangssprache heißt. In zahlreichen Unternehmen erwartet man nicht nur, daß die Arbeiter in einer bestimmten Zeitspanne ein bestimmtes Arbeitspensum erledigt haben, sie sollen auch jederzeit den Eindruck erwecken, sie seien in die Arbeit vertieft, sobald das von ihnen verlangt wird. Über eine Werft erfahren wir folgendes:

> Es war amüsant, die plötzliche Veränderung zu beobachten, wenn es sich herumsprach, daß der Vorarbeiter an Deck oder auf der Werft war oder daß sich ein Aufseher näherte. Die Truppführer stürzten zu ihren Arbeitsgruppen und feuerten sie zu auffallender Tätigkeit an. »Laßt euch nicht im Sitzen erwischen!« war die allgemeine Ermahnung, und wo es eigentlich nichts zu tun gab, wurde eifrig ein Rohr gebogen und verschraubt oder ein Bolzen, der schon fest saß, überflüssigerweise noch einmal angezogen. Diese formelle Tributleistung war unabdingbar an die Visite des Chefs gebunden, und ihre Konventionen waren beiden Seiten vertraut. Irgendeine Einzelheit dieses falschen und sinnlosen Schauspiels auszulassen, wäre als Zeichen grober Respektlosigkeit ausgelegt worden [3].

Ähnliches erfahren wir über ein Krankenhaus:

> Dem Beobachter wurde an seinem ersten Arbeitstag sehr energisch von anderen Wärtern eingeschärft, sich »nicht dabei erwischen zu lassen«, daß er einen Patienten schlägt, beschäftigt zu scheinen, wenn die Oberschwester ihre Visite macht, und sie nicht ungefragt anzusprechen. Er bemerkte, daß einige Wärter die Oberschwester beobachteten und die anderen warnten, so daß praktisch niemand erwischt werden konnte, wenn er etwas Unerlaubtes tat. Einige heben sich Arbeit für die Zeit der Visite auf, damit sie beschäftigt waren und man ihnen keine zusätzliche Arbeit aufhalste. Bei den meisten Wärtern ist dieser Wechsel des Verhaltens nicht auffällig; aber bei fast allen ist ein leicht verändertes Verhalten zu bemerken,

> wenn ein Vorgesetzter, wie die Oberschwester, anwesend ist. Die Regeln und Bestimmungen werden nicht offen verletzt ...[4].

Von der Untersuchung der »Beschäftigungstheorie« ist es nur ein Schritt zur Untersuchung anderer Tätigkeitsnormen, deren Anschein gewahrt werden muß – etwa Arbeitstempo, persönliches Interesse, Sparsamkeit, Sorgfalt usw.[5]. Und von der Untersuchung allgemeiner Arbeitsnormen ist es nur ein Schritt zur Untersuchung anderer wichtiger Aspekte des instrumentalen und moralischen Anstands an Arbeitsstätten, wie Kleidungsstil, zulässiger Lärm, verbotene Ablenkungen, Vorrechte und Ziereeien.

Vorgetäuschter Arbeitseifer wird ebenso wie andere Aspekte des Anstands an der Arbeitsstätte gewöhnlich als besondere Eigenschaft der niederen Klassen angesehen. Unser dramaturgischer Standpunkt zwingt uns jedoch, den vorgetäuschten Arbeitseifer zusammen mit dem Problem der Inszenierung seines Gegenteils, der vorgetäuschten Muße zu betrachten.

So erfuhren wir aus einem Bericht über das Leben der verarmten Oberklasse im frühen neunzehnten Jahrhundert:

> Man war äußerst genau in der Frage der Besuche – wir erinnern uns an die Schilderung in dem Roman ›The Mill of the Floss‹ von George Eliot. Der Besuch war in regelmäßigen Abständen fällig, so daß selbst der Tag beinahe bekannt war, an dem man ihn abstattete oder erwiderte. Es war eine Angelegenheit, zu der viel Zeremonie und Vorspiegelung gehörte. Es durfte niemand bei irgendeiner Arbeit überrascht werden. In vornehmen Familien herrschte die Fiktion, daß die Damen des Hauses niemals etwas Ernsthaftes oder Nützliches nach dem Mittagessen täten; der Nachmittag war angeblich Spaziergängen, dem Abstatten von Besuchen oder eleganten Spielereien zu Hause gewidmet. Waren die Mädchen gerade mit irgendeiner nützlichen Arbeit beschäftigt, dann versteckten sie sie unter dem Sofa und gaben vor, ein Buch zu lesen, zu malen, zu stricken oder sich in leichter und modischer Unterhaltung zu gefallen. Ich weiß wirklich nicht, warum sie diese komplizierte Täuschung aufrechterhielten, wo doch jeder wußte, daß alle Mädchen im Hause ständig etwas arbeiteten, flickten, zuschnitten, säumten, stickten, hefteten oder wendeten. Wie hätten die Töchter des Notars am Sonntag so elegant aussehen können, wenn sie nicht geschickt genug gewesen wären, ihre Kleider selbst zu machen? Na-

türlich wußten es alle, und warum die Mädchen es nicht gleich zugaben, weiß ich nicht. Vielleicht war es eine Art von Ahnung oder eine schwache Hoffnung oder ein kühner Traum, daß der Ruf damenhafter Nutzlosigkeit es ihnen beim Gutsball ermöglichen würde, die Grenze zur Gutsbesitzergesellschaft zu überschreiten[6].

Es ist wohl offenkundig, daß Personen, die gezwungenermaßen Arbeit, und Personen die gezwungenermaßen Muße vortäuschen, zwar entgegengesetzten Gesellschaftsschichten angehören, daß sie sich aber gleichermaßen auf das Rampenlicht einstellen müssen.

Wir haben weiter oben darauf hingewiesen, daß man bei Tätigkeiten, die in Anwesenheit anderer stattfinden, einige Aspekte betont, andere hingegen, die den hervorgerufenen Eindruck beeinträchtigen könnten, unterdrückt. Es ist klar, daß solche Betonungen in dem Raum auftauchen, den ich als Vorderbühne bezeichnet habe; es sollte ebenso klar sein, daß es eine andere Region – eine »hintere Region« oder »Hinterbühne« geben kann, wo das, was man unterdrückt hat, in Erscheinung tritt.

Die Hinterbühne kann definiert werden als der zu einer Vorstellung gehörige Ort, an dem der durch die Darstellung hervorgerufene Eindruck bewußt und selbstverständlich widerlegt wird. Ein solcher Ort hat natürlich viele charakteristische Funktionen. Hier kann das, was eine Vorstellung hergibt, nämlich etwas außerhalb ihrer selbst Liegendes auszudrücken, erarbeitet werden; hier werden Illusionen und Eindrücke offen entwickelt. Hier können Bühnenrequisiten und Elemente der persönlichen Fassade in einer Art kompakter Zusammenballung ganzer Handlungsrepertoires und Charaktere aufbewahrt werden[7]. Hier können Requisiten von unterschiedlichem Wert, wie verschiedene Arten von Getränken und Kleidung, so versteckt werden, daß das Publikum nicht sieht, was für eine Behandlung – im Vergleich mit der Behandlung, die man ihm hätte zukommen lassen können – man ihm angedeihen läßt. Hier sind Vorrichtungen, wie das Telefon, versteckt, damit man sie »privat« benützen kann. Hier können Kostüme und andere Bestandteile der persönlichen Fassade auf Fehler überprüft und korrigiert werden. Hier kann das Ensemble, wenn keine Zuschauer da sind, seine Vorstellung proben und sie auf Anstoß erregende Ausdrücke hin kontrollieren. Hier können die schwächeren Ensemblemitglieder, die im Ausdruck ungeschickt sind, trainiert oder aus der Besetzungsliste gestrichen werden. Hier kann sich der Darsteller entspannen; er kann die Maske fallen lassen, vom Textbuch abweichen und aus der Rolle fallen. Simone de Beauvoir gibt ein lebhaftes Bild solcher Verhaltensweisen hinter der Bühne, wenn sie Situationen beschreibt, bei denen das männliche Publikum fehlt.

> Was solchen Beziehungen zwischen Frauen Wert verleiht, ist die Aufrichtigkeit, die in ihnen herrscht. Vor dem Mann stellt die Frau immer etwas vor. Sie lügt, wenn sie so tut, als finde sie sich mit sich selbst als dem unwesentlichen anderen ab. Sie lügt, wenn sie ihm in Gebärden, Toiletten, berechneten Worten eine imaginäre Persönlichkeit hinstellt. Diese Komödie verlangt ein ständiges Gespanntsein. Vor ihrem Gatten, ihrem Liebhaber denkt jede Frau mehr oder weniger: »Ich bin nicht ich selbst.« Die Welt des Mannes ist hart, sie hat schneidende Schärfen, die Stimmen klingen in ihr zu laut, die Lichter sind zu grell, die Berührungen zu rauh. Bei anderen Frauen ist die Frau hinter der Szene. Sie poliert ihre Waffen, sie kämpft nicht. Sie stellt ihre Toilette zusammen, überlegt sich ihre Schminke, plant ihre Taktik; sie zieht die Zeit in die Länge, die sie im Morgenmantel und Pantoffeln in den Kulissen verbringt, bevor sie die Bühne betritt. Sie liebt diese laue, wohlige, entspannte Atmosphäre ...
> Manchen Frauen ist dieses Sichgehenlassen, diese warme Intimität wertvoller als der pomphafte Ernst ihrer Beziehung zu den Männern[8].

Sehr häufig liegt die Hinterbühne am Ende des Ortes, an dem die Vorstellung gegeben wird, und ist durch eine Zwischenwand und einen behüteten Zugangsweg von ihm getrennt. Liegen Vorderbühne und Hinterbühne so nahe beisammen, dann kann der Darsteller auf der Bühne Hilfe von der Hinterbühne bekommen, solange die Vorstellung im Gange ist, und kann seine Vorstellung gelegentlich durch kurze Ruhepausen unterbrechen. Im allgemeinen wird natürlich der Darsteller sicher sein können, daß kein Mitglied des Publikums bis auf die Hinterbühne vordringt.

Da die entscheidenden Geheimnisse des Schauspiels hinter der Bühne sichtbar werden, und weil Darsteller aus der Rolle fallen, solange sie dort sind, muß man erwarten, daß der Zugang von der Vorderbühne zur Hinterbühne dem Publikum verschlossen ist oder daß der gesamte Bereich hinter der Bühne vor dem Publikum verborgen wird. Das ist eine weitverbreitete Technik der Manipulation von Eindrücken, und sie muß weiter erörtert werden.

Offensichtlich spielt die Kontrolle über die Hinterbühne eine bedeutsame Rolle im Prozeß der »Arbeitskontrolle«; durch die Hinterbühne versucht man sich gegen die deterministischen Ansprüche abzupuffern, von denen man umgeben ist. Wenn ein Fabrikarbeiter erfolgreich den Anschein erwecken soll, daß er den ganzen Tag hart arbeitet, dann braucht er einen sicheren Ort, wo er das Werkzeug verstecken kann, mit dessen Hilfe er eine Tagesarbeit mit weniger als der vollen Tagesleistung verrichten kann [9]. Wenn die Hinterbliebenen die Illusion haben sollen, der Tote läge in Wirklichkeit in tiefem, ruhigem Schlummer, dann muß der Leichenbestatter die Hinterbliebenen von dem Arbeitsraum fernhalten, wo die Leichen gesäubert, ausstaffiert und für ihre letzte Vorstellung geschmückt werden [10]. Wenn die Angestellten der Nervenheilanstalt den Besuchern einen guten Eindruck vom Krankenhaus vermitteln wollen, dann ist es geboten, jene von den Stationen, besonders den Stationen für Unheilbare, fernzuhalten, Außenstehende nur in besondere, hübsch eingerichtete Besuchsräume zu führen, und dafür zu sorgen, daß alle anwesenden Patienten gut angezogen und gepflegt sind. Desgleichen fordert man in vielen Reparaturgeschäften den Kunden auf, den reparaturbedürftigen Gegenstand dazulassen und wieder zu gehen, damit der Geschäftsmann in Ruhe arbeiten kann. Kommt dann der Kunde, um sein Automobil – seine Uhr, seine Hose, seinen Radioapparat – abzuholen, so überreicht man es ihm in bestem Zustand, in einem Zustand – nebenbei bemerkt –, der Aufwand und Art der geleisteten Arbeit, die Zahl der Fehler, die gemacht wurden, bevor es in Ordnung war, und andere Einzelheiten verbirgt – Dinge, über die der Kunde Bescheid wissen müßte, um beurteilen zu können, ob der verlangte Preis angemessen ist.

Handwerker halten es im allgemeinen für so selbstverständlich, das Publikum von der Hinterbühne fernzuhalten, daß sich die Aufmerksamkeit mehr auf jene Fälle richtet, wo diese übliche Taktik nicht angewandt werden kann. Der Mechaniker einer amerikanischen Tankstelle hat in dieser Hinsicht viele Sorgen [11]. Wenn eine Reparatur notwendig ist, weigern sich die Kunden häufig, ihren Wagen über Nacht oder den ganzen Tag dazulassen und ihn der Tankstelle anzuvertrauen, wie sie es bei einer Reparaturwerkstätte getan hätten.

Wenn der Mechaniker Reparaturen und Wartungen vornimmt, glauben die Kunden oft, das Recht zu haben, ihm bei seiner Arbeit zuzuschauen. Wenn infolgedessen eine vorgegebene Dienstleistung berechnet werden soll, muß das in Gegenwart derjenigen Person geschehen, die man täuschen will. Kunden mißachten in der Tat nicht nur das Recht des Tankstellenpersonals auf eine eigene Hinterbühne, sondern sehen auch häufig die ganze Tankstelle als eine Art »offene Stadt« für Männer an, als einen Ort, an dem man Gefahr läuft, sich schmutzig zu machen, weshalb man das Recht hat, die vollen Privilegien der Hinterbühne zu verlangen. Autofahrer schlendern hinein, schieben den Hut zurück, spucken, fluchen und verlangen Gratisdienstleistungen oder kostenlose Reiseberatung. Sie drängen sich hinein, um die Toilette zu benutzen, sich das Werkzeug der Tankstelle auszuleihen, das Bürotelefon oder dergleichen zu benutzen oder um im Lager die nötigen Ersatzteile selbst zu suchen[12]. Um eine Verkehrsampel zu umgehen, schneiden Autofahrer den Weg über eine Tankstellenzufahrt ab und mißachten die Besitzrechte des Tankwarts.

Das Shetland-Hotel ist ein weiteres Beispiel für die Probleme, denen Arbeiter ausgesetzt sind, wenn sie ihre Hinterbühne nicht hinreichend unter Kontrolle halten. Innerhalb der Hotelküche, wo das Essen für die Gäste gekocht wurde und wo das Personal aß und den Tag verbrachte, entsprachen die Arbeitgeber-Arbeitnehmer-Beziehungen dem bei Kleinpächtern üblichen Schema. Man nannte sich gegenseitig beim Vornamen, obwohl der Küchenjunge vierzehn und der Besitzer über dreißig Jahre alt war. Das Besitzerpaar und die Angestellten aßen gemeinsam und beteiligten sich ziemlich gleichmäßig an Unterhaltung und Klatsch während der Mahlzeiten. Wenn die Besitzer harmlose Küchenparties für Freunde und weitläufige Verwandte veranstalteten, nahmen die Hotelangestellten daran teil. Dieses Muster der Vertrautheit und Gleichheit zwischen Geschäftsleitung und Angestellten widersprach dem Eindruck, den beide Personalgruppen erweckten, wenn Gäste anwesend waren. Damit wollte man den Vorstellungen der Gäste gerecht werden, über den sozialen Abstand zwischen dem Mann, mit dem sie korrespondierten, wenn sie ihren Aufenthalt anmeldeten, und den Bediensteten, die Gepäck auf die Zimmer trugen, die Schuhe der Gäste putzten und ihren Nachttopf leerten.

In der Küche herrschten die Eßsitten der Insel. Fleisch, sofern es überhaupt welches gab, war im allgemeinen gekocht. Fisch, den man oft aß, war entweder gekocht oder eingesalzen. Kartoffeln, ein unvermeidlicher Bestandteil der Hauptmahlzeit, wurden fast immer in der Schale zubereitet und nach Inselart gegessen. Jeder holt sich mit der Hand eine Kartoffel aus der Schüssel, die in der Mitte des Tischs steht, spießt sie auf die Gabel und schält sie mit dem Messer; dabei häuft er die Schalen ordentlich neben seinem Platz auf, um sie nach Beendigung der Mahlzeit mit dem Messer zusammenzukehren. Als Tischtuch verwendete man Wachstuch. Fast zu jeder Mahlzeit gab es erst einen Teller Suppe, und im allgemeinen wurden für die folgenden Gänge Suppenschalen an Stelle von Tellern benutzt. (Da die meisten Speisen sowieso gekocht waren, war das praktischer.) Messer und Gabel hielt man bisweilen in der Faust, und Tee wurde in Tassen ohne Untertassen serviert. Obwohl die Speisenfolge hinreichend schien, und obwohl man die Tischmanieren der Insel mit großer Feinheit und Umsicht anwandte, waren die Inselbewohner der Ansicht, dieser ganze Eßkomplex weiche nicht nur von dem Muster der britischen Mittelklasse ab, sondern verstoße bis zu einem gewissen Grade dagegen. Dieser Unterschied der Verhaltensmuster fiel vielleicht am meisten auf, wenn die gleichen Speisen, die man den Gästen servierte, auch in der Küche gegessen wurden. (Das war nicht ungewöhnlich und kam nur deshalb nicht häufiger vor, weil das Personal die Inselkost oft dem vorzog, was die Gäste bekamen.) Bei solchen Gelegenheiten wurde der Küchenanteil der Speisen auf Inselart zubereitet und serviert, nicht als Einzelportion, sondern eher als Eintopf. Oft wurden auch die Reste eines Bratens und der zerbröckelte Rest eines Kuchens zusammen serviert – dieselben Speisen, die im Speisesaal den Gästen aufgetischt wurden – aber in anderer Form, was jedoch nach den Maßstäben der Insel keinen Anstoß erregte. Und wenn ein Pudding aus altbackenem Brot und Kuchen für die Gäste nicht gut genug schien, wurde er in der Küche gegessen.

Auch die Haltungs- und Kleidungssitten des Kleinpächtertums wurden in der Küche beibehalten. So folgte der Besitzer bisweilen der Lokalsitte und behielt die Mütze beim Essen auf; die Küchenjungen benützten den Kohleneimer als Zielscheibe für Spuckwettbewerbe, und das weibliche Personal legte beim Sitzen die Beine in undamenhafter Weise hoch.

Zusätzlich zu diesen kulturell bedingten Unterschieden gab es andere Quellen der Unstimmigkeit zwischen Küchen- und Speisesaalsitten im Hotel; denn einige der Normen der Hoteldienstleistungen, die man in der Gästeregion zeigte oder andeutete, wurden in der Küche nicht ganz befolgt. In der Speisekammer bildete sich manchmal Schimmel auf einer Suppe, die man noch anbieten wollte. Auf dem Küchenherd trocknete man nasse Socken über dem Teekessel – wie es auf der Insel üblich ist. Wenn die Gäste um frischen Tee baten, wurde er in einer Kanne aufgebrüht, auf deren Boden sich wochenalte Teereste verkrustet hatten. Frische Heringe wurden gereinigt, indem man sie aufschnitt und innen mit einer Zeitung auswischte. Butterstücke, die im Speisesaal aus der Form gekommen, weich geworden und teilweise verbraucht waren, wurden neu gerollt, damit sie frisch aussahen, und dann wieder serviert. Bessere Puddings, die dem Küchenpersonal nicht zustanden, probierte man mit dem Zeigefinger, bevor man sie den Gästen reichte. Im Hauptbetrieb während der Mahlzeiten wurden benützte Trinkgläser zuweilen nur ausgeleert und abgewischt, nicht gewaschen, so daß man sie schnell wieder benutzen konnte[13].

Bei derartigen Widersprüchen zwischen der Tätigkeit in der Küche und dem Eindruck, den man in der Gästeregion des Hotels erweckte, kann man verstehen, warum die Türen zwischen der Küche und den anderen Teilen des Hotels ein ständiges Streitobjekt der Hotelorganisation waren. Die Serviererinnen wollten die Türen offenhalten, damit sie die Tabletts leichter hin- und hertragen und feststellen konnten, wie weit die Gäste mit dem Essen waren. Sie versuchten soviel Kontakt wie möglich mit den Leuten zu halten, über die sie bei ihrer Arbeit etwas erfahren wollten. Da die Serviererinnen vor den Gästen eine Bedienstetenrolle spielten, machte es ihnen nichts aus, wenn die Gäste sie durch die offene Tür in ihrem Milieu beobachteten. Im Gegensatz dazu wollten die Hotelbesitzer die Tür geschlossen halten, damit die mittelständische Rolle, die ihnen die Gäste unterschoben, nicht durch Entdeckung ihrer Küchengewohnheiten diskreditiert wurde. Es verging kaum ein Tag, an dem diese Türen nicht ärgerlich zugeworfen und ebenso ärgerlich aufgestoßen wurden. Eine Tret-Tür, wie sie moderne Restaurants verwenden, hätte das Problem teilweise lösen können. Ein kleines Glasfenster in der Türe, das als Guckloch hätte dienen können – ein Trick vieler kleinerer Geschäfte – wäre ebenfalls hilfreich gewesen.

Ein anderes interessantes Beispiel für die Schwierigkeiten hinter der Bühne liefert die Rundfunk- und Fernseharbeit. In solcher Situation gilt als Hinterbühne im allgemeinen jeder Ort, der nicht im Blickwinkel einer Kamera oder im Hörbereich eines momentan offenen Mikrofons liegt. So kann der Ansager das Produkt, für das er wirbt, spielerisch vor seinen Freunden mit erhobenem Arm vor die Kamera halten und sich gleichzeitig mit der anderen Hand die Nase zuhalten, solange sein Gesicht nicht im Bild ist. Natürlich werden viele warnende Geschichten darüber erzählt, wie jemand, der glaubte, er befände sich hinter der Bühne, in Wirklichkeit im Sendebereich war und durch sein Verhalten hinter der Bühne die Aussage der Sendung entwertete. Die Wände, hinter denen sich Rundfunk- und Fernsehansager verstecken müssen, sind manchmal sehr verräterisch, denn sie können bei einem Knopfdruck oder einer Kameraschwenkung umfallen. Die Darsteller beim Fernsehen müssen mit solchen unvorhergesehenen Pannen rechnen.

Ähnliche Schwierigkeiten mit der Hinterbühne werden durch die Architektur mancher neuerer Wohnsiedlungen verursacht; denn Wände, in Wirklichkeit zu dünne Trennwände, können Wohnungen zwar visuell voneinander trennen, nicht aber die Geräusche der Tätigkeit auf und hinter der Bühne abschirmen. Britische Forscher beschreiben die Auswirkungen der sogenannten »gemeinsamen Wand« *(party wall)* folgendermaßen:

Die Bewohner kennen viele »benachbarte« Geräusche, die sich vom üblichen Gebrüll bei Geburtstagsfeiern bis zu Geräuschen des Alltagslebens erstrecken. So zum Beispiel das Radio, das Baby, das nachts schreit, Husten, auf den Boden fallende Schuhe beim Insbettgehen, Klavierspiel, über Treppen und durch Korridore laufende Kinder, und Gelächter oder laute Unterhaltung. Im ehelichen Schlafzimmer können die Dinge, die man über den Nachbarn erfährt, schockierend sein: »Man kann sogar hören, wie sie auf den Topf gehen; so schlimm ist es. Es ist einfach grauenhaft« oder störend: »Ich habe gehört, wie sie sich im Bett gestritten haben. Er wollte lesen, sie wollte einschlafen. Es ist peinlich, im Bett Geräusche zu hören, deshalb habe ich mein Bett an die andere Wand gestellt . . .« »Ich lese gerne im Bett, deshalb stört es mich, wenn sie reden«; oder peinlich: »Man hört sie manchmal über ziemlich private Angelegenheiten reden, etwa wenn ein Mann seiner Frau sagt, daß er kalte Füße hat. Man hat das Gefühl, ich selbst müßte flüstern, wenn ich etwas Privates zu sagen habe«; und: »Man fühlt sich ein bißchen gehemmt, so, als müßte man nachts im Schlafzimmer auf Zehenspitzen gehen.«[14]

Hier finden sich Nachbarn, die einander kaum kennen, in der peinlichen Situation, daß jeder vom anderen weiß, ja, daß er zuviel über ihn weiß.

Schließlich sei noch ein Beispiel für die Schwierigkeiten hinter der Bühne aus dem Leben hochstehender Personen angeführt. Manche gelten als so ehrwürdig, daß sie angemessen nur im Zentrum einer Zeremonie und mit Gefolge erscheinen dürfen; man mag es für unpassend halten, wenn sie in irgendeinem anderen Zusammenhang auftreten, da man wohl das Gefühl hat, derartig informelles In-Erscheinung-Treten entwerte die ihnen zugeschriebenen magischen Eigenschaften. Deshalb müssen Zuschauer von all den Orten ferngehalten werden, an denen sich die verehrte Person gehen lassen könnte. Wenn der Erholungsort groß ist, wie etwa beim Kaiser von China im neunzehnten Jahrhundert, oder wenn man nicht sicher ist, wo sich die betreffende Person aufhalten wird, wird es schwierig, unbefugtes Eindringen zu verhindern. So führte Königin Victoria die Regel ein, daß jeder, der sie kommen sah, wenn sie auf dem Palastgelände in ihrem Ponywagen fuhr, nach der anderen Seite zu schauen oder in eine andere Richtung zu gehen hatte; infolgedessen mußten bedeutende Politiker manchmal ihre eigene Würde preisgeben und hinter ein Gebüsch springen, wenn sich die Königin unerwartet näherte[15].

Zwar sind einige dieser Beispiele sehr extrem, aber es scheint, als gäbe es keine soziale Institution, bei der nicht einige Probleme auftreten, die mit der Kontrolle über die Hinterbühne zu tun haben.

Arbeitsregion und Erholungsregion sind zwei Bereiche, in denen die Kontrolle über die Hinterbühne eine Rolle spielt. Ein weiterer Bereich wird durch die Tendenz unserer Gesellschaft geschaffen, den Darstellern die Kontrolle über den Ort zu geben, an dem die sogenannten biologischen Bedürfnisse befriedigt werden. In unserer Gesellschaft beteiligt das Defäzieren den Einzelnen an einer Handlung, die als nicht übereinstimmend mit den Maßstäben der Reinlichkeit und Sauberkeit gilt, die in so vielen unserer Darstellungen ausgedrückt werden. Derartige Tätigkeit veranlaßt den Einzelnen auch, seine Kleidung in Unordnung zu bringen und »aus der Rolle zu fallen«, indem er die Ausdrucksmaske fallen läßt, die er in persönlicher Interaktion trägt. Gleichzeitig fällt es ihm schwer, seine persönliche Fassade wieder aufzubauen, falls er plötzlich wieder in die Interaktion eintreten muß. Vielleicht haben Toilettentüren in unserer Gesellschaft deshalb Schlösser. Auch wenn er im Bett liegt und schläft, ist der Einzelne in seinen Ausdrucksmöglichkeiten festgelegt; er kann sich auch nicht gleich nach dem Erwachen in eine Lage bringen, die ihn zu einer Interaktion befähigt, oder einen für andere bestimmten Gesichtsausdruck annehmen. Darin könnte eine Erklärung für die Tendenz liegen, das Schlafzimmer innerhalb der Wohnung abzusondern. Eine solche Abgeschiedenheit ist um so nützlicher, als in Schlafzimmern die sexuelle Aktivität eine Rolle spielt, also eine Form der Interaktion, die es den Teilnehmern unmöglich macht, sofort eine andere Interaktion aufzunehmen.

Will man Eindrucksmanipulation beobachten, dann ist einer der interessantesten Zeitpunkte der Augenblick, in dem der Darsteller die Hinterbühne verläßt und an dem Ort auftritt, wo sich das Publikum befindet, oder der Augenblick, in dem er von dort zurückkehrt; denn in diesen Augenblicken kann man entdecken, auf welche geradezu phantastische Weise der Rollencharakter an- oder abgelegt wird. Ein Beispiel liefert uns Orwell, wenn er über Kellner spricht und dies vom Hinterbühnenstandpunkt des Tellerwäschers aus tut:

> Es ist ein belehrender Anblick, einen Kellner in den Speisesaal eines Hotels gehen zu sehen. Wenn er durch die Tür geht, macht er eine plötzliche Wandlung durch. Die Haltung seiner Schultern ändert sich; aller Schmutz und aller Ärger sind in diesem Augenblick von ihm abgefallen. Er gleitet mit feierlicher, priesterlicher Miene über den Teppich. Ich erinnere mich daran, wie unser Hilfs-Maitre d'hôtel, ein feuriger Italiener, an der Speisesaaltür stehenblieb, um sich an den Pikkolo zu wenden, der eine Weinflasche zerbrochen hatte. Die Faust über dem Kopf schüttelnd, brüllte er (glücklicherweise war die Türe mehr oder weniger schalldicht):
> »Tu me fais – Du willst ein Kellner sein, du kleiner Bastard? Du, ein Kellner! Du bist nicht mal imstande, den Fußboden in dem Bordell zu scheuern, aus dem deine Mutter kommt. Maquereau!«
> Sprachlos wandte er sich der Türe zu; und als er sie öffnete, entfuhr ihm schließlich die gleiche Beleidigung wie dem Gutsherrn Western in ›Tom Jones‹.

> Dann betrat er den Speisesaal und segelte, die Schüssel in der Hand, graziös wie ein Schwan durch den Raum. Zehn Sekunden später beugte er sich ehrfürchtig zu einem Gast hinunter. Und man mußte, wenn man ihn sich verbeugen und mit jenem wohlwollenden Lächeln des gelernten Kellners lächeln sah, einfach glauben, der Gast müsse beschämt sein, sich von einem solchen Aristokraten bedienen zu lassen[16].

Ein weiteres Beispiel bietet uns eine englische Beobachterin:

> Die Magd – ihr Name war Addie, wie ich herausfand – und die beiden Serviermädchen benahmen sich wie Schauspieler in einem Stück. Sie fegten in die Küche, als träten sie von der Bühne in die Kulissen, das Tablett hoch erhoben und einen gespannt hochmütigen Ausdruck noch im Gesicht; dann entspannten sie sich einen Augenblick im Eifer des Aufpackens neuer Schüsseln und glitten wieder von dannen, die Miene für den nächsten Auftritt fertig. Die Köchin und ich blieben wie Kulissenschieber zwischen den Resten stehen, und als hätten wir Einblicke in eine andere Welt gewonnen, horchten wir beinahe auf den Applaus des unsichtbaren Publikums[17].

Da es nicht mehr soviel Hauspersonal gibt, ist manche Hausfrau gezwungen, solche schnellen Veränderungen, wie sie Orwell beschreibt, selbst auszuführen. Wenn sie für Freunde ein Abendessen gibt, muß sie die schmutzige Küchenarbeit so handhaben, daß sie zwischen den Rollen der Gastgeberin und des Dienstmädchens wechseln und ihre Tätigkeit, ihr Benehmen und ihre Laune ändern kann, wenn sie das Eßzimmer betritt und verläßt. Lehrbücher der Etikette liefern hilfreiche Hinweise zur Erleichterung solcher Verwandlungen und schlagen zum Beispiel vor, der Hausherr solle die Gäste im Garten spazierenführen, wenn die Gastgeberin sich für bestimmte Zeit – etwa zum Bettenmachen – zurückziehen müsse.

Die Trennungslinie zwischen Vorderbühne und Hinterbühne wird überall in unserer Gesellschaft sichtbar. Wie beschrieben, sind Badezimmer und Schlafzimmer überall, außer in der untersten Gesellschaftsschicht, Orte, von denen das Publikum gewöhnlich ausgeschlossen wird. In der Küche geschieht mit den Speisen, was in Badezimmer und Schlafzimmer mit dem menschlichen Körper geschieht. In der Tat unterscheidet sich durch das Vorhandensein dieser Inszenierungshilfen das Leben des Mittelstandes von dem der unteren Klassen. Aber in allen Klassen unserer Gesellschaft besteht die Tendenz, die vorderen Räume von den hinteren Räumen der Wohnungen zu trennen. Die Front ist im allgemeinen verhältnismäßig gut ausgestattet, in gutem Zustand und sauber; die Rückseite ist meist weniger einnehmend. Dementsprechend betreten in gesellschaftlichem Sinne Erwachsene das Haus durch die Vordertür und die sozial Tieferstehenden – Dienstboten, Lieferanten und Kinder – durch die Hintertür.

Mit den Bühnenanordnungen in und um Wohnstätten sind wir wohlvertraut, weniger bewußt sind uns andere Bühnenarrangements. In amerikanischen Wohngegenden wissen Jungen zwischen vierzehn und achtzehn, daß die Zugänge zu Hinterhöfen und dunklen Gassen irgendwohin führen und dazu da sind, benützt zu werden; sie haben für diese Öffnungen einen besonderen Blick, der ihnen verloren geht, wenn sie älter werden. Ebenso haben Portiers und Putzfrauen ein klares Bild von den kleinen Pforten, die in die hinteren Regionen von Geschäftsgebäuden führen, und sie kennen das Transportsystem, nach dem sie insgeheim schmutzige Putzwerkzeuge, Kulissenteile und sich selbst befördern. Ähnlich dienen in Ladengeschäften der Raum »hinter dem Ladentisch« und das Magazin als Hinterbühne.

Sind die Werte einer bestimmten Gesellschaft bekannt, so wird offensichtlich, daß der Hinterbühnen-Charakter bestimmter Orte ihnen materiell inhärent ist, daß diese Orte im Verhältnis zu benachbarten Regionen unausweichlich Hinterbühne sind. In unserer Gesellschaft wird diese Entscheidung oft schon vom Innendekorateur vorausbestimmt. Der hintere Teil eines Gebäudes bleibt dunkel und unverputzt, die Vorderfront dagegen präsentiert sich in weißem Stuck. Feste Einrichtungsgegenstände unterstreichen diese Aufteilung. Arbeitgeber sorgen für vervollständigte Harmonie, indem sie Personen, die in ihrem Aussehen benachteiligt sind, für Arbeiten in der Hinterregion anstellen und Personen, »die einen guten Eindruck machen«, in die Vorderregion setzen. Wie Everet Hughes einmal gesagt hat[18], können Neger leichter Angestelltenstatus in amerikanischen Fabriken erringen, wenn es gelingt, sie, wie es bei Chemikern der Fall ist, vom Hauptbereich des Werksgeländes fernzuhalten. (An alldem ist eine Art ökologische Auslese beteiligt, die gutbekannt, aber wenig erforscht ist.) Und oft wird die Arbeit derjenigen hinter der Bühne nach technischen Maßstäben bewertet, während von den Angestellten auf der Vorderbühne darstellerische Fähigkeit erwartet wird.

Die Dekorationen und ständigen Requisiten des Ortes, in dem eine bestimmte Vorstellung üblich ist, sowie die Darsteller und die Vorstellung schaffen eine bestimmte Atmosphäre; auch wenn die übliche Vorstellung nicht stattfindet, behält der Ort etwas von seinem Bühnencharakter. So behalten eine Kathedrale und eine Schulklasse etwas von ihrer Bestimmung, auch wenn nur Bauarbeiter dort sind. Und wenn sich auch die Arbeiter vielleicht bei ihrer Arbeit nicht ehrfürchtig benehmen, so ist doch ihre Respektlosigkeit meist von ganz spezifischer Struktur und auf das orientiert, was sie eigentlich fühlen sollten, aber nicht fühlen. Ebenso kann ein bestimmter Ort so sehr als Versteck angesehen werden, in dem man bestimmte Normen nicht einzuhalten braucht, da er fest mit einer Hinterbühne identifiziert wird. Jagdhütten und die Umkleidekabinen der Sportstätten sind solche Beispiele. Auch Sommerkurorte scheinen in bezug auf die Fassade eine Freizügigkeit nahezulegen, die es anderweits konservativen Menschen erlaubt, in Kleidern auf öffentlichen Straßen zu erscheinen, die sie sonst nicht in Gegenwart Fremder tragen würden. So sind auch Verbrecher-Schlupfwinkel zu finden, wo das Schauspiel der »Legitimität« nicht mehr gewahrt zu werden braucht. Ein interessantes Beispiel dafür soll es in Paris gegeben haben:

> Im siebzehnten Jahrhundert war es, wenn man ein echter Argotier werden wollte, nicht nur nötig, um Almosen zu bitten wie irgendein bloßer Bettler, sondern auch die Geschicklichkeit des Beutelschneiders und des Diebs zu besitzen. Diese Künste erlernte man an Orten, die als gewohnter Treffpunkt des Abschaums der Gesellschaft dienten und als die Cours des Miracles bekannt waren. Diese Häuser, oder richtiger, Schlupfwinkel, wurden, wenn wir einem Schriftsteller des frühen siebzehnten Jahrhunderts Glauben schenken dürfen, so genannt, »weil Schurken ... und andere, die tagsüber verkrüppelt, verunstaltet, schwindsüchtig und von jeder Art körperlichen Leidens geschlagen waren, abends mit einer Rinderseite, einem Kalbsbein oder einer Hammelkeule unter dem Arm nach Hause kommen und auch nicht vergessen haben, sich eine Flasche Wein an den Gürtel zu hängen. Wenn sie den Hof betreten, werfen sie ihre Krücken fort, sind wieder gesunde und kräftige Menschen und tanzen in Nachahmung der alten bacchanalischen Feste mit ihren Trophäen in der Hand allerlei Tänze, während der Wirt ihr Nachtmahl bereitet. Kann es ein größeres ›Miracle‹ geben

als es in diesem Hof zu sehen ist, wo die Krüppel aufrecht gehen?«[19]

Hinter der Bühne bestimmt oft schon die bloße Tatsache, daß kein bedeutsamer Effekt angestrebt wird, den Ton der Interaktion und läßt die, die sich dort befinden, so handeln, als seien sie in allen Dingen miteinander vertraut.

Wenn auch mancher Ort leicht als Vorderregion oder Hinterregion zu identifizieren ist, so gibt es dennoch viele Orte, die in einem Sinne und zu einem bestimmten Zeitpunkt als Vorderregion und in einem anderen Sinne zu einem anderen Zeitpunkt als Hinterregion fungieren. So ist das Privatbüro eines Direktors sicherlich die Vorderbühne, auf der sein Status in der Firma durch die Qualität seiner Büromöbel intensiv zum Ausdruck kommt, es ist aber auch der Ort, an dem er die Jacke ausziehen, den Schlips lockern, eine Flasche Schnaps zur Hand haben und sich mit Mitdirektoren des gleichen Ranges als guter Kumpel geben kann[20]. Ebenso kann eine Firma, die für ihre Korrespondenz mit Personen außerhalb der Firma repräsentatives Büttenpapier mit eingedrucktem Briefkopf verwendet, sich an folgende Richtlinie halten:

> Papier für innerbetriebliche Korrespondenz wird mehr von Sparsamkeit als von Etikette bestimmt. Billiges Papier, buntes Papier, hektographiertes oder bedrucktes Papier – alles ist passend, wenn es »in der Familie bleibt«[21].

Und dennoch macht der gleiche Ratgeber einige Einschränkungen für dieses Verhalten hinter der Bühne:

> Notizblöcke mit Namenszug, die im allgemeinen für hingekritzelte Mitteilungen innerhalb des Büros bestimmt sind, können praktisch angebracht sein. Eine Warnung: Jüngere Betriebsangehörige sollten solche Notizblöcke, so praktisch sie auch sein mögen, nicht selbständig bestellen. Wie der Teppich auf dem Boden und das Namensschild an der Türe ist in manchen Büros der persönliche Notizblock ein Statussymbol[22].

Ähnlich mag sich an einem Sonntagmorgen eine ganze Familie, geschützt durch ihre vier Wände, in Kleidung und Benehmen nachlässig geben und so die Zwanglosigkeit auf alle Räume ausdehnen, die üblicherweise auf Küche und Schlafzimmer beschränkt ist. So machen auch in amerikanischen Wohnbezirken des Mittelstands die Mütter am Nachmittag oft den Weg zwischen dem Kinderspielplatz und der

Wohnung zur Hinterbühne und gehen dort in Bluejeans, Tennisschuhen und fast ohne Make-up, die Zigarette im Mundwinkel, spazieren, schieben den Kinderwagen und fachsimpeln mit ihresgleichen. Ebenso haben in Pariser Arbeiterquartieren früh am Morgen die Frauen das Gefühl, die Hinterbühne auf die Läden der Nachbarschaft ausdehnen zu dürfen, tragen, wenn sie hingehen, um Milch und Brot zu holen, Pantoffeln, Morgenmantel, Haarnetz, und sind ungeschminkt. In den amerikanischen Hauptstädten kann man sehen, wie Photomodelle in dem Kleid, in dem sie photographiert werden sollen, vorsichtig durch die vornehmsten Straßen eilen, ohne auf ihre Umgebung zu achten; die Hutschachtel in der Hand, die Frisur durch ein Netz geschützt, wollen sie keinen Effekt erzeugen, sondern sich in Ordnung halten, solange sie auf dem Weg zur Gebäudekulisse sind, vor der ihre wirkliche, photographierte Darstellung stattfindet. Natürlich fungiert ein Ort, der als Bühne für die reguläre Darbietung einer bestimmten Vorstellung voll etabliert ist, oft vor und nach jeder Vorstellung als Hinterbühne. Denn in dieser Zeit können die ständigen Einrichtungsgegenstände repariert, restauriert und neu geordnet werden, oder die Darsteller können Kostümproben abhalten. Um das zu sehen, brauchen wir nur in ein Restaurant, in einen Laden oder in eine Wohnung zu blicken, bevor diese Orte tagsüber geöffnet sind. Allgemein muß also beachtet werden, daß wir, wenn wir von Vorder- und Hinterregionen sprechen, immer vom Bezugspunkt einer bestimmten Darstellung ausgehen, und von ihrer Funktion, die sie zum Zeitpunkt der Darstellung hat.

Es wurde erwähnt, daß Personen, die zusammen an der Inszenierung der gleichen Ensemblevorstellung arbeiten, oft in einem Vertrauensverhältnis zueinander stehen. Diese Vertrautheit kommt meist nur dann zum Ausdruck, wenn das Publikum nicht anwesend ist, denn sie übermittelt von den Personen einen Eindruck, der meistens nicht mit dem übereinstimmt, den man beim Publikum erwecken will. Da Hinterregionen normalerweise den Zuschauern nicht zugänglich sind, dürfen wir hier Vertrautheit im Umgang erwarten, während auf der Vorderbühne ein förmlicher Ton angeschlagen wird.

In der ganzen westlichen Gesellschaft ist eine inoffizielle, eine Hinterbühnensprache, üblich und eine andere für Gelegenheiten, bei denen man sich darstellt. Die Sprache der Hinterbühne schließt ein die Anrede mit dem Vornamen, gemeinsame Entscheidungen, Vulgarität, offene sexuelle Anspielungen, Nörgeln, Rauchen, zwanglose Kleidung, »schlampiges« Sitzen und Stehen, Verwendung von Dialekt oder Umgangssprache, Murmeln und Schreien, spielerische Aggression und »Neckereien«, Rücksichtslosigkeit gegenüber dem anderen in kleineren, aber potentiell symbolischen Handlungen, geringfügige physische Reaktionen wie Summen, Pfeifen, Gummikauen, Rülpsen und Windlassen. In der Vorderbühnensprache fehlt dies alles. Im allgemeinen läßt das Verhalten auf der Hinterbühne unbedeutendere Handlungen zu, die man leicht als symptomatisch für Vertraulichkeit und mangelnden Respekt vor anderen Anwesenden und dem Ort auslegen könnte; auf der Vorderbühne sind derartige potentielle beleidigende Verhaltensformen ausgeschlossen. Hier ist anzumerken, daß das Verhalten auf der Hinterbühne Eigenschaften aufweist, die Psychologen als »Regression« bezeichnen. Die Frage bleibt natürlich, ob die Hinterbühne dem Einzelnen erst die Möglichkeit dazu gibt oder ob Regression im klinischen Sinne nicht einfach Hinterbühnenverhalten ist, auf das zur unpassenden Gelegenheit aus Motiven heraus, die von der Gesellschaft nicht gebilligt werden, zurückgegriffen wird.

Jeder Ort kann durch solches Verhalten in eine Hinterbühne verwandelt werden. So erleben wir bei vielen gesellschaftlichen Anlässen, daß die Darsteller sich einen Teil der Vorderbühne aneignen und ihn sozusagen abteilen, indem sie sich dort vertraulich benehmen. Beispielsweise versammelt sich in manchen billigen amerikanischen Restaurants das Personal an dem Tisch, der am weitesten von der Tür entfernt oder am nächsten an der Küche liegt, und beträgt sich dort in mancher Hinsicht so, als sei man hinter der Bühne. Ebenso dürfen sich bei nicht ausgebuchten Nachtflügen die Stewardessen, wenn sie ihre Anfangspflichten erfüllt haben, auf den hintersten Platz setzen, sich statt der vorgeschriebenen Schuhe Pantoffeln anziehen, eine Zigarette anzünden und dort sozusagen außerdienstlich zusammenhokken, wobei sie manchmal den einen oder anderen am nächsten sitzenden Passagier mit einbeziehen.

Wir dürfen allerdings nicht erwarten, daß konkrete Beispiele reine Typen des informellen oder des formellen Verhaltens liefern, wenn auch im allgemeinen die Tendenz besteht, die Situationsbestimmung einer dieser beiden Richtungen anzunähern. Wir werden diese reinen Typen deshalb nicht finden, weil die Ensemblemitglieder eines Schauspiels bis zu einem gewissen Grade Darsteller und Publikum eines anderen Schauspiels sind, und weil Darsteller und Zuschauer eines Schauspiels, wenn auch nur in geringem Ausmaße, immer auch Ensemblemitglieder in einem anderen Schauspiel sein werden. So dürfen wir in einer konkreten Situation erwarten, daß der eine oder der andere Stil überwiegt und daß damit gewisse Schuldgefühle oder Zweifel verbunden sind, ob die Kombination oder die Balance beider Stile tatsächlich erreicht ist.

Ich möchte betonen, daß Tätigkeit in einer konkreten Situation immer ein Kompromiß zwischen dem formellen und dem informellen Stil ist. Deshalb müssen drei allgemeine Beschränkungen der Informalität hinter der Bühne angeführt werden. Erstens ist es, wenn das Publikum nicht anwesend ist, wahrscheinlich, daß jedes Mitglied des Ensembles den Eindruck erwecken will, man könne ihm die Geheimnisse des Ensembles anvertrauen und es würde vor dem Publikum nicht aus der Rolle fallen. Während jeder vor dem Publikum als ehrenwerter Charakter betrachtet werden will, wird er vor seinen Ensemblemitgliedern gerne als loyaler, disziplinierter Darsteller dastehen wollen. Zweitens gibt es hinter der Bühne oft Gelegenheiten, bei denen ein Darsteller die Moral eines anderen stützen und den Eindruck erwecken muß, alles werde glatt ablaufen oder sei gar nicht so schlecht abgelaufen. Wenn drittens im Ensemble grundlegend verschiedene soziale Schichten, wie verschiedene Altersstufen, verschiedene ethische Gruppen usw. vertreten sind, so sind der Freiheit der Tätigkeit hinter der Bühne gewisse Grenzen der Diskretion gesetzt. Die wichtigste soziale Trennungslinie ist sicher die zwischen den Geschlechtern, denn es scheint keine Gesellschaft zu geben, in der Angehörige der beiden Geschlechter, wie eng sie auch miteinander verwandt sein mögen, sich nicht irgendwelchen Anschein voreinander zu geben suchen. Aus Amerika erfahren wir zum Beispiel folgendes über Werften an der Westküste:

> In ihren normalen Beziehungen zu weiblichen Arbeitern waren die meisten Männer höflich und sogar galant. Als die Frauen in die Schiffskörper und die entfernteren Schuppen der Werft einsickerten, entfernten die Männer bereitwillig ihre Bildergalerien von Aktfotos und Pornographie von den Wänden und verbannten sie ins Dunkel des Werkzeugkastens. Auf die Anwesenheit von ›Damen‹ rücksichtnehmend, nahm man bessere Manieren an, die Ge-

sichter wurden häufiger rasiert, und die Sprache wurde gemäßigter. Die Tabuierung unanständiger Rede in Hörweite der Frauen ging bis zu Extremen, die belustigend wirkten, besonders, da die Frauen selbst häufig hörbar bewiesen, daß ihnen die verbotenen Wörter weder fremd waren, noch daß sie sie beunruhigten. Dennoch habe ich häufig Männer, die mit gutem Grund das Bedürfnis hatten, eine kräftige Sprache zu benützen, in plötzlicher Verlegenheit erröten und ihre Lautstärke auf ein Murmeln reduzieren sehen, wenn sie sich ihrer weiblichen Zuhörerschaft bewußt wurden. In der Gemeinschaft der Männer und Frauen während der Mittagspause und beim gemütlichen Gespräch in ruhigen Augenblicken, in allem, wo es um vertrauten sozialen Umgang ging, selbst in der ungewohnten Umgebung der Werften, hielten sich die Männer beinahe vollkommen an das Verhaltensmuster, dem sie zu Hause folgten: Respekt vor der Frau und guten Mutter, umsichtige Freundlichkeit gegenüber der Schwester und sogar beschützende Liebe zur unerfahrenen Tochter der Familie[23].

Chesterfield deutet ähnliches über eine andere Gesellschaft an:

In gemischter Gesellschaft mit deinesgleichen (denn in gemischter Gesellschaft sind alle Menschen in einem gewissen Grade gleich) sind größere Bequemlichkeit und Freiheit gestattet; doch auch sie kennen ihre Grenzen innerhalb der ›bienseance‹. Gesellschaftlicher Respekt ist notwendig; du kannst mit Bescheidenheit dein eigenes Gesprächsthema einführen, mußt aber sorgfältig darauf achten, ›de ne jamais perler de cordes dans la maison d'un pendu‹. Deinen Worten, Gesten und Mienen steht eine größere Freiheit zu, doch keineswegs eine unbegrenzte. Du kannst die Hand in der Tasche haben, Schnupftabak nehmen, sitzen, stehen oder gelegentlich umhergehen wie du willst; aber ich glaube, du würdest es nicht sehr ›bienseant‹ finden, zu pfeifen, deinen Hut aufzusetzen, deine Strumpfbänder oder Schnallen zu lockern, dich auf einen Diwan zu legen oder ins Bett zu gehen, oder dich in einem Lehnstuhl zu wälzen. Das sind Nachlässigkeiten und Freiheiten, die man sich nur gestatten kann, wenn man ganz allein ist; sie sind schädlich vor Höherstehenden, schockierend und beleidigend vor Gleichen, brutal und unverzeihlich vor Tieferstehenden[24].

Kinseys Angaben über das Ausmaß des Nacktheitstabus zwischen Mann und Frau, besonders in der älteren Generation der amerikanischen Arbeiterklasse, beweisen das gleiche[25]. Schamgefühl ist natürlich nicht die einzige treibende Kraft. So gaben zwei weibliche Befragte auf der Shetland-Insel an, sie würden nach ihrer bevorstehenden Heirat immer ein Nachthemd im Bett tragen – nicht aus bloßer Schamhaftigkeit, sondern weil ihre Figur zu sehr von dem abwich, was sie für das moderne städtische Idealmaß hielten. Sie konnten auf einige ihrer Freundinnen hinweisen und behaupteten, jene seien nicht zu derartiger Delikatesse gezwungen; vermutlich hätte ein plötzlicher Gewichtsverlust auch ihr eigenes Schamgefühl verringert.

Wenn wir sagen, Darsteller verhalten sich verhältnismäßig informell, vertraulich und entspannt, solange sie hinter der Bühne sind, und sie sind auf der Hut, solange sie eine Vorstellung geben, dann ist dennoch nicht erwiesen, daß die angenehmen zwischenmenschlichen Aspekte des Zusammenlebens – Höflichkeit, Wärme, Freigiebigkeit und Freude an der Gesellschaft anderer – stets für die hinter der Bühne Stehenden reserviert und daß Mißtrauen, Snobismus und zur Schau gestellte Autorität auf die Aktion im Rampenlicht beschränkt seien. Oft scheint es, als reservierten wir all unseren Enthusiasmus und alles lebhafte Interesse für die, denen wir ein Schauspiel vorführen, und als sei es das sicherste Zeichen der Hinterbühnen-Solidarität, wenn wir uns erlauben, ungesellig, mißmutig und reizbar zu sein.

Interessant ist, daß zwar jedes Ensemble in der Lage ist, die unerfreulichen »nicht dargestellten« Aspekte seines eigenen Verhaltens hinter der Bühne richtig zu bewerten, daß es aber kaum zu ähnlichen Schlußfolgerungen über das Ensemble kommen dürfte, mit dem es in Interaktion steht. Wenn Schüler das Klassenzimmer verlassen und der Vertraulichkeit und dem schlechten Benehmen freien Lauf lassen, merken sie oft nicht, daß sich ihre Lehrer ins Lehrerzimmer zurückgezogen haben, um auf ihrer Hinterbühne sich ganz ähnlich zu verhalten, zu fluchen und zu rauchen. Ein Ensemble, das nur aus einem Mitglied besteht, kann ein sehr finsteres Bild von sich selbst haben, und nicht wenige Psychotherapeuten leben davon, dieses Schuldgefühl zu mildern, indem sie Einzelnen Tatsachen über das Leben anderer Leute erzählen. Diese Selbsterkenntnisse und Illusionen über andere sind bedeutsam für Dynamik oder Stagnation der sozialen Mobilität, ob es sich nun um Mobilität nach oben, nach unten oder seitwärts handelt. Bei dem Versuch, einer zweigesichtigen Welt des Vorderbühnen- und Hinterbühnenverhaltens zu entfliehen, kann der

Einzelne das Gefühl gewinnen, in seiner neuen Stellung sei er der Charakter, der von den anderen in dieser Stellung projiziert wird, und nicht zugleich ein Darsteller. Wenn er anfängt, entdeckt er natürlich, daß seine neue Situation ungeahnte Ähnlichkeiten mit der alten aufweist; beide stellen eine Fassade vor einem Publikum auf, und beide zwingen den Darsteller zu dem schmierigen, geschwätzigen Geschäft, ein Schauspiel zu inszenieren.

Manchmal gilt grobe Vertraulichkeit als Zeichen einer bestimmten Kulturstufe, beispielsweise als Verhaltensmerkmal der Arbeiterklasse, das Leuten höheren Standes nicht anhaftet. Der springende Punkt dabei ist, daß Personen hohen Ranges im allgemeinen in kleinen Ensembles agieren und zu einem Großteil ihres Tageslaufs an gesprochenen Darstellungen mitwirken, wohingegen Angehörige der Arbeiterklasse meist Mitglieder größerer Ensembles sind und einen großen Teil ihres Tages stumm hinter der Bühne zubringen. Je höher man also auf der Statuspyramide steht, desto geringer wird die Zahl der Personen, vor denen man sich familiär geben kann, desto weniger Zeit verbringt man hinter der Bühne, und desto wahrscheinlicher ist es, daß man sich nicht nur anständig, sondern auch höflich verhalten muß. Zu gegebener Zeit und in der passenden Gesellschaft aber werden sehr hoch stehende Darsteller sich recht vulgär benehmen, und dies wird man sogar von ihnen erwarten. Aus numerischen und strategischen Gründen ist es aber wahrscheinlich, daß wir wohl etwas über das Hinterbühnenverhalten des Arbeiters erfahren, dagegen nichts über das der Lords. Ein interessanter Grenzfall dieser Situation tritt bei Staatsoberhäuptern auf, die keine Ensemblegenossen haben. Manchmal verfügen sie über eine Gruppe von »alten Freunden«, die den Höflichkeitstitel des Ensemblegenossen erhalten, wenn es darum geht, sich zu entspannen. Hofmarschälle erfüllen oft diese Funktion, so bei Ponsonby, wenn er den Besuch König Edwards am dänischen Hof im Jahre 1904 beschreibt:

> Das Abendessen bestand aus mehreren Gängen mit vielen Weinen, und dauerte gewöhnlich anderthalb Stunden. Dann begaben wir uns alle Arm in Arm in den Salon, wo wiederum der König von Dänemark und die ganze dänische königliche Familie im Kreis um den Raum herumgingen. Um acht zogen wir uns in unsere Räumlichkeiten zurück um zu rauchen, aber da das dänische Gefolge uns begleitete, beschränkte sich die Unterhaltung auf höfliche Fragen

nach den Sitten der beiden Länder. Um neun kehrten wir in den Salon zurück, wo wir Kartenspiele, im allgemeinen Loo, ohne Einsatz spielten.

Um zehn waren wir endlich entlassen und durften auf unsere Zimmer gehen. Diese Abende waren eine große Plage für uns alle, aber der König benahm sich wie ein Engel und spielte um sehr niedrige Einsätze Whist, das damals bereits völlig veraltet war. Nach einer Woche jedoch beschloß er, Bridge zu spielen, aber erst, nachdem der König von Dänemark ins Bett gegangen war. Wir folgten bis zehn Uhr den üblichen Gepflogenheiten, und dann kam Fürst Demidoff von der russischen Botschaft in die Gemächer des Königs und spielte mit dem König, Seymour Fortescue und mir Bridge um ziemlich hohe Einsätze. Das taten wir bis zum Ende des Besuchs, und es war uns ein Vergnügen, uns nach dem steifen dänischen Hofzeremoniell zu entspannen[26].

Eine letzte Bemerkung über Beziehungen hinter der Bühne ist noch zu machen. Wenn wir sagen, daß Personen, die zusammen an einer Darstellung arbeiten, vertraulich miteinander verkehren können, sobald sie kein Publikum haben, dann muß eingeräumt werden, daß man sich so an seine eigene Tätigkeit in der Vorderregion (und an seinen eigenen Charakter in der Vorderregion) gewöhnen kann, daß man auch die Entspannung von dieser Tätigkeit als Darstellung behandeln muß. Man kann sich hinter der Bühne verpflichtet fühlen, in vertraulicher Weise aus der Rolle zu fallen, und das kann mehr zur Pose werden als die Darstellung, von der man sich entspannen wollte.

In diesem Kapitel habe ich vom Nutzen der Kontrolle über die Hinterbühne und von den dramaturgischen Schwierigkeiten gesprochen, die auftreten, wenn diese Kontrolle nicht ausgeübt werden kann. Ich möchte jetzt das Problem besprechen, wie der Zugang zur Vorderbühne zu kontrollieren ist, aber um dies zu tun, müssen wir den ursprünglichen Bezugsrahmen etwas erweitern.

Zwei Arten begrenzter Regionen haben wir betrachtet: Vorderregionen, in denen eine bestimmte Vorstellung im Gang ist oder sein kann, und Hinterregionen, wo Handlung stattfindet, die zwar auf die Darstellung bezogen ist, die aber mit dem, den sie erweckte, in Widerspruch steht. Es scheint nur vernünftig, eine dritte Region einzuführen, die alle anderen Orte, außer den beiden bereits identifizierten, umfaßt. Eine derartige Region könnte man als »Außen« bezeichnen. Die Idee einer Außenregion, die im Hinblick auf eine bestimmte Vorstellung weder Bühne noch Hinterbühne ist, entspricht unserer normalen Auffassung sozialer Institutionen. Denn in den meisten Gebäuden finden wir Räume, die ständig oder vorübergehend als Vorderregion oder Hinterregion benützt werden, und wir stellen fest, daß die Außenwände des Gebäudes beide Arten von Räumen von der Außenwelt trennen. Die Leute, die außerhalb der Institution stehen, dürfen wir deshalb »Außenseiter« nennen.

Obgleich der Begriff des »Außen« deutlich ist, kann er uns, wenn er nicht vorsichtig angewandt wird, irreführen und verwirren; denn wenn wir unseren Blick von der Vorder- oder Hinterregion auf die Außenregion richten, neigen wir zugleich dazu, unsere Aufmerksamkeit von einer Vorstellung weg- und einer anderen zuzuwenden. Nehmen wir eine bestimmte Darstellung als Bezugspunkt, so werden die Außenseiter Personen sein, für die die Darsteller tatsächlich oder potentiell ein Schauspiel aufführen, das aber (wie wir sehen werden) von der stattfindenden Darstellung verschieden oder ihr allzu ähnlich sein wird. Wenn Außenseiter plötzlich in die Vorderregion oder die Hinterregion einer bestimmten Vorstellung eindringen, betrachtet man ihre unerwünschte Gegenwart am besten nicht unter dem Gesichtspunkt, wie sie auf die gebotene Darstellung wirken, sondern auf eine Vorstellung, die die Darsteller oder das Publikum normalerweise vor den Außenseitern an einem Ort und zu einer Zeit spielen würden, wo man mit ihnen als Publikum gerechnet hätte.

Auch noch auf anderem Gebiet wird Sorgfalt in bezug auf die Begriffe notwendig: Die Wand, die die Vorderregion und die Hinterregion von der Außenwelt trennt, hat offensichtlich eine Funktion in der Darstellung, die dort geboten wird, aber die Außendekorationen des Gebäudes müssen teilweise als ein Aspekt eines anderen Schauspiels gesehen werden; und manchmal kann dieser zweite Beitrag der entscheidende sein. So erfahren wir über Häuser in einem Dorf Neu-Englands:

> Die Art der Vorhangstoffe, die man an den Fenstern der meisten Häuser im Dorf finden konnte, war verschieden, je nachdem wie gut sichtbar das Fenster war. Die »besten« Vorhänge befanden sich da, wo man sie am deutlichsten sehen konnte, und waren nicht zu vergleichen mit den Vorhängen an Fenstern, die vor dem Beschauer verborgen waren. Weiterhin war es üblich, die Art von Material,

die nur einseitig mit einem Muster bedruckt ist, so zu verwenden, daß das Muster nach außen kam. »Modischstes« und »teuerstes« Material so zu verwenden, daß es im besten Licht sichtbar wird, ist eine typische Methode, um Prestige zu gewinnen [27].

Im ersten Kapitel dieser Arbeit wurde darauf hingewiesen, daß Darsteller gerne den Eindruck erwecken, die Rolle, die sie zur Zeit spielen, sei ihre wichtigste, und die Attribute, die sie beanspruchen oder die ihnen zugeschrieben werden, seien ihre wesentlichen und charakteristischen Attribute. Wenn Personen einem nicht für sie bestimmten Schauspiel beiwohnen, können sie darüber ebenso wie über das Schauspiel, das für sie bestimmt war, desillusioniert werden. Auch der Darsteller selbst kann verwirrt werden, wie Kenneth Burke andeutet:

> Wir alle gleichen in unseren voneinander losgelösten Reaktionen dem Mann, der im Büro ein Tyrann und im Kreis seiner Familie ein Schwächling ist, oder dem Musiker, der in seiner Kunst aggressiv und in seinen persönlichen Beziehungen schüchtern ist. Eine solche Dissoziation wird schwierig, wenn wir versuchen, die einzelnen Abteilungen zu vereinen (etwa wenn der Mann, der ein Tyrann im Büro und ein Schwächling in der Familie ist, plötzlich seine Frau und seine Kinder anstellen wollte; er würde merken, daß seine dissoziativen Mittel unzureichend sind, und könnte völlig verstört werden) [28].

Diese Probleme werden besonders dann akut, wenn das Schauspiel des Einzelnen von einem kompliziert aufgebauten Bühnenbild abhängig ist. Daher die Enttäuschung Herman Melvilles darüber, daß der Kapitän seines Schiffes ihn nicht »sah«, wenn sie sich an Bord trafen, aber freundlich zu ihm war, als sie sich nach Melvilles Dienstzeit zufällig auf einer Party in Washington trafen:

> Und obgleich mich der Kommodore an Bord der Fregatte nie in irgendeiner Weise persönlich ansprach – und ich ihn ebensowenig –, wurden wir doch bei der Einladung des Ministers außerordentlich gesprächig; auch fiel mir unter dieser Menge ausländischer Würdenträger und Magnaten aus allen Teilen Amerikas auf, daß mein ehrenwerter Freund nicht so erhaben schien, wie in dem Augenblick, wo er sich in einsamer Pracht auf die Messingreling der Neversink lehnte. Wie viele andere Gentlemen zeigte er sich in bestem Licht und wurde mit der größten Ehrerbietung behandelt, wenn er sich auf seiner eigenen Fregatte befand [29].

Der Darsteller kann dieses Problem dadurch lösen, daß er seine Zuschauer so trennt, daß diejenigen, die ihn in der einen Rolle sehen, nicht die gleichen sind, wie die, die ihn in einer seiner anderen sehen. So gehen einige französisch-kanadische Priester zwar gern am Strand mit Freunden schwimmen, aber nicht mit ihren Gemeindemitgliedern, da die am Strand übliche Vertraulichkeit nicht mit dem in der Gemeindearbeit notwendigen Abstand und Respekt vereinbar ist. Kontrolle über die Vorderregion ist eine Maßnahme der Zuschauersegregation. Ist der Darsteller unfähig, diese Kontrolle auszuüben, gerät er in eine Lage, in der er von einem Augenblick zum nächsten nicht weiß, welche Rolle er projizieren muß, und es wird ihm schwer, in irgendeiner Richtung dramaturgisch Erfolg zu haben. Es ist nicht schwer, mit dem Drogisten mitzufühlen, wenn er sich aus Versehen vor einem Kunden, der mit einem Rezept vom Arzt kommt, als geschäftiger Verkäufer ausgibt, um dann im nächsten Augenblick in würdige, medizinisch-professionelle Pose zu verfallen, wenn jemand zufällig eine Drei-Cent-Briefmarke oder ein Schokoladeneis haben will [30].

Es dürfte auch klar sein, daß es sich für den Darsteller empfiehlt, auch Personen aus dem Publikum auszuschließen, die ihn vor längerer Zeit in einer anderen und der jetzigen, widersprechenden Rolle gesehen haben. Personen, die in ihrer gesellschaftlichen Stellung auf- oder abgestiegen sind, erreichen dies im großen Stil, indem sie ihren Geburtsort verlassen. Es ist überdies ebenso bequem, seine verschiedenen Rollen vor verschiedenen Personen zu spielen, wie es bequem ist, die einzelnen Zuschauerkreise zu trennen, vor denen man die gleiche Rolle spielt; denn dies ist die einzige Methode, jeden Zuschauerkreis empfinden zu lassen, daß es zwar auch ein anderes Publikum für die gleiche Rolle geben mag, daß sie aber vor keinem anderen Publikum so gut darzustellen ist. Auch hier ist die Kontrolle über die Vorderregion wichtig.

Durch richtige Terminansetzung für die einzelnen Vorstellungen kann man seine Zuschauerkreise voneinander trennen (indem man auf verschiedenen Vorderbühnen oder nacheinander auf der gleichen vor ihnen erscheint), und man kann zugleich einige Augenblicke zwischen den Vorstellungen gewinnen, um sich physisch und psychologisch von der einen Rolle zu lösen und die nächste anzunehmen. Es entstehen jedoch manchmal Probleme in den sozialen Institutionen, wo ein Ensemblemitglied oder verschiedene Mitglieder des Ensembles zum gleichen Zeitpunkt vor verschiedenem Publikum erscheinen müssen. Wenn die einzelnen Zuschauerkreise in gegenseitige Hörweite geraten, wird es schwer werden, den Eindruck aufrechtzuerhalten, jeder von ihnen empfange besondere und einmalige Dienstleistungen. Wenn etwa die Gastgeberin jedem ihrer Gäste einzeln einen besonders warmen Gruß oder Abschied – also eine Sondervorstellung – zuteil werden lassen will, so muß sie dafür sorgen, daß dies in einem Vorraum geschieht, der von dem Raum getrennt ist, in dem sich die anderen Gäste befinden. Ebenso ist, wenn ein Beerdigungsinstitut zwei Beerdigungen am gleichen Tag durchführen muß, dafür zu sorgen, daß die beiden Zuschauerkreise einander nicht begegnen, damit das Gefühl der Einmaligkeit der jeweiligen Darstellung nicht verlorengeht. Desgleichen muß ein Verkäufer im Möbelgeschäft, der einen Kunden von einem Möbelsatz auf eine höhere Preislage »umstellt«, sorgfältig darauf achten, daß sein Publikum außerhalb der Hörweite eines anderen Verkäufers bleibt. Dieser kann gerade damit beschäftigt sein, einen Kunden von einem noch billigeren Satz auf jenen »umzustellen«, von dem der erste Verkäufer seinen Kunden gerade weglokken will; in solchen Augenblicken ist der Möbelsatz, den der eine Verkäufer schlecht macht, der Möbelsatz, den der andere anpreist[31]. Wenn natürlich die beiden Zuschauerkreise durch Wände voneinander getrennt sind, kann der Darsteller den gewünschten Eindruck dadurch erzielen, daß er schnell von einer Region zur anderen läuft. Dieser Inszenierungstrick wird für Ärzte und Zahnärzte zum Beispiel dadurch möglich, daß sie zwei Untersuchungsräume haben, wovon in Amerika mehr und mehr Gebrauch gemacht wird.

Wenn die Publikumssegregation versagt und ein Außenseiter in eine Vorstellung hineingerät, die nicht für ihn bestimmt war, ergeben sich schwierige Probleme, wie der Eindruck gesteuert werden kann. Zwei Techniken zur Lösung mögen erwähnt sein. Zunächst kann allen, die bereits im Publikum sind, plötzlich vorübergehend der Hinterbühnenstatus erteilt werden, und wenn sie diesen akzeptieren, können sie gemeinsam mit dem Darsteller plötzlich zu einer Szene übergehen, die ein Eindringling ohne weiteres beobachten darf. So werden Mann und Frau mitten in ihren täglichen Streitereien, wenn ihnen plötzlich ein Gast gegenübersteht, den sie erst seit kurzem kennen, untereinander eine Beziehung aufbauen, die beinahe so distanziert und freundlich ist wie diejenige, die sie für den Neuankömmling spielen. Bezüge und Unterhaltungen, an denen nicht alle drei teilhaben können, werden ausgeschlossen. Im allgemeinen muß sich der Darsteller also, soll der Neuankömmling so behandelt werden, wie er es gewohnt ist, schnell von der Vorstellung, die er gerade gegeben hat, auf eine andere umstellen, die der Neuankömmling für angemessen halten wird. Selten ist dies so glatt durchzuführen, daß der Neuankömmling die Illusion haben kann, die plötzlich angesetzte Vorstellung sei des Darstellers natürliche. Und selbst wenn man dies fertigbringt, kann leicht bei dem bereits anwesenden Publikum das Gefühl aufkommen, das, was man für das wesentliche Selbst des Darstellers gehalten habe, sei gar nicht so wesentlich gewesen.

Man hat nahegelegt, plötzlichem Eindringen in der Weise zu begegnen, daß die Anwesenden die Situation so festlegen, daß man den Eindringling eingliedern kann. Ein zweiter Weg, das Problem zu lösen, besteht darin, dem Eindringling ein klares Willkommen zu entbieten, als einem, der die ganze Zeit hätte dabei sein sollen. So wird mehr oder weniger das gleiche Schauspiel fortgeführt, aber es ist dafür gesorgt, daß es den Neuankömmling mit einbezieht. Wenn zum Beispiel jemand Bekannten, die gerade eine Party geben, einen unerwarteten Besuch abstattet, wird er im allgemeinen lautstark begrüßt und zum Bleiben aufgefordert. Ist das Willkommen nicht enthusiastisch genug, dann könne die Entdeckung, daß man ihn nicht eingeladen habe, die Fassade der Freundschaft und Zuneigung diskreditieren, welche sonst zwischen dem Eindringling und seinen Gastgebern besteht.

Im allgemeinen scheint jedoch keine dieser beiden Techniken sehr wirkungsvoll zu sein. Wenn Eindringlinge in die Vorderregion kommen, tendieren die Darsteller meist dazu, sich auf die Vorstellung vorzubereiten, die sie zu anderer Zeit und an anderem Ort für die Eindringlinge inszenieren, und diese plötzliche Bereitschaft, sich in bestimmter Weise zu verhalten, bringt die Handlungsrichtung, auf die die Darsteller bereits festgelegt sind, wenigstens momentan in Verwirrung. Die Darsteller fühlen sich zeitweise zwischen zwei Realitäten hin und her gezerrt, und dem Ensemble fehlt die Anweisung, wie es sich verhalten soll. Die Situation muß beinahe notgedrungen peinlich werden. Unter derartigen Umständen ist es verständlich, daß man den Eindringling häufig so behandelt, als ob er nicht da wäre, oder ihn ganz unhöflich bittet, draußen zu bleiben.

Sonderrollen

Ein Ensemble ist vor allem bestrebt, die Situationsbestimmung zu erhalten, die es durch seine Darstellung suggeriert. Dazu gehört die Überbetonung wie die Untertreibung bestimmter Tatsachen. Es gibt Dinge, die den Eindruck, den eine Darstellung erweckt, diskreditieren, zerstören oder vereiteln würden, wenn die Aufmerksamkeit auf sie gelenkt würde. Sie liefern »destruktive Information«. Ein Grundproblem vieler Darstellungen ist infolgedessen die Informationskontrolle; das Publikum darf keine destruktiven Informationen über dargestellte Situationen erhalten. Mit anderen Worten: Ein Ensemble muß in der Lage sein, seine Geheimnisse zu bewahren und bewahrt zu wissen.

Bevor wir fortfahren, empfiehlt es sich, einige Arten von Geheimnis-Typen zu nennen, weil deren Enthüllung die Darstellung ebenfalls auf mancherlei Art gefährden kann. Die vorgeschlagenen Typen sind gewählt nach der Funktion des Geheimnisses und seiner Beziehung zu der Vorstellung, die andere von dem Menschen haben, der es besitzt; ich gehe davon aus, daß jedes Geheimnis für sich mehr als einen dieser Typen verkörpern kann.

Zunächst gibt es die sogenannten »dunklen Geheimnisse«; Tatsachen über ein Ensemble, die ihm bekannt sind und die es verheimlicht, weil sie mit seinem »Image« unvereinbar sind. Das sind im Grunde zweifache Geheimnisse: zum einen geht es um die entscheidende Tatsache, die man verheimlicht, und zum anderen um die Verheimlichung selbst. Solche Geheimnisse sind im ersten Kapitel im Abschnitt über unwahre Darstellung behandelt worden.

Zweitens gibt es etwas, das man »strategische Geheimnisse« nennen könnte. Sie beziehen sich auf die Absichten und Fähigkeiten eines Ensembles, die es vor seinem Publikum geheimhält, um es daran zu hindern, sich erfolgreich der Sachlage anzupassen, die das Ensemble herbeiführen will. Strategische Geheimnisse werden von kommerziellen Institutionen und Armeen angewandt, wenn sie Aktionen gegen den Gegner planen. Solange ein Ensemble nicht vorgibt, keine strategischen Geheimnisse zu besitzen, brauchen diese Geheimnisse keine dunklen Geheimnisse zu sein. Es ist dennoch bemerkenswert, daß auch dann, wenn es sich nur um strategische Geheimnisse eines Ensembles handelt, ihre Enthüllung oder Entdeckung die Darstellung stört, weil die vor dem Verlust des Geheimnisses geübte Sorgfalt, Zurückhaltung und bewußte Zweideutigkeit des Handelns plötzlich als sinnlos und töricht empfunden wird. Es kann hinzugefügt werden, daß Geheimnisse, die ausschließlich strategische sind, meist vom Ensemble notgedrungen enthüllt werden, wenn die geplante Aktion vollendet ist, während bei dunklen Geheimnissen oft der Versuch gemacht wird, sie für immer zu bewahren.

Man kann außerdem hinzufügen, daß Informationen oft nicht wegen ihrer wohlbekannten strategischen Bedeutung geheimgehalten werden, sondern weil man das Gefühl hat, sie könnten eines Tages eine solche Bedeutung annehmen.

Drittens gibt es etwas, das man als »Gruppengeheimnisse« bezeichnen kann. Das sind die Geheimnisse, die den, der sie besitzt, als Mitglied einer Gruppe charakterisiert und die es der Gruppe ermöglichen, sich als anders und getrennt von denen zu fühlen, die »nicht Bescheid wissen« [1]. Die Gruppengeheimnisse geben einem subjektiv empfundenen sozialen Abstand objektiven geistigen Gehalt. Fast alle Informationen in einer gesellschaftlichen Institution besitzen zu einem gewissen Grade diese ausschließende Funktion und können als etwas betrachtet werden, das irgend jemand anderen »nichts angeht«.

Gruppengeheimnisse haben unter Umständen wenig strategische Bedeutung und sind nicht besonders dunkel. In diesem Fall können sie entdeckt oder zufällig enthüllt werden, ohne die Vorstellung des Ensembles radikal zu stören; die Darsteller brauchen ihr geheimes Vergnügen nur einer anderen Sache zuzuwenden. Natürlich eignen sich Geheimnisse, die strategisch und oder dunkel sind, außerordentlich gut als Gruppengeheimnisse, und wir können in der Tat oft feststellen, daß der strategische und dunkle Charakter einiger Geheimnisse zu diesem Zweck übertrieben wird. Interessanterweise bringen wichtige strategische Geheimnisse für die Führer gesellschaftlicher Gruppen oft ein Problem mit sich: Die Mitglieder der Gruppe, die nicht in das Geheimnis eingeweiht sind, werden sich ausgeschlossen und beleidigt fühlen, wenn das Geheimnis endlich ans Licht kommt; andererseits aber ist die Gefahr der absichtlichen oder versehentlichen Enthüllung des Geheimnisses um so größer, je mehr Mitwisser es gibt.

Das Wisssen, das ein Ensemble über die Geheimnisse eines anderen Ensembles besitzen mag, birgt in sich zwei weitere Geheimnis-Typen. Zunächst gibt es etwas, das man als »anvertraute Geheimnisse« bezeichnen kann. Das ist der Typ von Geheimnissen, die der Besitzer erwerben muß, weil er zu dem Ensemble, zu dem das Geheimnis gehört, in Beziehung steht. Wenn ein Einzelner, dem ein Geheimnis anvertraut wird, die Person sein will, die zu sein er behauptet, so muß er das Geheimnis wahren, auch wenn es kein Geheimnis über ihn selbst ist. Wenn beispielsweise ein Anwalt die Verfehlungen seines Klienten enthüllt, sind zwei ganz verschiedene Darstellungen gefährdet: das Schauspiel der Unschuld des Klienten vor dem Gericht und das Schauspiel der Zuverlässigkeit des Anwalts vor seinem Klienten. Es darf auch angemerkt werden, daß die strategischen Geheimnisse eines Ensembles, ob es sich nun um dunkle Geheimnisse handelt oder nicht, meist die ihm anvertrauten Geheimnisse der einzelnen Ensemblemitglieder sind, denn es ist wahrscheinlich, daß sich jedes Ensemblemitglied vor den anderen als jemand darstellt, der dem Ensemble gegenüber loyal ist.

Die zweite Art von Informationen über die Geheimnisse anderer kann man als »freies Geheimnis« bezeichnen. Ein solches Geheimnis kann man enthüllen, ohne sich selbst dabei zu diskreditieren. Man kann freier Geheimnisse durch Entdeckung, unbeabsichtigte Enthüllung, indiskrete Eingeständnisse, Weitergabe oder dergleichen innewerden. Allgemein müssen wir festhalten, daß die freien oder anvertrauten Geheimnisse eines Ensembles die dunklen oder strategischen Geheimnisse eines anderen Ensembles sein können und daß infolgedessen ein Ensemble, dessen entscheidende Geheimnisse sich im Besitz anderer befinden, versuchen wird, die Besitzer dieser Geheimnisse dazu zu verpflichten, sie als anvertraute und nicht als freie Geheimnisse zu behandeln.

Dieses Kapitel handelt von den Personen, die etwas über die Geheimnisse eines Ensembles erfahren, und von den Grundlagen und Gefahren ihrer bevorzugten Position. Bevor wir weitergehen, sollte jedoch klargestellt werden, daß nicht alle destruktiven Informationen Geheimnisse sind, und daß Informationskontrolle mehr beinhaltet als das bloße Bewahren von Geheimnissen. Es scheint zum Beispiel über fast jede Darstellung Fakten zu geben, die mit dem hervorgerufenen Eindruck unverträglich sind, die aber von niemandem gesammelt und in anwendbarer Form zusammengestellt worden sind. So kann etwa eine Gewerkschaftszeitung so wenig Leser haben, daß sich der Herausgeber, in Sorge um seine Stellung, weigert, eine Leseranalyse durchführen zu lassen; er bewirkt dadurch, daß weder er selbst noch irgendein anderer den Beweis für die immerhin geahnte Erfolgslosigkeit seiner Arbeit antreten kann[2]. Das sind latente Geheimnisse, und das Problem, Geheimnisse zu bewahren, ist völlig verschieden von dem Problem, latente Geheimnisse latent zu halten. Ein weiteres Beispiel für destruktive Informationen, die keine Geheimnisse sind, stellen zum Beispiel ungewollte Gesten dar, auf die schon oben eingegangen wurde. Solche Ereignisse führen Informationen – eine Situationsbestimmung – ein, die mit den projizierten Behauptungen der Darsteller unvereinbar sind, aber die Ereignisse selbst stellen keine Geheimnisse dar. Auch das Bemühen, derartige Ereignisse zu verhindern, ist eine Art von Informationskontrolle, ist jedoch nicht Gegenstand dieses Kapitels.

Ausgehend von einer bestimmten Darstellung, haben wir drei wesentliche Rollen ihrer Funktion nach unterschieden: die der Darsteller, die der Zuschauer und die der Außenseiter. Wir können diese Rollen auch nach den Informationen unterscheiden, die gewöhnlich denen, die sie spielen, zugänglich sind. Die Darsteller sind sich des Eindrucks bewußt, den sie hervorrufen, und sind gemeinhin auch im Besitz von destruktiven Informationen über das Schauspiel. Die Zuschauer wissen das, was man ihnen zu wissen gestattet, sowie das, was sie inoffiziell durch genaue Beobachtung erfahren konnten. Im wesentlichen kennen sie die Situationsbestimmung, die durch die Darstellung hervorgerufen wird, besitzen aber keine destruktiven Informationen darüber. Außenseiter kennen weder die Geheimnisse der Darstellung noch den Anschein von Realität, den sie hervorruft. Schließlich können die drei erwähnten Rollen auch noch nach den Regionen beschrieben werden, zu denen diejenigen, die sie verkörpern, Zugang haben: Die Darsteller treten auf der Vorderbühne und der Hinterbühne auf; das Publikum erscheint nur auf der Vorderbühne; die Außenseiter sind von beiden Regionen ausgeschlossen.

Wir dürfen also während einer Darstellung eine Korrelation zwischen Funktion, zur Verfügung stehender Information und zugänglicher Region erwarten, so daß wir beispielsweise, wenn wir wüßten, zu welchen Regionen ein Einzelner Zugang hat, auch seine Rolle und den Grad seiner Informiertheit über die Darstellung kennen müssen.

In der Praxis ist jedoch die Übereinstimmung von Funktion, Information und Region selten vollkommen. Es entwickeln sich zusätzliche bevorzugte Stellungen, durch die diese einfache Beziehung kompliziert wird. Einige dieser Stellungen werden so häufig erobert und ihre Bedeutung für die Darstellung ist so allgemein anerkannt, daß wir sie als Rollen bezeichnen können, obgleich man sie im Unterschied zu den drei erwähnten wesentlichen Rollen am besten »Sonderrollen« nennt. Einige besonders ins Auge fallende unter ihnen seien hier dargestellt.

Wohl die bemerkenswerteste unter den Sonderrollen ist diejenige, mit deren Hilfe jemand unter falscher Maske in eine gesellschaftliche Institution eindringen kann. Da ist zunächst die Rolle des »Denunzianten«. Ein Denunziant in unserem Sinne ist einer, der vor den Darstellern vorgibt, Mitglied ihres Ensembles zu sein, dem somit gestattet wird, die Hinterbühne zu betreten und destruktive Informationen zu erwerben, und der dann das Schauspiel offen oder insgeheim an das Publikum verrät. Die politischen, militärischen, industriellen und kriminellen Varianten der Spezies sind berühmt. Wenn es sich herausstellt, daß der Denunziant dem Ensemble zunächst in ehrlicher Absicht und nicht mit dem vorbedachten Plan beigetreten ist, seine Geheimnisse zu verraten, nennen wir ihn bisweilen Verräter oder Überläufer, besonders wenn es sich um die Art von Person handelt, die eigentlich einen anständigen Ensemblegenossen hätte abgeben sollen. Derjenige, der das Ensemble von Anfang an denunzieren wollte und ihm von Anfang an zu diesem Zweck beigetreten ist, wird manchmal als Spion bezeichnet. Man hat natürlich schon häufig darauf hingewiesen, daß Denunzianten, seien sie nun Verräter oder Spione, ausgezeichnet ein doppeltes Spiel treiben und die Geheimnisse jener verkaufen können, die von ihnen Geheimnisse kaufen. Denunzianten können natürlich auch anders klassifiziert werden; wie Hans Speier bemerkt, sind einige von ihnen professionell für ihre Arbeit ausgebildet, andere wiederum sind Amateure; einige haben einen hohen Rang, andere einen niedrigen; manche arbeiten für Geld und manche aus Überzeugung[3]. Zweitens gibt es die Rolle des »Claqueurs«. Ein Claqueur ist jemand, der sich benimmt, als sei er ein gewöhnlicher Zuschauer, der aber in Wirklichkeit mit den Darstellern verbündet ist. Im konkreten Fall liefert der Claqueur entweder ein sichtbares Verhaltensmodell für das Publikum, indem er die Art von Reaktion darstellt, die die Darsteller anstreben, oder er liefert die Art von Publikumsreaktion, die im Augenblick für den Fortgang der Vorstellung notwendig ist. Die Ausdrücke ›shill‹ und ›claque‹, die im amerikanischen Schaugewerbe verwendet werden, sind in dieser Bedeutung in den allgemeinen Sprachgebrauch eingegangen.

Wir dürfen nicht annehmen, Claqueure seien nur in nichtrespektablen Vorstellungen zu finden (obgleich es vielleicht nur die nichtrespektablen Claqueure sind, die ihre Rolle konsequent und ohne persönliche Illusionen spielen). Es ist beispielsweise bei privaten Geselligkeiten häufig, daß eine Ehefrau sich interessiert gibt, wenn ihr Mann eine Anekdote erzählt, und ihn mit den passenden Stichworten versorgt, obgleich sie die Anekdote in Wirklichkeit schon oft gehört hat und weiß, daß ihr Mann nur so tut, als erzähle er sie zum erstenmal. Ein Claqueur ist also jemand, der wie alle anderen im Publikum, ein naiver Zuschauer zu sein scheint, in Wirklichkeit aber in die Ziele der Darstellung eingeweiht ist und im Interesse der Darsteller agiert.

Wir wenden uns nun einem anderen Betrüger im Publikum zu, diesmal einem, der sein geheimes Wissen im Interesse der Zuschauer, nicht der Darsteller, einsetzt. Diesen Typ verkörpert die Person, die angestellt wird, um die Maßstäbe der Darsteller zu überprüfen, damit der hervorgerufene Anschein nicht allzusehr von der Wirklichkeit abweicht. Er agiert offiziell oder inoffiziell als Beschützer des nichtsahnenden Publikums und spielt die Rolle eines Zuschauers mit größerer Einsicht und ethischer Strenge, als sie gewöhnlich Beobachter besitzen.

Manchmal spielen diese Personen ihre Rolle ganz offen und geben den Darstellern eine Vorwarnung, daß die nächste Vorstellung überprüft werden wird. So wissen Schauspieler bei Premieren und ebenso Häftlinge, daß man alles, was sie sagen, als Beweisstück für das Urteil gegen sie verwenden wird. Ein mitspielender Beobachter, der seine Ziele von Anfang an zugibt, läßt den Darstellern, die er beobachtet, eine ähnliche Chance zuteil werden.

Manchmal aber bleibt der Beobachter unbemerkt und drückt den

Darstellern dadurch, daß er sich als gewöhnlicher leichtgläubiger Zuschauer ausgibt, den Strick in die Hand, damit sie sich daran aufhängen. Im normalen Geschäftsleben werden Agenten, die keine Vorwarnung geben, ebenso, wie es in diesem Bericht geschieht, als Kontrolleure bezeichnet, und sie sind verständlicherweise unbeliebt. Ein Verkäufer mag erkennen, daß er sich ungeduldig und unhöflich gegenüber einem Kunden verhalten hat, der in Wirklichkeit ein Beauftragter der Gesellschaft war und erfahren wollte, wie echte Kunden behandelt werden. Ein Händler verkauft womöglich Waren zu illegalem Preis an Kunden, die Preisexperten sind und Autorität besitzen. Eisenbahner hatten die gleichen Probleme:

> Früher konnte ein Zugschaffner Respekt von den Passagieren erwarten; jetzt kann ihn ein Kontrolleur anzeigen, falls er seine Mütze nicht abnimmt, wenn er einen Wagen betritt, in dem Frauen sitzen, oder wenn er nicht jene ölige Dienstbeflissenheit ausstrahlt, die ihm ein zunehmendes Klassenbewußtsein, Ausstrahlung von Verhaltensmustern der europäischen und der Hotel-Welt und der Wettbewerb mit anderen Verkehrsunternehmen aufgezwungen haben[4].

Ebenso mag ein Straßenmädchen unter Umständen feststellen, daß die Anfeuerung aus dem Publikum, die sie in den Anfangsphasen ihrer Kundenwerbung erhielt, von einem »Freier« stammte, der in Wirklichkeit ein »Polyp«[5] war; diese allgegenwärtige Gefahr macht sie vor einem fremden Publikum etwas mißtrauisch und beeinträchtigt teilweise ihren Auftritt.

Nebenbei bemerkt sei, daß wir echte Kontrolleure sorgfältig von Selbsternannten unterscheiden müssen, die oft als »Nörgler« oder »Besserwisser« bezeichnet werden, weil sie nicht über das Wissen um Vorgänge hinter der Bühne verfügen, das zu besitzen sie vorgeben, und nicht durch Gesetz oder Gewohnheitsrecht dazu ermächtigt sind, das Publikum zu vertreten.

Wir sind heutzutage daran gewöhnt, Agenten, die die Maßstäbe einer Vorstellung und die Darsteller kontrollieren (egal, ob dies offen oder ohne Vorwarnung geschieht), als einen Teil der Dienstleistungshierarchie und insbesondere als einen Teil der Sozialkontrolle zu betrachten, welche Regierungsinstitutionen im Auftrag des Verbrauchers und Steuerzahlers ausüben. Häufig jedoch ist diese Kontrolle auf noch weitere Bereiche ausgedehnt. Wappenämter und Protokollabteilungen bieten bekannte Beispiele, da diese Ämter dazu dienen, Adlige, hohe Regierungsbeamte und solche Personen festzunageln, die ungerechtfertigterweise vorgeben, derartigen Status zu besitzen.

Es gibt noch eine merkwürdige Erscheinung im Publikum. Das ist der Mann, der einen unbeachteten bescheidenen Platz unter den Zuschauern einnimmt und mit dem Publikum diesen Ort verläßt, der aber dann zu seinem Arbeitgeber (einem Konkurrenten jenes Ensembles, das er beobachtet hat) geht, um zu berichten, was er gesehen hat. Dies ist der »professionelle Einkäufer« – der Mann von Gimbels im Laden von Macys und der Mann von Macys im Laden von Gimbels; der Modespion und der Ausländer bei der Nationalen Luftfahrtausstellung. Der professionelle Einkäufer ist jemand, der zwar technisch das Recht hat, das Schauspiel zu sehen, bei dem man aber voraussetzt, er besitze genug Anstand, um auf seiner eigenen Hinterbühne zu bleiben; denn sein Interesse an der Vorstellung geht vom falschen Standpunkt aus, er ist interessierter und zugleich gelangweilter als der vollkommen legitime Zuschauer.

Eine weitere Sonderrolle ist die des Zwischenträgers oder Vermittlers. Der Vermittler erfährt die Geheimnisse beider Seiten und erweckt bei jeder Seite den berechtigten Eindruck, daß er ihre Geheimnisse bewahren werde; er ist aber bestrebt, bei jeder Seite den falschen Eindruck zu erwecken, als sei seine Loyalität ihr gegenüber größer als seine Loyalität gegenüber der anderen Seite. Manchmal, wie zum Beispiel beim Schiedsrichter in Tarifverhandlungen, kann die Funktion des Vermittlers darin bestehen, jeder Seite eine manipulierte Ansicht der anderen Seite zu geben, die dazu dient, eine Annäherung der beiden Parteien zu ermöglichen. Manchmal, wie im Fall des Heiratsvermittlers, kann die Funktion des Vermittlers darin liegen, der einen Seite vorsichtige Vorschläge der anderen Seite zu übermitteln, die, würden sie unverhüllt gemacht, peinlich aufgenommen oder gar zurückgewiesen würden.

Wenn ein Vermittler in Gegenwart der beiden Ensembles, deren Mitglied er ist, arbeitet, sehen wir ein wundersames Schauspiel, als schauten wir einem Mann zu, der verzweifelt versucht, Tennis mit sich selbst zu spielen. Wiederum gelangen wir zu der Einsicht, daß die natürliche Einheit für unsere Untersuchung nicht der Einzelne ist, sondern das Ensemble und seine Mitglieder. Die Tätigkeit des Vermittlers als Individuum ist bizarr, unhaltbar und würdelos, wie sie solchermaßen zwischen Loyalität zu dem einen und zu dem anderen Ensemble hin- und herschwankt. Als wesentliches Element der beiden Ensembles ist das Schwanken des Vermittlers ganz verständlich. Der Vermittler kann einfach als Claqueur, der nach zwei Seiten hin agiert, betrachtet werden.

Ein Aspekt der Vermittlerrolle wird in neueren Untersuchungen über die Funktion des Vorarbeiters deutlich. Er muß nicht nur die Rolle des Regisseurs übernehmen und das Schauspiel auf der Fabrikbühne für das Direktoriumspublikum leiten, sondern er muß zugleich das, was er weiß und was das Publikum sieht, in eine verbale Version übersetzen, die er mit seinem Gewissen und den Erwartungen des Publikums in Einklang bringen kann[6]. Der Vorsitzende offizieller Tagungen ist ein weiteres Beispiel für die Vermittlerrolle. Sobald er das Treffen eröffnet und den Gastredner eingeführt hat, gilt er wahrscheinlich den anderen Zuhörern als Vorbild, von dem sie erwarten, daß er durch übertriebenen Ausdruck das Interesse und die Teilnahme, die sie alle zeigen sollten, vorlebt und Anhaltspunkte dafür gibt, ob eine bestimmte Bemerkung mit Ernst, Gelächter oder zustimmendem Lächeln beantwortet werden sollte. Redner nehmen häufig Vortragseinladungen unter der Annahme an, der Vorsitzende werde »für sie sorgen«; er tut es, indem er ein vorbildlicher Zuhörer ist und die Annahme bestätigt, der Vortrag sei wirklich wichtig. Die Art des Vorsitzenden, sich darzustellen, ist teilweise deshalb so wirksam, weil die Zuhörer ihm verpflichtet sind; sie sind ihm gegenüber verpflichtet, jede Situationsbestimmung zu bestätigen, die er vorschlägt, kurz, der Linie des Zuhörers zu folgen, die er einschlägt. Dafür zu sorgen, daß der Redner anscheinend mit Dankbarkeit empfangen wird und daß die Zuhörer hingerissen sind, ist natürlich keine leichte dramaturgische Aufgabe, und sie läßt dem Vorsitzenden oft nicht die Möglichkeit, über das nachzudenken, dem er angeblich lauscht.

Die Rolle des Vermittlers scheint bei offizieller geselliger Interaktion besonders wichtig zu sein, was wiederum bestätigt, wie nützlich es ist, von zwei Ensembles auszugehen. Wenn ein Einzelner in einer Gruppe durch seine Handlungen oder Worte die konzentrierte Aufmerksamkeit der anderen auf sich lenkt, bestimmt er die Situation, und unter Umständen bestimmt er sie in einer Weise, die für sein Publikum nicht ohne weiteres akzeptabel ist. Irgendeiner der Anwesenden wird sich für ihn und ihm gegenüber in stärkerem Grade verantwortlich fühlen als die anderen, und wir können von dieser, ihm am nächsten stehenden Person erwarten, daß sie die Meinungsverschiedenheiten zwischen Sprecher und Zuhörern in einem Standpunkt zu verwandeln sucht, der kollektiv eher akzeptabel ist als die ursprüngliche Sicht. Wenn einen Augenblick später jemand anders das Wort ergreift, kann ein anderer die Rolle des Zwischenträgers und Vermittlers übernehmen. Eine Periode der zwanglosen Konversation kann als eine der Bildung und Neubildung von Ensembles und die Schaffung und Neuschaffung von Vermittlerrollen betrachtet werden.

Wir haben einige Sonderrollen beschrieben: die des Denunzianten, des Claqueurs, des Kontrolleurs, des professionellen Einkäufers und des Vermittlers. In jedem Fall treffen wir eine unerwartete, verborgene Beziehung zwischen vorgetäuschter Rolle, verfügbarer Information und zugänglicher Region an. In allen Fällen hatten wir es mit jemandem zu tun, der an der tatsächlichen Interaktion zwischen Darstellern und Zuschauern teilnimmt. Als weitere Sonderrolle kann man die der »Unperson« betrachten; wer diese Rolle spielt, ist während der Interaktion anwesend, übernimmt aber in gewissem Sinne weder die Rolle des Darstellers noch diejenige des Zuschauers, und gibt auch nicht (wie es Denunzianten, Claqueure und Kontrolleure tun) vor, etwas zu sein, was er nicht ist[7].

Der klassische Typ der Unperson in unserer Gesellschaft ist wohl der Dienstbote. Von ihm wird erwartet, daß er auf der Vorderbühne anwesend ist, solange der Gastgeber sein Schauspiel der Gastfreundschaft vor den Gästen des Hauses gibt. Während der Dienstbote in einem Sinne Mitglied des Ensembles des Gastgebers ist (in diesem Sinne habe ich ihn oben behandelt), wird er in gewisser Hinsicht von Darstellern und Publikum für nicht anwesend gehalten. In einigen Kreisen erwartet man auch vom Dienstboten, daß er ohne weiteres die Hinterbühne betritt, da man meint, man müsse keinen bestimmten Eindruck erwecken. Mrs. Trollope gibt uns einige Beispiele:

> Ich hatte in der Tat häufig die Gelegenheit, diese gewohnheitsmäßige Indifferenz gegenüber der Anwesenheit ihrer Sklaven zu beobachten. Sie reden über sie, über ihren Zustand, ihre Fähigkeiten, ihr Verhalten, gerade als könnten sie nicht hören. Ich kannte einmal eine junge Dame, die, wenn sie bei Tisch zwischen einem Mann und einer Frau saß, sich aus Schamgefühl gezwungen sah, sich über den Stuhl ihrer Nachbarin zu lehnen, weil sie es nicht

ertragen konnte, den Ellbogen eines Mannes zu berühren. Einmal sah ich, wie dieselbe junge Dame mit vollkommener Seelenruhe ihr Korsett in der Anwesenheit eines Negerdieners schnürte.

Ein Herr aus Virginia erzählte mir, daß er seit seiner Heirat daran gewöhnt war, daß ein Negermädchen in dem gleichen Zimmer mit ihm und seiner Frau schlief. Ich fragte ihn, zu welchem Zweck diese nächtliche Anwesenheit erforderlich sei. »Großer Gott!« war die Antwort, »wenn ich in der Nacht ein Glas Wasser haben wollte, was sollte dann aus mir werden?«[8]

Das ist ein extremes Beispiel. Obwohl man Dienstboten im allgemeinen nur anspricht, wenn man ihnen einen Auftrag erteilt, schränkt doch im typischen Fall ihre Anwesenheit in einer Region das Verhalten der bewußt Anwesenden etwas ein, und anscheinend um so mehr, je geringer der soziale Abstand zwischen Diener und Bedienten ist. Bei anderen Rollen in unserer Gesellschaft, etwa der des Fahrstuhlführers und des Taxichauffeurs, scheint auf beiden Seiten der Beziehung Unklarheit darüber zu bestehen, was für Vertraulichkeiten in Gegenwart dieser Unperson zulässig sind.

Außer jenen Leuten in der Dienstbotenrolle gibt es noch andere Personengruppen, die manchmal behandelt werden, als seien sie nicht da; die sehr jungen, die sehr alten und die Kranken sind allgemeine Beispiele. Darüber hinaus treffen wir heute eine wachsende Gruppe von technischem Personal an – protokollierende Stenotypistinnen, Rundfunktechniker, Photographen, Geheimpolizisten usw. – das bei wichtigen Zeremonien eine technische Rolle spielt, die nicht im Drehbuch steht.

Es scheint, als sei die Rolle der Unperson im allgemeinen mit einem gewissen Maß an Subordination und Respektmangel verbunden, aber wir dürfen nicht vergessen, in welchem Maße eine Person, der eine solche Rolle übertragen wird oder die sie übernimmt, diese Rolle als Schutz verwenden kann. Hinzuzufügen ist, daß Situationen eintreten können, in denen Untergebene einen Vorgesetzten nur dann richtig behandeln können, wenn sie ihn so behandeln, als sei er nicht anwesend. So wurde zum Beispiel auf der Shetland-Insel, wenn der britische Arzt, der aus einer vornehmen Schule kam, die Wohnungen armer Kleinpächter besuchte, manchmal die Schwierigkeit der Beziehung zwischen ihm und den Einheimischen dadurch gelöst, daß sie ihn, so gut es eben ging, ignorierten. Des weiteren behandelt ein

Ensemble manchmal einen Einzelnen, als sei er nicht anwesend, und es tut dies nicht, weil es das natürliche Verhalten ist oder weil es keine andere Möglichkeit gibt, sondern um in pointierter Weise jemanden abzulehnen, der sich inkorrekt verhalten hat. In derartigen Situationen besteht das Wichtige des Schauspiels darin, daß man dem Ausgestoßenen zeigt, daß man ihn ignoriert; die Handlungen selbst, die ausgeführt werden, um dies zu demonstrieren, können von sekundärer Bedeutung sein.

Wir haben uns mit einigen Personen-Typen beschäftigt, die im einfachen Sinne weder Darsteller noch Zuschauer noch Außenseiter sind und einen Zugang zu Informationen und Regionen haben, den wir bei ihnen nicht erwartet hätten. Wenden wir uns jetzt vier weiteren abweichenden Rollen zu, bei denen es sich im wesentlichen um Personen handelt, die während einer Darstellung nicht anwesend sind, über die wir aber unerwartete Informationen besitzen.

Eine wichtige Rolle ist die des »Wartungsspezialisten«. Sie wird von Personen gespielt, die die materiellen wie geistigen Voraussetzungen für das Schauspiel liefern, das ihre Kunden vor anderen spielen. Einige dieser Mitarbeiter, wie Architekten und Möbelverkäufer, sind auf Bühnenbilder spezialisiert; andere, etwa Zahnärzte, Friseure und Dermatologen, beschäftigen sich mit der persönlichen Fassade; wieder andere, wie Betriebswirte, Buchhalter und Forschungsbeauftragte, formulieren die Tatsachen, die in der mündlichen Darstellung eines Kunden eine Rolle spielen, das heißt die Argumentationslinie oder die intellektuelle Position des Ensembles.

Konkrete Forschungen haben ergeben, daß Wartungsspezialisten kaum die Bedürfnisse eines einzelnen Darstellers befriedigen können, wenn sie nicht ebensoviele oder mehr destruktive Informationen über einige Aspekte seiner Darstellung erwerben, wie er selbst besitzt. Wartungsspezialisten sind insoweit Mitglieder des Ensembles, als sie die Geheimnisse des Schauspiels kennenlernen und es von der Hinterbühne aus sehen. Im Gegensatz zu richtigen Ensemblemitgliedern trägt der Spezialist jedoch nicht das Risiko, sich vor einem Publikum darzustellen; und im Gegensatz zu den Ensemblemitgliedern erfahren die anderen, obgleich er ihre Geheimnisse erfährt, keine entsprechenden Geheimnisse über ihn. In diesem Zusammenhang können wir verstehen, warum der Berufskodex den Spezialisten oft zur »Verschwiegenheit« verpflichtet. So sind beispielsweise Psychotherapeuten, die indirekt so weitgehend an dem häuslichen Krieg unserer Zeit teilnehmen, verpflichtet, über alles Stillschweigen zu bewahren, es sei denn, es handelt sich um ihre Vorgesetzten.

Hat der Spezialist einen höheren allgemeinen Sozialstatus als die, denen er seine Dienste zur Verfügung stellt, so mag durch die konkreten Einzelheiten, die er über seine Kunden erfährt, bestätigt werden, wie er sie sozial einstuft. In manchen Situationen wird das zu einem bedeutsamen Faktor, um den Status quo aufrechtzuerhalten. So merken in amerikanischen Kleinstädten Bankiers des oberen Mittelstandes, daß die Inhaber mancher kleiner Geschäftsbetriebe aus Steuergründen eine Fassade errichten, die mit ihren Bankgeschäften unvereinbar ist. Andere Geschäftsleute stellen in der Öffentlichkeit einen zuversichtlichen Anschein von Liquidität zur Schau und suchen privat demütig verwirrt um ein Darlehen nach. Ärzte der Mittelklasse, die karitativ tätig sind, sind in ähnlicher Lage, weil es dem Angehörigen der unteren Klasse unmöglich ist, sich vor dem Blick eines Höhergestellten zu verbergen. Ebenso weiß der Hausbesitzer, daß alle seine Mieter so tun, als bezahlten sie ihre Miete immer rechtzeitig, daß dies aber bei einigen Mietern nur ein Schauspiel ist. (Auch wenn man kein Wartungsspezialist ist, bekommt man gelegentlich ähnlich desillusionierende Einblicke. In vielen Betrieben sieht sich die Geschäftsleitung genötigt, das Schauspiel emsiger Kompetenz zu beobachten, das vom Personal dargeboten wird, obgleich vielleicht insgeheim bereits eine zutreffende und niedrige Einschätzung einiger ihrer Untergebenen vorliegt.)

Manchmal stellt sich natürlich heraus, daß der allgemeine Sozialstatus des Kunden höher ist als derjenige der Spezialisten, die damit beauftragt sind, seine Fassade zu wahren. In solchen Fällen begegnen wir einem interessanten Statusdilemma, wobei auf der einen Seite hoher Status und niedrige Informationskontrolle, auf der anderen niedriger Status und hohe Informationskontrolle stehen. In solchen Fällen ist es möglich, daß der Spezialist von den Schwächen des Schauspiels seiner Übergeordneten zu stark beeindruckt wird und seine eigenen Schwächen vergißt. Er steht dabei aus den gleichen Gründen der »besseren« Welt zynisch gegenüber, die ihn indirekt mit ihr vertraut machen. So erfährt der Hausmeister auf Grund seiner Dienstleistungen, was für Alkoholika die Mieter trinken, was sie essen, was für Briefe sie bekommen, welche Rechnungen sie schuldig bleiben, ob die Dame des Hauses ihre Periode hat und wie sauber die Mieter Küche, Badezimmer und sonstige Hinterregionen halten[9]. Genauso erfährt der Tankwart, daß der Mann, der im neuen Cadillac vorfährt, Benzin für einen Dollar verlangt, eine billigere Benzinmarke benützt, oder versucht, aus der Tankstelle Wartungsarbeiten umsonst herauszuschinden. Er weiß auch, daß das Wissen über Automobile, das einige Männer zur Schau stellen, falsch ist und daß sie weder die Defekte ihres Autos richtig erkennen, obwohl sie es behaupten, noch fachmännisch an eine Zapfsäule heranfahren können. Ebenso merken Kleiderverkäufer, daß die Kunden, von denen sie es am wenigsten erwartet hätten, bisweilen schmutzige Unterwäsche tragen und daß sie ein Kleidungsstück mit großer Selbstverständlichkeit danach beurteilen, ob es auch ihr wahres Aussehen verbirgt. Die Verkäufer von Herrenbekleidung können beobachten, daß die Behauptung vieler Männer, es sei ihnen egal, wie sie aussehen, häufig Theater ist und daß schweigsame Männer einen Anzug nach dem anderen und einen Hut nach dem anderen anprobieren, bis sie im Spiegel so aussehen, wie sie sich selbst sehen wollen. Auch Polizisten schließen aus den Dingen, die angesehene Geschäftsleute von ihnen erwarten oder gerade nicht erwarten, daß die Säulen der Gesellschaft auf wackeligen Fundamenten stehen[10]. Zimmermädchen in Hotels entdecken, daß die Gäste, die ihnen auf dem Korridor nachstellen, nicht ganz so sind, wie es ihr gemessenes Verhalten im Speisesaal vermuten läßt[11]. Hoteldetektive finden beispielsweise im Papierkorb zwei unbenützte Entwürfe für den Abschiedsbrief eines Selbstmörders:

> Geliebte –
> bis Du diesen Brief bekommst, werde ich da sein, wo mir nichts, das Du zu tun imstande bist, weh tun wird –
> Wenn Du dies liest, wird mir nicht mehr weh tun können, was Du tust[12].

Sie stellen also fest, daß die letzten Gefühle eines verzweifelten Menschen, der zu keinem Kompromiß mehr bereit war, ein klein wenig geprobt waren, um genau den richtigen Ton zu treffen, daß sie also nicht ganz so endgültig waren. Wartungsspezialisten zweifelhaften Rufes, die ihr Büro in der Hinterregion der Stadt haben, damit man die Kunden nicht sieht, die ihre Hilfe suchen, sind offenbar ein weiteres Beispiel. In den Worten von E. C. Hughes:

> Eine in der Romanliteratur beliebte Szene schildert die Dame von

Stand, die einsam und verschleiert eine Wahrsagerin oder eine Hebamme mit zweifelhafter Moral in den dunklen Bezirken der Stadt aufsucht. Die Anonymität mancher Stadtteile erlaubt es den Menschen, spezielle Hilfeleistungen legitimer, peinlicher oder illegitimer Art bei Personen zu suchen, mit denen zusammen sie von Mitgliedern ihrer eigenen Gesellschaftskreise nicht gesehen werden wollen[13].

Der Spezialist kann natürlich seine Anonymität mit sich herumtragen, wie es der Kammerjäger tut, der annonciert, er werde im neutralen Auto zum Haus seines Kunden kommen. Jede Garantie für Anonymität bedeutet mithin zugleich die unmißverständliche Unterstellung, der Kunde sei auf Anonymität angewiesen und bereit, von ihr Gebrauch zu machen.

Es ist klar, daß der Spezialist für die anderen, deren Darstellungen er durch seine Arbeit von der Hinterbühne aus beobachtet, eine Störung ist. Betrachten wir eine Vorstellung anderer Art, außerdem andere Folgen: Immer wieder ist festzustellen, daß Kunden einen Spezialisten nicht beschäftigen, damit er sie bei ihrem Schauspiel unterstütze, das sie für andere inszenieren, sondern um jenes Schauspiels willen, das darin besteht, daß man von einem Spezialisten bedient wird. Viele Frauen scheinen zum Friseur zu gehen, um zuvorkommend bedient und ›Gnädige Frau‹ genannt zu werden, und nicht nur, weil ihr Haar gelegt werden muß. Man hat beispielsweise bisweilen behauptet, im hinduistischen Indien sei die Beschaffung der richtigen Dienstleistungsspezialisten für rituell wichtige Aufgaben von entscheidender Bedeutung, um eigene Kastenzugehörigkeit zu bestätigen[14]. In solchen Fällen mag der Darsteller daran interessiert sein, durch den Spezialisten, der ihm dient, bekanntzuwerden, und nicht durch das Schauspiel, das er auf Grund der Dienstleistung später inszenieren kann. Wir stellen dann fest, daß besondere Spezialisten auftauchen, welche Bedürfnisse befriedigen, die zu beschämend sind, als daß sie der Kunde jenen Spezialisten vortragen könnte, vor denen er sich sonst nicht schämt. So sieht sich der Patient durch das Schauspiel, das er seinem Arzt vorspielt, bisweilen gezwungen, den Apotheker aufzusuchen, wenn er Abtreibungsmittel, Verhütungsmittel oder Medikamente gegen Geschlechtskrankheiten braucht[15]. Aus demselben Grunde mag in Amerika einer, wenn er in unerfreuliche Streitigkeiten verwickelt ist, seine Schwierigkeiten lieber einem Neger-Anwalt vortragen, weil er sich vor einem weißen Anwalt schämen würde[16].

Es ist offensichtlich, daß Wartungsspezialisten, die im Besitz anvertrauter Geheimnisse sind, auch in der Lage sind, ihr Wissen auszunützen, um sich Zugeständnisse des Darstellers, dessen Geheimnisse sie kennen, einzuhandeln. Das Gesetz, das Berufsethos und ein aufgeklärter Egoismus halten oftmals die gröberen Formen der Erpressung im Zaum, aber kleine Zugeständnisse, die in vorsichtiger Form erbeten werden, können häufig nicht durch diese Art der sozialen Kontrolle eingeschränkt werden. Vielleicht stellt die Tendenz, Anwälten, Buchhaltern, Wirtschaftsprüfern und anderen Spezialisten, die den Darsteller mit den nötigen Fakten versorgen, eine Kaution zu zahlen, und sie in die Firma einzubeziehen, den Versuch dar, sich ihrer Verschwiegenheit zu versichern. Sind diese Spezialisten einmal Teil der Organisation geworden, können vermutlich neue Methoden ins Spiel gebracht werden, um ihre Zuverlässigkeit nachzuweisen. Nimmt man den Spezialisten in die eigene Organisation und gar in das eigene Ensemble auf, dann ist auch die Gewähr dafür größer, daß er seine Talente im Interesse des eigenen Schauspiels einsetzt und nicht für zwar lobenswerte aber irrelevante Dinge, wie etwa die möglichst umfassende Sicht eines Problems oder das Vorbringen interessanter theoretischer Daten vor einem professionellen Publikum[17].

Es muß noch eine Bemerkung über eine Variante der Spezialistenrolle, den »Ausbildungsspezialisten«, gemacht werden. Personen, die diese Rolle übernehmen, obliegt die komplizierte Aufgabe, den Darsteller darin zu unterrichten, wie man einen wünschenswerten Eindruck aufbaut; sie müssen aber zugleich die Rolle des zukünftigen Publikums übernehmen sowie durch Strafen die Folgen ungebührlichen Verhaltens sichtbar machen. Eltern und Lehrer sind wohl die grundlegenden Beispiele für diese Rolle in unserer Gesellschaft, die Feldwebel, von denen Offiziersanwärter ausgebildet werden, ein weiteres Beispiel.

Oft fühlen sich Darsteller in der Gegenwart eines Ausbilders, dessen Lektionen sie doch seit langem gelernt und als selbstverständlich angenommen haben, unsicher; Ausbilder rufen im allgemeinen beim Darsteller ein lebhaftes Bild seiner selbst wach, das er verdrängt hatte, das Bild eines Menschen, der mit dem schwierigen und peinlichen Prozeß des Sich-Entwickelns beschäftigt ist. Der Darsteller mag sich dazu zwingen, zu vergessen, wie töricht er einmal war, aber er kann es den Ausbilder nicht vergessen lassen. Riezler hat das für alle beschämenden Tatsachen nachgewiesen: »Wenn andere um eine Tatsache wissen, ist sie etabliert, und das Bild eines Menschen wird damit jenseits seiner eigenen Macht des Erinnerns und Vergessens gestellt.«[18] Vielleicht gibt es keine einfache, feste Haltung Personen gegenüber, die unsere gegenwärtige Fassade durchschaut haben – Personen, die »uns schon kannten, als ...« – wenn es gleichzeitig Personen sind, die für uns die Reaktion des Publikums symbolisieren müssen, und vielleicht können sie deshalb nicht als alte Ensemblemitglieder aufgenommen werden.

Wir haben den Wartungsspezialisten genannt, der kein Darsteller ist und dennoch Zugang zur Hinterbühne und zu destruktiven Informationen hat. Daneben gibt es noch die Rolle des »Vertrauten«. Vertraute sind Personen, denen der Darsteller seine Sünden beichtet und vor denen er unverhohlen zugibt, in welchem Sinne der Eindruck, den er während einer Vorstellung machte, nur ein Eindruck war. Im typischen Falle sind die Vertrauten Außenseiter und nehmen nur aus zweiter Hand am Geschehen auf der Vorder- und Hinterbühne teil. Einem solchen Menschen gibt zum Beispiel der Ehemann seinen täglichen Bericht vom Fortgang seiner Pläne im Büro, von seinen unausgesprochenen Gefühlen und Bluffversuchen; und wenn er einen Brief schreibt, in dem er sich um eine Stellung bewirbt, eine Stellung kündigt oder eine Stellung annimmt, ist er es, der den Entwurf durchliest, um sicher zu gehen, daß der Brief genau den richtigen Tonfall trifft; und wenn ehemalige Diplomaten oder ehemalige Boxer ihre Memoiren schreiben, werden die Leser hinter die Bühne geführt und dürfen zu einem geringen Grad die Rolle des Vertrauten in einem der großen Schauspiele spielen, das inzwischen allerdings längst zu Ende gegangen ist.

Eine Person, der sich ein anderer anvertraut, macht im Gegensatz zum Wartungsspezialisten keinen Beruf daraus, derartige Geständnisse entgegenzunehmen; er nimmt die Information an, ohne ein Honorar zu fordern, als Ausdruck der Freundschaft, des Vertrauens und der Wertschätzung, die der Informant für ihn fühlt. Wir können aber sehen, daß Kunden oft versuchen, ihre Spezialisten in Vertraute zu verwandeln (vielleicht um sich ihrer Verschwiegenheit zu versichern), besonders wenn die Arbeit des Spezialisten nur darin besteht, zuzuhören und zu antworten, wie das bei Priestern und Psychotherapeuten der Fall ist.

Eine dritte Rolle bleibt zu untersuchen. Wie der Spezialist und der Vertraute gewinnt auch der Kollege aus der Rolle, die er spielt, Informationen über eine Darstellung, der er nicht beiwohnt.

Kollegen kann man als Personen definieren, die vor einem gleichartigen Publikum die gleiche Rolle spielen, die aber nicht, wie es Ensemblemitglieder tun, gleichzeitig an ein und derselben Darstellung teilnehmen. Kollegen sind, wie man sagt, durch eine Schicksalsgemeinschaft verbunden. Da sie die gleiche Art von Darstellung inszenieren müssen, kennen sie gegenseitig ihre Schwierigkeiten und Ansichten. Sie sprechen meist die gleiche soziale Sprache, welche es auch immer sei; und wenn auch Kollegen, im Wettstreit um die Gunst der Zuschauer, einige strategische Geheimnisse voreinander verbergen, so können sie gewisse andere Dinge, die das Publikum nicht weiß, kaum verheimlichen. Die Fassade, so vor anderen aufrechterhalten, braucht im Kollegenkreis nicht aufrechterhalten zu werden; man kann sich entspannen. E. C. Hughes hat die Komplikationen dieser Art von Solidarität zusammengefaßt:

> Ein Teil des Arbeitskodex einer Stellung ist die Diskretion; sie erlaubt es Kollegen, vertrauliche Mitteilungen über ihr Verhältnis zu anderen Leuten auszutauschen. Unter diesen vertraulichen Mitteilungen findet man Ausdrücke des Zynismus über ihren Auftrag, ihre Fähigkeit und ihre Schwächen, wie die ihrer Vorgesetzten, ihrer Kunden, ihrer Untergebenen und der Öffentlichkeit überhaupt. Ein derartiger Zynismus entlastet den Einzelnen und wirkt zugleich als Schutz. Das unausgesprochene gegenseitige Vertrauen untereinander beruht auf zwei Annahmen über die Kollegen. Die erste ist, daß der Kollege einen nicht mißverstehen wird; die zweite, daß er nichts vor unberufenen Ohren wiederholen wird. Die Sicherheit, von einem neuen Kollegen nicht mißverstanden zu werden, wird durch ein Schattenboxen sozialer Gesten gewonnen. Der Eiferer, der das Schattenboxen in einen echten Kampf verwandelt, der eine freundliche Einweihungszeremonie zu ernst nimmt, ist kaum vertrauenswürdig genug für eine leichtherzige Art von Kommentar zur Arbeit oder für meine Zweifel und Befürchtungen; ebensowenig kann er die Teile des Arbeitskodex erlernen, die nur durch Andeutung und Geste weitergegeben werden.

Man kann ihm nicht vertrauen, denn obgleich er nicht zu strategischen Manövern fähig ist, steht er im Verdacht, anfällig für Verrat zu sein. Damit Menschen frei und zuversichtlich miteinander verkehren können, müssen sie einen großen Teil der Gefühle des anderen als selbstverständlich voraussetzen können. Sie müssen sich in ihrem Schweigen ebenso sicher fühlen wie in ihren Äußerungen [19].

Eine gute Beschreibung anderer Aspekte der kollegialen Solidarität gibt Simone de Beauvoir; ihre Absicht ist es, die besondere Lage der Frauen zu beschreiben; dabei gibt sie uns eine allgemeine Schilderung kollegialer Verhältnisse:

Die Frauenfreundschaften, die sie sich erhält oder zu schaffen weiß, werden recht wertvoll für eine Frau. Ihr Charakter ist ganz verschieden von den Beziehungen wie Männer sie unterhalten. Diese verkehren miteinander als selbständige Individuen vermittels Ideen, Entwürfen, an denen sie persönlich beteiligt sind. Die Frauen, die in der Allgemeinheit ihres Frauenschicksals gefangen bleiben, werden durch eine Art immanenter Mittäterschaft verbunden. Und was sie in erster Linie beieinander suchen, ist die Behauptung der Welt, die ihnen gemeinsam ist. Sie diskutieren nicht über Ansichten: sie tauschen Vertraulichkeiten und Rezepte aus. Sie schließen sich zusammen, um eine Art Gegen-Welt zu schaffen, deren Werte die der Männer übertrumpfen sollen. In ihrer Vereinigung finden sie die Kraft, an ihren Ketten zu rütteln. Sie leugnen die sexuelle Herrschaft des Mannes, indem sie einander ihre Frigidität anvertrauen, sich zynisch über die Begierden ihres Mannes oder über seine Ungeschicklichkeit lustig machen. Sie stellen auch ironisch die moralische und intellektuelle Überlegenheit ihres Gatten und der Männer überhaupt in Frage. Sie halten ihre Erfahrungen gegeneinander; Schwangerschaften, Niederkunft, Kinderkrankheiten, persönliche Erkrankungen, Hausfrauensorgen werden zu wesentlichen Ereignissen der Menschheitsgeschichte. Ihre Arbeit ist keine Technik. Indem sie sich Küchen- oder Haushaltsrezepte übermitteln, verleihen sie ihr die Würde einer Geheimwissenschaft, die auf mündlicher Überlieferung gründet [20].

Es sollte demnach offenkundig sein, warum Ausdrücke, mit denen man seine Kollegen bezeichnet, ebenso wie Ausdrücke, mit denen man seine Ensemblegenossen bezeichnet, zu Bezeichnungen der Eigengruppe werden, und warum Ausdrücke, die das Publikum bezeichnen, mit den Gefühlen der Fremdgruppe belastet sind.

Interessanterweise kann einem fremden Kollegen, der in Kontakt mit einem Ensemble kommt, eine Art von temporärer Mitgliedschaft im Ensemble ehrenhalber verliehen werden. Die Ensemblemitglieder behandeln ihren Besucher, als sei er plötzlich in sehr enge und langdauernde Beziehungen zu ihnen getreten. Was immer die Vorrechte ihres Vereins sein mögen, er erhält üblicherweise die Klubmitgliedschaft. Diese Höflichkeiten werden insbesondere dann erwiesen, wenn der Besucher und seine Gastgeber zufällig ihre Ausbildung in der gleichen Institution oder unter dem gleichen Ausbilder empfangen haben. Menschen, die eine Zeit im gleichen Haushalt, in der gleichen Schule, im gleichen Gefängnis, in der gleichen Elementarschule oder in der gleichen Kleinstadt verbracht haben, bieten deutliche Beispiele. Wenn sich die »alten Kameraden« treffen, mag es schwierig werden, hinter der Bühne keine Witzeleien zu machen, und das Ablegen der üblichen Pose kann zu einer Verpflichtung und zu einer eigenen Pose werden, aber es mag noch schwieriger sein, irgend etwas anderes zu tun.

Aus diesen Feststellungen ergibt sich die interessante Folgerung, daß ein Ensemble, auch wenn es seine Vorstellung ständig vor dem gleichen Publikum spielt, dennoch sozial von ihm weiter entfernt sein kann als von einem Kollegen, der vorübergehend mit dem Ensemble in Kontakt tritt. So kannten die Grundbesitzer auf der Shetland-Insel ihre Kleinpächternachbarn sehr gut, da sie seit frühester Kindheit die Grundbesitzerrolle vor ihnen spielten. Dennoch konnte ein sie besuchender Grundbesitzer, der die Insel mit den richtigen Einführungsbriefen betrat, im Laufe eines Nachmittagstees vertrauter mit der Grundbesitzerklasse werden als ein Kleinpächter während eines ganzen Lebens in ihrer Nachbarschaft; denn der Nachmittagstee der Grundbesitzer war die Hinterbühne der Beziehungen zwischen Grundherren und Pächtern. Hier wurden Witze über Kleinpächter gemacht, und das in deren Gegenwart übliche zurückhaltende Benehmen wurde durch standesgemäße gesellige Grobheiten ersetzt. Hier stellten sich die Grundbesitzer der Tatsache, daß sie in wesentlichen Dingen den Kleinpächtern sehr ähnlich und ihnen in unerwünschter Weise unähnlich waren, mit einem Humor, den viele Kleinpächter nicht bei ihnen vermutet hätten[21].

Man darf behaupten, die Wohlgesonnenheit, die ein Kollege dem anderen entgegenbringt, sei vielleicht eine Art von Friedensangebot: »Du verrätst uns nicht, und wir verraten dich auch nicht.« Das erklärt zum Teil, warum Ärzte und Geschäftsbesitzer oft denjenigen, die in irgendeiner Weise mit ihrem Beruf zu tun haben, Kollegenrabatte und Preisnachlässe gewähren. Wir haben es hier mit einer Art von Bestechung derjenigen zu tun, die gut genug informiert sind, um zu Kontrolleuren werden zu können.

Die Eigenart der Kollegialität erlaubt uns ein gewisses Verständnis für den sozialen Prozeß der Endogamie, der eine Familie einer bestimmten Klasse, Kaste, Berufstätigkeit, Religion oder Abstammung dazu veranlaßt, ihre Heiratsverbindungen auf Familien des gleichen Standes zu beschränken. Personen, die durch Heiratsbeziehungen verbunden sind, geraten in eine Position, von der aus sie hinter die Fassade des anderen sehen können; das ist immer peinlich, aber es ist weniger peinlich, wenn die Neuankömmlinge hinter der Bühne selbst die gleiche Art von Schauspiel gepflegt haben und an den gleichen destruktiven Informationen teilhatten. Durch eine Mesalliance wird jemand hinter die Bühne und in das Ensemble gebracht, der besser nach draußen oder mindestens in den Zuschauerraum gehörte.

Es ist bemerkenswert, daß familiäre Beziehungen zwischen Personen, die in einer Hinsicht Kollegen und infolgedessen durch gemeinsame solidarische Vertraulichkeit miteinander verbunden sind, sich nicht auf alle Lebensbereiche erstrecken müssen. Man hat manchmal das Gefühl, als überziehe ein Kollege, der in bestimmter Hinsicht weniger Macht oder Ansehen genießt, seinen berechtigten Anspruch auf Vertraulichkeit und bedrohe damit den sozialen Abstand, der auf Grund des anderen sozialen Ranges gewahrt bleiben muß. In der amerikanischen Gesellschaft werden Angehörige des Mittelstandes, die einer wenig angesehenen Minderheitengruppe angehören, häufig in dieser Art durch die Anmaßung ihrer Brüder mit noch niedrigerem Sozialstatus bedroht. So schreibt Hughes über Kollegenbeziehungen zwischen verschiedenen Rassen:

> Das Dilemma entspringt der Tatsache, daß es einerseits schlecht für die Berufsorganisation ist, wenn der Laie Spaltungen in ihren Reihen sieht, daß es aber andererseits schlecht für den Einzelnen sein kann, in den Augen seiner tatsächlichen oder potentiellen Patienten mit Personen, auch mit Kollegen, einer so verachteten Gruppe,

wie der Negergruppe, verbunden zu erscheinen. Die bevorzugte Methode, diesem Dilemma zu entgehen, ist die, alle Kontakte mit schwarzen Berufskollegen zu vermeiden[22].

Ebenso machen Arbeitgeber, die offensichtlich einer niedrigen Klasse angehören, wie das bei manchen amerikanischen Tankstellenbesitzern der Fall ist, häufig die Feststellung, daß ihre Angestellten erwarten, daß der ganze Betrieb im Stil der Hinterbühne betrieben werde und daß man Befehle und Anweisungen nur in bittender oder scherzhafter Weise gebe. Natürlich wird das für den Arbeitgeber um so schwieriger, je mehr Nicht-Kollegen die Situation in ähnlicher Weise vereinfachen, und wenn sie ihn womöglich zu sehr nach seinen Kollegen beurteilen. Aber auch hier haben wir es mit Fragen zu tun, die man nicht vollständig untersuchen kann, wenn man nicht den Bezugspunkt von einer Vorstellung auf die andere überträgt.

Geradeso wie einige Personen Schwierigkeiten bereiten, indem sie zuviel Aufhebens von ihrer Kollegeneigenschaft machen, tun dies andere zuwenig und wirken deshalb als Störenfriede. Es ist einem enttäuschten Kollegen immer möglich, zum Überläufer zu werden und dem Publikum die Geheimnisse des Stücks zu verraten, das seine ehemaligen Kollegen noch immer spielen. Jede Rolle hat ihre entlaufenen Priester, die uns erzählen, was im Kloster vor sich geht, und die Presse hat stets lebhaftes Interesse an derartigen Bekenntnissen und Enthüllungen bewiesen. So ist unter Umständen ein Arzt dazu bereit, zu veröffentlichen, wie seine Kollegen Honorare aufteilen, einander die Patienten stehlen und wie sie sich auf überflüssige Operationen spezialisieren, für die Apparate notwendig sind, die dem Patienten für sein Geld ein dramatisches medizinisches Schauspiel bieten[23]. In der Terminologie K. Burkes gesprochen, erhalten wir hier Informationen über die »Rhetorik der Medizin«:

> Wenden wir diese Aussage auf unseren Gegenstand an, so können wir beobachten, daß selbst die medizinischen Apparate in der Praxis eines Arztes nicht nur nach ihrer diagnostischen Nützlichkeit beurteilt werden dürfen, daß sie vielmehr auch eine Funktion innerhalb der Rhetorik der Medizin haben. Was immer der Apparat als Apparat sein mag, er hat auch seinen Reiz in der Bildersprache. Wenn jemand mit Hilfe verschiedener Meßgeräte, Skalen und Tabellen ausführlich beklopft, untersucht und abgehört worden ist, mag er befriedigt darüber sein, daß er als Patient an solch einem

Schauspiel teilnehmen durfte, obwohl in materieller Hinsicht nichts für ihn geschehen ist; hingegen könnte er sich betrogen fühlen, wenn er sich einer richtigen Kur ohne jeden Prunk hätte unterziehen müssen[24].

Natürlich muß in eingeschränktem Sinne immer dann, wenn ein Nichtkollege Vertrauter werden darf, irgend jemand Überläufer geworden sein.

Überläufer stellen sich oft auf einen moralischen Standpunkt und behaupten, es sei besser, den Idealen einer Rolle treu zu bleiben als den Darstellern, die sie zu Unrecht spielen. Eine andere Art der Enttäuschung begegnet uns, wenn jemand sich gehen läßt oder regressive Tendenzen entwickelt, und sich in keiner Weise bemüht, die Fassade zu bewahren, die seine Kollegen und sein Publikum auf Grund seines autorisierten Status von ihm erwarten. Von solchen Abtrünnigen sagt man, daß sie »das eigene Nest beschmutzen«. So waren die Einwohner der Shetland-Insel, die sich Besuchern aus der Außenwelt als fortschrittliche Landwirte darstellen wollten, ein wenig böse auf die paar Kleinpächter, denen das offenbar egal war, die sich nicht rasierten und nicht wuschen, die keinen Vorgarten anlegen wollten oder nicht bereit waren, das Binsendach ihrer Kate durch irgend etwas anderes, nicht so traditionell Bäuerisches zu ersetzen. Desgleichen gab es in Chicago einen Verein von Kriegsblinden, der in dem militanten Bestreben, keine Mitleidsrolle zu spielen, Patrouillen durch die Straßen schickte, um andere Blinde aufzuspüren, die das Nest beschmutzten, indem sie an Straßenecken um Almosen baten.

Eine letzte Bemerkung über Kollegialität muß angefügt werden. Es gibt einige Kollegengruppen, deren Mitglieder selten für das Wohlverhalten ihrer Kollegen verantwortlich gemacht werden. Mütter sind beispielsweise in einem gewissen Sinne eine Kollegengruppe, und dennoch scheinen üblicherweise die Missetaten oder Bekenntnisse einer Mutter wenig Einfluß auf den Respekt zu haben, den man anderen Mitgliedern der Gruppe entgegenbringt. Auf der anderen Seite gibt es Kollegengruppen, deren Mitglieder von Außenstehenden so stark miteinander identifiziert werden, daß der Ruf eines Mitglieds vom guten Verhalten der übrigen abhängig ist. Als Ursache und Wirkung derartiger Identifikationen stellen wir oft fest, daß die Mitglieder einer solchen Gruppe formal als Kollektiv organisiert sind, das die Berufsinteressen der Gruppe wahrzunehmen und die Disziplinargewalt über jedes Mitglied hat, bei dem die Gefahr besteht, es könne die Situationsbestimmung diskreditieren, die von den anderen Mitgliedern gefördert wird. Offenbar stellen Kollegen dieser Art eine Art von Ensemble dar, ein Ensemble, das sich von anderen Ensembles darin unterscheidet, daß seine Zuschauer keinen unmittelbaren persönlichen Kontakt zueinander haben und ihre Reaktionen erst dann austauschen können, wenn die Schaustellungen, die sie gesehen haben, vorbei sind. Ähnlich ist der abtrünnige Kollege eine Art von Verräter.

Die Folgerungen aus diesen Fakten über Kollegengruppen zwingen uns, den ursprünglichen Definitionsrahmen etwas zu modifizieren. Wir müssen als Randerscheinung das »schwache« Publikum einschließen, dessen Mitglieder während einer Vorstellung keinen persönlichen Kontakt miteinander haben, die aber schließlich doch ihre Reaktionen auf die Vorstellung, die sie unabhängig voneinander gesehen haben, vergleichen. Kollegengruppen sind gewiß nicht das einzige Darstellerensemble, das ein Publikum dieser Art vor sich hat. Ein Außenministerium kann in gleicher Weise den gegenwärtigen offiziellen Standpunkt für Diplomaten festlegen, die über die ganze Welt verteilt sind. Im strikten Einhalten dieser Linie und der engen Koordination der Art und des Zeitpunkts ihrer Handlungen fungieren diese Diplomaten offensichtlich als ein einziges Ensemble, das eine einzige Vorstellung auf der ganzen Welt darbietet, oder sie sollen doch so fungieren. Aber natürlich stehen in solchen Fällen die einzelnen Zuschauer nicht in unmittelbarem persönlichem Kontakt zueinander.

Kommunikation außerhalb der Rolle

Wenn sich zwei Ensembles voreinander darstellen, um in Interaktion zu treten, bemühen sich die Mitglieder jedes der beiden Ensembles im allgemeinen, den Eindruck zu erwecken, daß sie wirklich das seien, was sie zu sein behaupten; sie fallen nicht aus der Rolle. Die Vertraulichkeit der Hinterbühne wird unterdrückt, um zu vermeiden, daß das Zusammenspiel der verschiedenen Positionen zusammenbricht und sich plötzlich sozusagen alle Teilnehmer im selben Ensemble befinden und kein Publikum mehr haben. Im allgemeinen bemüht sich jeder, der an der Interaktion beteiligt ist, seine Rolle zu kennen und durchzuführen, so daß der Ausgleich zwischen Formalität und Informalität bestehenbleibt, der für die Interaktion gefunden wurde; dabei läßt er seinen eigenen Ensemblegenossen die gleiche Behandlung angedeihen wie denen des anderen Ensembles. Gleichzeitig bemüht sich jedes Ensemble darum, seine wirkliche Meinung über sich selbst und das andere Ensemble zu unterdrücken und statt dessen eine Selbstauffassung und Konzeption der anderen zu projizieren, die für diese einigermaßen akzeptabel ist. Um die Gewähr dafür zu schaffen, daß sich die Kommunikation in den einmal geschaffenen engen Bahnen vollzieht, ist jedes Ensemble bereit, das andere Ensemble stillschweigend und taktvoll in der Wahrung des Eindrucks zu unterstützen, den dieses hervorrufen will.

In Krisenmomenten kann allerdings plötzlich ein neuer Komplex von Motiven wirksam werden, und der bis dahin geschaffene soziale Abstand zwischen den Ensembles kann sich entscheidend vergrößern oder verringern. Wir können ein Beispiel aus einer Untersuchung über eine Krankenhausstation anführen, auf der Patienten, die an wenig bekannten Stoffwechselstörungen litten und für die man wenig tun konnte, experimentell behandelt wurden[1]. Angesichts der forschungsbedingten Anforderungen, die man an die Patienten stellte, und der allgemeinen Hoffnungslosigkeit der Prognose, wurde die sonst übliche scharfe Trennungslinie zwischen Arzt und Patient verwischt. Die Ärzte unterhielten sich des längeren respektvoll mit den Patienten über deren Symptome, und die Patienten begannen sich teilweise als Mitforscher zu fühlen. Im allgemeinen wird jedoch, wenn die Krise vorübergegangen ist, die frühere Arbeitsübereinstimmung – sei es auch unter verlegenem Schweigen – wiederhergestellt. Ebenso kann eine dargestellte Rolle bei plötzlicher Unterbrechung der Vorstellung, und besonders dann, wenn eine falsche Identifizierung aufgedeckt wird, plötzlich zusammenbrechen, wobei der Darsteller »sich vergißt« und einen verhältnismäßig ungeprobten Ausruf ausstößt. So berichtet die Frau eines amerikanischen Generals über einen Zwischenfall, der sich abspielte, als sie und ihr Gatte in Zivilkleidung an einem Sommerabend einen Ausflug in einem offenem Armee-Jeep machten:

> Das nächste, was wir hörten, waren quietschende Bremsen, als ein Wagen der Militärpolizei uns an den Straßenrand drängte. Die Militärpolizisten stiegen aus und kamen zu unserem Jeep herüber. »Sie fahren mit einer Frau in einem Militärwagen«, schrie der energischste unter den Soldaten, »zeigen Sie mal die Wagenpapiere her!«
>
> In der Armee darf natürlich niemand ein Armeefahrzeug ohne Wagenpapiere, in denen steht, wer die Benützung des Wagens gestattet hat, fahren. Der Soldat war sehr gründlich und verlangte auch Waynes Führerschein – ein weiteres Dokument, das Wayne hätte mitführen müssen.
>
> Er hatte natürlich weder einen Führerschein noch die Wagenpapiere. Aber auf dem Sitz neben sich hatte er seine Generalsmütze mit vier Sternen. Er setzte sie leise, aber schnell auf den Kopf, solange die Militärpolizisten in ihrem Wagen nach den Papieren suchten, mit denen sie Wayne jeder Übertretung, die es überhaupt gibt, zu beschuldigen trachteten. Sie fanden die Papiere, drehten sich wieder zu uns und blieben mit offenem Mund stehen. Vier Sterne!
>
> Bevor er überlegen konnte, rief der erste Soldat, der als einziger gesprochen hatte, »Mein Gott!«, und dann hielt er, wirklich erschrocken, die Hand vor den Mund. Er bemühte sich tapfer, sich so gut er konnte, aus einer üblen Situation zu befreien, indem er sagte: »Ich habe Sie nicht erkannt, Herr General.«[2]

In unserer Gesellschaft fungieren Ausdrücke wie »Mein Gott«, »Gott im Himmel« oder deren mimische Äquivalente oft als das Eingeständnis des Darstellers, daß er sich momentan in einer Situation befindet, in der offensichtlich keine dargestellte Rolle durchgehalten werden kann. Solche Ausdrücke stellen eine Extremform der Kommunikation außerhalb der Rolle dar, und sie sind gleichzeitig so konventionell geworden, daß sie schon fast Darstellung einer Bitte um Verzeihung sind, die ausdrücken will, wir alle seien schlechte Schauspieler.

Derartige Krisen sind jedoch nicht die Regel; die Regel ist die Übereinstimmung während der Arbeit und das Einhalten der Rolle in der Öffentlichkeit. Aber unterhalb der Ebene dieses typischen »Gentleman's Agreement« laufen gebräuchliche, wenn auch weniger sichtbare Kanäle der Kommunikation. Wenn es sich hierbei nicht um Unterströmungen handelte, wenn gewisse Vorstellungen offiziell, statt heimlich übermittelt würden, so könnten sie die Situationsbestimmung, die offiziell von den Teilnehmern entworfen wird, widerlegen und in Mißkredit bringen. Untersucht man ein soziales Gefüge, so findet man fast immer diese widersprüchlichen Gefühle. Sie demonstrieren, daß immer Situationen entstehen können, in denen der Darsteller einem oder zwei Anwesenden die Erkenntnis vermittelt, daß das Schauspiel, an dem er teilnimmt, nur ein Schauspiel ist, auch wenn er sich in gutem Glauben so verhält, als sei seine Reaktion spontan, unreflektiert und direkt.

Daß Kommunikation auch außerhalb der Rolle möglich ist, läßt es begründet und angemessen erscheinen, Darstellungen unter dem Gesichtspunkt der an ihnen teilnehmenden Ensembles und unter dem Gesichtspunkt potentieller Unterbrechungen der Interaktion zu untersuchen. Ich muß noch einmal betonen, daß ich nicht behaupten will, die inoffiziellen Kommunikationen sagten in irgendeinem Sinne mehr über die wirkliche Realität als die offiziellen Kommunikationen, denen sie widersprechen; es geht nur darum, daß der Darsteller im typischen Fall an beiden Kommunikationsarten teilhat und daß er bei dieser doppelten Teilnahme vorsichtig manipulieren muß, um offizielle Darstellungen nicht zu diskreditieren. Von den vielen Kommunikationstypen, an denen sich der Darsteller beteiligt und in denen Informationen übermittelt werden, die mit dem offiziell während der Interaktion geschaffenen Eindruck unvereinbar sind, sollen vier untersucht werden: Behandlung der Abwesenden, Regieanweisungen, Verschwörungen des Ensembles und Handlungen, die der Neugruppierung dienen.

Behandlung der Abwesenden

Wenn sich die Mitglieder eines Ensembles hinter die Bühne zurückziehen, wo das Publikum sie weder sehen noch hören kann, setzen sie in der Regel das Publikum in einer Weise herab, die mit der Behandlung, die sie dem Publikum während seiner Anwesenheit zuteil werden lassen, unvereinbar ist. Im Dienstleistungsgewerbe werden beispielsweise Kunden, die man während der Darstellung respektvoll behandelt, verhöhnt, ausgelacht, karikiert und beschimpft, wenn sich die Darsteller hinter der Bühne befinden; hier mögen auch Pläne ausgeheckt werden, um ihnen »etwas anzudrehen« oder »Tricks« gegen sie anzuwenden, oder sie zu beruhigen [3]. So gab man in der Küche des Shetland-Hotels den Gästen herabsetzende Geheimnamen; ihre Stimme, ihre Ausdrucksweise und ihre Gesten ahmte man zum Vergnügen oder um sie zu kritisieren, genau nach; das Lächerliche in ihnen, ihre Schwächen und ihren Sozialstatus diskutierte man mit wissenschaftlicher Sorgfalt; ihre Bitten um kleinere Dienstleistungen beantwortete man, wenn sie außer Gesichts- und Hörweite waren, mit Grimassen und Flüchen. Die Beschimpfungen wurden von den Gästen aufgewogen, die in ihrem eigenen Kreis das Personal als schlampige Schweine, primitive Typen und geldgierige Bestien beschrieben. Wenn sie jedoch direkt miteinander sprachen, erwiesen Personal und Gäste einander gegenseitiges Wohlwollen und freundliche Gesinnung. Es gibt auch nur sehr wenige Freundschaften, in denen nicht gelegentlich die Einstellung zum Freund, die hinter dessen Rücken zum Ausdruck kommt, in grober Form von derjenigen abweicht, die man ihm zeigt.

Manchmal begegnet uns natürlich auch das Gegenteil davon, und die Darsteller loben ihr Publikum in einer Art und Weise, die ihnen in seiner Gegenwart nicht statthaft erschiene. Aber geheime Herabsetzung scheint weitaus häufiger zu sein als geheimes Lob, vielleicht, weil solches Herabsetzen hilft, die Solidarität des Ensembles zu festigen, gegenseitige Wertschätzung auf Kosten der Abwesenden auszudrükken und unter Umständen die Einbuße an Selbstsicherheit auszugleichen, die eintreten kann, wenn man dem Publikum von Angesicht zu Angesicht gegenübersteht.

Zwei weitverbreitete Techniken der Herabsetzung abwesender Zuschauer seien angedeutet. Zunächst einmal werden die Darsteller in der Region, in der sie vor den Zuschauern erscheinen werden, wenn das Publikum gegangen oder noch nicht eingetroffen ist, bisweilen eine satirische Version ihrer Interaktion mit dem Publikum spielen, wobei einige Mitglieder des Ensembles die Rolle des Publikums übernehmen. Frances Donovan beschreibt beispielsweise die Quellen des Amüsements, die sich der Verkäuferin eröffnen, folgendermaßen:

> Auch wenn sie nicht beschäftigt sind, bleiben die Mädchen nicht lange voneinander fern. Eine scheinbar unwiderstehliche Anziehungskraft führt sie wieder zusammen. Bei jeder Gelegenheit spielen sie das »Kundenspiel«, ein Spiel, das sie erfunden haben und dessen sie anscheinend nie müde werden – ein Spiel, dessen karikaturistische und komische Leistungen ich noch nie besser auf irgendeiner Bühne gesehen habe. Ein Mädchen spielt die Rolle der Verkäuferin und ein anderes die der Kundin, die ein Kleid sucht, und gemeinsam spielen sie eine Komödie, die jedes Varietépublikum begeistern würde[4].

Eine ähnliche Situation beschreibt Dennis Kincaid in seiner Untersuchung des gesellschaftlichen Kontakts, den die Einheimischen für die Engländer in der Frühzeit der britischen Herrschaft über Indien arrangierten:

> Wenn die jungen Kommissionäre an diesen Gesellschaften wenig Vergnügen fanden, so waren ihre Gastgeber trotz aller Freude, die sie bei anderer Gelegenheit an der Grazie Rajis und dem Witz Kalianis gehabt hätten, bevor die Gäste gegangen waren, zu unsicher, um sich ihrer eigenen Gesellschaft zu erfreuen. Dann aber folgte eine Unterhaltung, von der nur wenige der englischen Gäste etwas ahnten. Die Türen wurden geschlossen, und die Tanzmädchen, wie alle Inder ausgezeichnete Imitatoren, ahmten die gelangweilten Gäste nach, die gerade gegangen waren; die ungemütliche Spannung der letzten Stunde entlud sich hierauf in Ausbrüchen glücklichen Gelächters. Während die englischen Kutschen nach Hause trabten, wurden Raji und Kaliani nach englischer Mode ausstaffiert und führten mit indezenten Übertreibungen englische Tänze vor, jene Menuette und Gavotten, die in englischen Augen so

unschuldig und natürlich, so verschieden von den suggestiven Posen der indischen Tänzerinnen erschienen, die aber den Indern einfach skandalös vorkamen [5].

Unter anderem scheint in dieser Tätigkeit eine Art rituelle Entheiligung der Vorderbühne wie des Publikums zu liegen [6].

Zweitens taucht häufig durchgehend eine Diskrepanz zwischen Bezeichnung und Anrede auf. In Gegenwart des Publikums neigen die Darsteller dazu, die höflichere Anredeform zu gebrauchen. Dazu gehört in der amerikanischen Gesellschaft ein höflicher formeller Ausdruck wie »Sir« oder »Mister Soundso«, oder ein herzlich-familiärer Ausdruck, wie etwa der Vorname oder ein Spitzname, wobei der Grad der Vertraulichkeit sich nach den Wünschen der angesprochenen Person richtet. In ihrer Abwesenheit werden die Zuschauer dann meist mit dem bloßen Nachnamen, dem Vornamen, sofern dies in ihrer Anwesenheit nicht erlaubt ist, Spitznamen oder einer herabsetzenden Aussprache des vollen Namens bezeichnet. Manchmal werden Zuschauer nicht einmal mit einem herabsetzenden Namen, sondern mit einem Kodewort bezeichnet, das sie gänzlich in eine abstrakte Kategorie einreiht. So nennen Ärzte einen abwesenden Patienten »der Herzfehler« oder »die Leber«, und Friseure bezeichnen ihre Kunden unter sich oft nur nach deren Haar. Das Publikum kann in seiner Abwesenheit auch mit einem Kollektivausdruck belegt werden, in dem sich Abstand und Herabsetzung kombinieren, wodurch die Trennung zwischen Gruppenangehörigen und Außenseitern betont wird. Amerikanische Jazzmusiker nennen ihr Publikum »Squares«, Sekretärinnen ihre ausländischen Kolleginnen G. R.'s [7]; amerikanische Soldaten bezeichnen englische Soldaten, mit denen sie zusammenarbeiten, insgeheim als »Limeys« [8]; Ausrufer vor Jahrmarktsbuden wenden sich an Leute, die sie privat als Dummköpfe, Eingeborene oder Städter bezeichnen; und Juden spielen ihre Rolle vor einem Publikum von Gojim, während Neger unter sich häufig von Weißen als von »Ofays« sprechen. In einer ausgezeichneten Studie über Taschendiebbanden ist eine ähnliche Tatsache herausgearbeitet:

Die Taschen des Opfers sind für den Taschendieb, nur weil sie Geld enthalten, wichtig. In der Tat sind die Taschen so symbolisch für das Opfer wie für sein Geld geworden, daß ein Opfer sehr häufig – vielleicht meistens – nach seiner Tasche benannt wird, also als eine linke Hosentasche, eine Gesäßtasche oder eine Innentasche, die bei einer bestimmten Gelegenheit ausgenommen wurde. Das Opfer wird unter dem Aspekt der Tasche, wegen der es bestohlen wurde, betrachtet, und diese Bildersprache ist der ganzen Bande gemeinsam[9].

Der grausamste Fall liegt vielleicht dann vor, wenn jemand darum bittet, mit einem vertraulichen Namen angesprochen zu werden, und wenn dies in seiner Anwesenheit dann auch tolerant geschieht, er jedoch, wenn er abwesend ist, mit einem formellen Titel bezeichnet wird. So wurde auf der Shetland-Insel einem Besucher, der die Einheimischen darum bat, ihn mit dem Vornamen anzureden, dieser Gefallen in seiner Anwesenheit manchmal erwiesen, wenn er aber nicht anwesend war, wurde er durch eine formelle Bezeichnung wieder dahin geschoben, wo er in ihren Augen hingehörte.

Ich habe zwei klassische Formen angedeutet, in denen Darsteller ihr Publikum herabsetzen – parodistisches Rollenspiel und die unschmeichelhafte Benennung. Noch weitere Formen sind üblich. Wenn kein Zuschauer anwesend ist, können die Mitglieder des Ensembles zynisch oder rein technisch über Aspekte ihrer Rolle sprechen und sich so nachdrücklich selbst beweisen, daß sie nicht die Einstellung, die sie dem Publikum darbieten, zu ihrer Tätigkeit haben. Wissen die Ensemblemitglieder, daß das Publikum eintrifft, so können sie ihre Vorstellung absichtlich bis zur letzten Minute aufschieben, so lange, bis das Publikum beinahe Einblick in die Vorgänge hinter der Bühne gewinnt. Ebenso kann sich das Ensemble, sobald das Publikum gegangen ist, mit größter Eile in die entspannte Atmosphäre der Hinterbühne stürzen. Durch dieses absichtlich rasche Sich-Umstellen ist das Ensemble in der Lage, das Publikum herabzuwürdigen oder zu entweihen oder sich gegen die Verpflichtung aufzulehnen, vor dem Publikum ein Schauspiel abzuziehen, oder die Trennungslinie zwischen Ensemble und Publikum zu betonen, und zwar ohne jemals wirklich vom Publikum ertappt zu werden. Eine weitere typische Aggression gegen die Abwesenden erfährt das Mitglied des Ensembles, das im Begriff ist, seine Gruppe zu verlassen (oder auch nur den Wunsch hat, dies zu tun) und sich in die Ränge des Publikums zu begeben. Es kann dann so behandelt werden, als gehöre es schon nicht mehr zum Ensemble, und die anderen können es straflos mit Beschimpfungen und Vertraulichkeiten überhäufen, die gleichzeitig dem ganzen Publikum zugedacht sind. Ein letztes Beispiel der Aggression sind jene Fälle, in denen ein Zuschauer offiziell in das Ensemble aufgenommen wird. Auch er kann auf scherzhafte Art schlecht behandelt werden, man »macht ihm das Leben schwer«, und das aus den gleichen Motiven, aus denen ihn die Mitglieder seines früheren Ensembles, das er gerade verlassen hat, auch schon geneckt und verspottet hatten[10].

Die behandelten Techniken der Herabsetzung weisen auf die Tatsache hin, daß das, was über einen Menschen beziehungsweise zu ihm gesagt wird, in seiner Anwesenheit freundlicher ausfällt als hinter seinem Rücken. Dies scheint eine der möglichen grundlegenden Aussagen über Interaktionen zu sein, aber wir sollten nicht in unserer allzumenschlichen Natur die Erklärung dafür suchen. Wie oben angedeutet wurde, dient die Herabsetzung des Publikums hinter der Bühne dazu, die Moral des Ensembles zu festigen. Wenn das Publikum anwesend ist, wird es nicht allein um seiner selbst willen notwendig, es rücksichtsvoll zu behandeln, sondern um einen friedlichen und ordentlichen Fortgang der Interaktion zu gewährleisten. Die »wirklichen« Gefühle (seien es positive oder negative), die ein Darsteller den Zuschauern gegenüber hegt, scheinen wenig damit zu tun zu haben; sie bestimmen weder, wie der Zuschauer in seiner Gegenwart behandelt wird, noch, wie er hinter seinem Rücken behandelt wird. Es mag wahr sein, daß die Tätigkeit hinter der Bühne oft die Form des Kriegsrats annimmt; aber wenn sich die beiden Ensembles auf dem Feld der Interaktion treffen, scheinen sie sich im allgemeinen weder zu friedlichen noch zu kriegerischen Zwecken zu treffen. Sie befinden sich in einem zeitweiligen Waffenstillstand, einer Übereinstimmung, die es ihnen möglich macht, ihre Geschäfte zu erledigen.

Regieanweisungen und Inszenierungsgespräche

Wenn die Mitglieder eines Ensembles keine Zuschauer vor sich haben, dreht sich die Diskussion häufig um Fragen der Inszenierung und Regie. Es werden Fragen über den Zustand des Zeichenrepertoires aufgeworfen; Standpunkte, Handlungsrichtungen und Positionen werden vorgeschlagen und von der Mitgliederversammlung »geklärt«; Vor- und Nachteile der zur Verfügung stehenden Vorderbühnen werden analysiert; Größe und Art des möglichen Publikums für eine Vorstellung werden überdacht; es wird von Störungen der Vorstellung in der Vergangenheit und möglichen Störungen in der Zukunft gesprochen; es werden Neuigkeiten über das Ensemble der Kollegen ausgetauscht; man unterhält sich über die Aufnahme, die die letzte Vorstellung gefunden hat; frühere wunde Stellen werden behandelt und die Zuversicht für die nächste Vorstellung gestärkt.

Regieanweisungen und Gespräche über Inszenierungen sind unter den Namen »Klatsch«, »Berufsgeheimnisse« oder dergleichen ein bekanntes Phänomen. Ich betone es hier, weil es auf die Tatsache hinweist, daß Personen mit sehr verschiedenen sozialen Rollen in der gleichen Atmosphäre dramaturgischer Erfahrungen leben. Die Vorträge, die Schauspieler und Professoren halten, sind sehr verschieden, aber die Art, wie sie über ihre Vorträge sprechen, ist die gleiche. In einem erstaunlichen Ausmaß sind die Vortragenden vor ihrem Auftritt bereit, ihren Freunden genau zu erzählen, was das Publikum interessieren und was es nicht interessieren wird, was Anstoß erregen wird und was nicht; nach dem Vortrag sprechen alle Vortragenden mit ihren Freunden über den Raum, in dem sie gesprochen haben, das Publikum, das sie angezogen haben, und die Aufnahme, die sie gefunden haben. Derartige Gespräche wurden bereits in den Abschnitten über die Tätigkeit hinter der Bühne und über Kollegensolidarität besprochen und brauchen hier nicht mehr im einzelnen behandelt zu werden.

Ensemble-Verschwörung

Wenn ein Teilnehmer während der Interaktion etwas mitteilt, erwarten wir von ihm, daß er nur durch den Mund der Rolle spricht, die er spielt, und alle seine Bemerkungen offen an alle Anwesenden richtet, so daß ihnen der gleiche Status als Kommunikationsempfänger zuteil wird. So wird beispielsweise Flüstern häufig als unpassend empfunden und verboten, denn es kann den Eindruck zerstören, der Darsteller sei nur das, was er zu sein scheint, und die Dinge seien so, wie er behauptet[11].

Trotz der Erwartung, daß alles, was der Darsteller sagt, mit der Situationsbestimmung, die er entwirft, übereinstimmt, kann er im Verlauf einer Interaktion vieles mitteilen, das aus der Rolle fällt, ohne daß es das ganze Publikum merkt. Personen, die in diesen geheimen Kommunikationskreis aufgenommen werden, stehen zueinander in einer verschwörerischen Beziehung gegenüber den übrigen Teilnehmern. Wenn sie voreinander eingestehen, daß sie bedeutsame Geheimnisse vor den anderen Anwesenden bewahren, bekennen sie einander, daß das Schauspiel der Offenherzigkeit, das in der Behauptung liegt, sie seien nur die, die sie darstellen, eben nur ein Schauspiel ist. Durch derartige Nebenhandlungen können Darsteller die Solidarität, die sie hinter der Bühne verbindet, auch während einer Vorstellung bestätigen und straflos Dinge über das Publikum und über sich selbst zum Ausdruck bringen, die für die Zuschauer unannehmbar wären. Ich werde als »Ensemble-Verschwörung« jede derartige Kommunikation bezeichnen, die durch die Art, wie sie mitgeteilt wird, keine Bedrohung für die vor dem Publikum erzeugte Illusion darstellt. Eine wichtige Art der Ensemble-Verschwörung läßt sich in dem System geheimer Signale finden, durch das die Darsteller unauffällig wichtige Nachrichten, Hilferufe und andere Dinge weitergeben und empfangen können, die für die erfolgreiche Darstellung von Belang sind. Im typischen Fall gehen diese Regieanweisungen vom Regisseur aus oder sind für ihn bestimmt, und seine Aufgabe der Manipulation von Eindrücken wird durch diese Mitteilungen wesentlich vereinfacht. Regieanweisungen stellen häufig die Beziehung zwischen den Darstellern und denen, die hinter der Bühne organisatorische Hilfestellung geben, her. So kann die Gastgeberin mit Hilfe einer Fußglocke Anweisungen an das Küchenpersonal weitergeben, während sie anscheinend ganz mit der Tischkonversation beschäftigt ist. Auch bei Rundfunk- und Fernsehproduktionen wird ein Zeichenvokabular angewandt, durch das die Techniker sich mit den Darstellern insbesondere über deren Zeiteinteilung verständigen, ohne daß dem Publikum bewußt wird, daß es neben der Kommunikation, die offiziell zwischen Darstellern und Publikum besteht, noch ein zweites Kommunikationssystem gibt. Ebenso werden in Büros Direktoren, die daran interessiert sind, Besprechungen schnell und doch taktvoll abzubrechen, ihre Sekretärinnen darauf trainieren, Besprechungen im richtigen Moment und mit der richtigen Ausrede zu unterbrechen. Ein weiteres Beispiel kann aus amerikanischen Schuhgeschäften angeführt werden. Manchmal wird ein Kunde, der einen größeren Schuh als den verfügbaren oder den passenden haben will, folgendermaßen behandelt:

Um den Kunden von der Dehnbarkeit des Schuhs zu überzeugen, mag der Verkäufer dem Kunden erzählen, daß er den Schuh auf dem Leisten Nr. 34 dehnen wird. Dieser Ausdruck weist den Pakker an, die Schuhe nicht zu dehnen, sondern sie so einzupacken, wie sie sind, und sie eine Zeitlang unter dem Ladentisch liegen zu lassen[12].

Regieanweisungen werden natürlich auch zwischen dem Darsteller und einem Claqueur oder Mitwisser im Zuschauerraum angewandt, etwa beim Gespräch zwischen einem Anreißer und seinem Gehilfen unter den Kunden. Häufiger werden diese Stichworte unter Ensemblemitgliedern während einer Vorstellung gebraucht, wobei das Vorhandensein dieser Stichworte gerade einer der Gründe dafür ist, daß wir von einem Ensemble sprechen, statt die Interaktion auf der Basis der Einzeldarstellung zu analysieren. Diese Art der Verständigung zwischen Mitgliedern des gleichen Ensembles spielt beispielsweise eine bedeutsame Rolle bei der Eindrucksmanipulation in amerikanischen Kaufhäusern. Die Angestellten in einem bestimmten Geschäft entwickeln im allgemeinen ihr eigenes Stichwortsystem, um die Vorstellung vor dem Kunden abzuwickeln, aber einzelne Ausdrücke des Vokabulars kommen anscheinend verhältnismäßig häufig vor und tauchen in gleicher Form in zahlreichen Geschäften im ganzen Land auf. Wenn die Verkäufer Angehörige einer fremdsprachlichen Gruppe sind, was manchmal der Fall ist, können sie diese Sprache zur geheimen Kommunikation benützen – eine Praxis, die auch Eltern anwenden, indem sie in der Gegenwart von Kleinkindern Worte buchstabieren, und ebenso Angehörige der Oberschicht, wenn sie miteinander auf französisch über Dinge sprechen, die ihre Kinder, ihre Dienstboten oder die Lieferanten nicht hören sollen. Aber diese Taktik gilt, genau wie Flüstern, als unschicklich und unhöflich; auf diese Weise mögen zwar Geheimnisse gewahrt werden, nicht aber das Geheimnis, daß Geheimnisse gewahrt werden. Unter solchen Umständen können die Ensemblemitglieder nur schwer die Fassade ehrlicher Besorgtheit um den Kunden (oder der Aufrichtigkeit vor den Kindern usw.) aufrechterhalten. Harmlos klingende Phrasen, die der Kunde zu verstehen glaubt, sind für den Verkäufer nützlicher. Wenn zum Beispiel eine Kundin im Schuhgeschäft unbedingt ein Paar Schuhe der Weite B haben will, kann der Verkäufer sie folgendermaßen davon überzeugen, daß sie bekommt, was sie haben will:

> ... der Verkäufer wird einem anderen Verkäufer quer durch den Laden zurufen: »Benny, was für eine Größe hat der Schuh?« Dadurch, daß er den Verkäufer ›Benny‹ nennt, deutet er an, daß die erwartete Antwort »Weite B« ist[13].

Eine reizvolle Illustration dieser Art von Verschwörung wird in einem Aufsatz über das Möbelhaus Borax gegeben:

> Was aber geschieht, wenn die Kundin einmal im Laden ist und sich nichts verkaufen läßt? Der Preis ist zu hoch; sie muß ihren Mann fragen; sie wollte sich nur etwas umschauen. Sie »gehen zu lassen« (das heißt, sie entkommen zu lassen, ohne daß sie etwas gekauft hat) gilt in einem Borax-Haus als Verrat. Also funkt der Verkäufer mit Hilfe einer der zahlreichen im Geschäft verteilten Fußglocken ein SOS. Sofort erscheint der »Geschäftsführer« auf der Szene, völlig mit einer Möbelgarnitur beschäftigt und ohne den Alladin zu beachten, der ihn beschworen hat.
>
> »Entschuldigung, Mister Dixon«, sagt der Verkäufer, der anscheinend nur ungern eine so wichtige Persönlichkeit stört, »vielleicht können Sie meiner Kundin helfen. Sie hält den Preis dieser Garnitur für zu hoch. Gnädige Frau, das ist unser Geschäftsführer, Mister Dixon.«
>
> Mister Dixon räuspert sich eindrucksvoll. Er ist einen Meter achtzig groß, hat stahlgraues Haar und trägt ein Freimaurerabzeichen im Revers seiner Jacke. Niemand würde ahnen, daß er nur ein Spezialverkäufer ist, an den schwierige Kunden weitergereicht werden.
>
> »Ja«, sagt Mister Dixon und streicht sich über sein wohlrasiertes Kinn, »ich verstehe. Ich werde selbst für die gnädige Frau sorgen. Ich habe im Moment sowieso nicht viel zu tun.«
>
> Der Verkäufer schleicht sich wie ein Diener davon; aber er wird Dixon anbrüllen, wenn Dixon nichts verkauft[14].

Die hier beschriebene Praxis, den Kunden an einen Verkäufer weiterzureichen, der die Rolle des »Geschäftsführers« spielt, scheint in vielen Einzelhandelsgeschäften üblich zu sein. Weitere Beispiele aus einem Bericht über die Geheimsprache des Möbelverkäufers:

> »Gib mir die Nummer dafür!« ist eine Frage nach dem Preis des Artikels. Die Antwort ist verschlüsselt. Der Schlüssel ist in den ganzen Vereinigten Staaten derselbe und besteht darin, daß einfach der Einkaufspreis verdoppelt wird, während der Verkäufer weiß, was für eine Verdienstspanne er aufschlagen muß[15].

> Das Wort ›verlier‹ wird als Befehl verwendet ... es bedeutet »verlier dich, verschwinde!« Es wird verwendet, wenn ein Verkäufer einem anderen Verkäufer zu verstehen geben will, daß dessen Gegenwart einen Geschäftsabschluß stört[16].

In den semi-illegalen Randbezirken des Geschäftslebens wird man häufig gewahr, daß die Ensemblemitglieder ein auffällig gebildetes Vokabular verwenden, mit dessen Hilfe heimlich Informationen übermittelt werden können, die für den Erfolg der Vorstellung entscheidend sind. Vermutlich ist diese Art von Geheimsprache nicht so häufig in respektablen Kreisen anzutreffen[17]. Wir stellen aber fest, daß Ensemblemitglieder überall ein inoffiziell und häufig unbewußt erlerntes Vokabular von Gesten und Blicken anwenden, durch die sie verschwörerische Regiestichworte mitteilen können.

Manchmal wird durch diese inoffiziellen Stichworte eine neue Phase der Darstellung eingeleitet. So kann der Mann »in Gesellschaft«, durch minutiöse Schattierungen des Tonfalls seiner Frau mitteilen, daß beide sich jetzt endgültig verabschieden wollen. Das Eheensemble kann dann den Schein einer Übereinstimmung des Handelns wahren, die spontan wirkt, aber häufig strenge Disziplin voraussetzt. Manchmal sind Hinweise verfügbar, durch die ein Darsteller den anderen darauf aufmerksam machen kann, daß er aus der Rolle fällt. Der Fußtritt unter dem Tisch und die zusammengezogenen Augenbrauen sind zu bekannten humoristischen Beispielen geworden. Ein Klavierbegleiter schlägt vor, wie der falsch singende Konzertsänger wieder auf die Melodie zurückgebracht werden kann:

> Er (der Begleiter) tut das, indem er seine Töne so spitz anschlägt, daß sie über, noch besser gesagt, durch die Stimme des Sängers zu dessen Ohr dringen. Vielleicht ist eine Note in der Harmonie der Begleitung gerade *die* Note, welche zu singen wäre, und diese hebt der Begleiter in seinem Spiel heraus. Steht die betreffende Note aber nicht im Klavierpart, dann muß er sie in der dreigestrichenen Oktave dazuspielen, wo sie dem Sänger laut und rein in die Ohren tönen wird. Hat dieser eine Viertelnote zu hoch oder zu tief gesungen, dann ist es für ihn ein außerordentliches Kunststück, jetzt noch unrein weiterzusingen, besonders wenn der Begleiter während der ganzen Phase die Singstimme mitspielt. Wenn der Pianist einmal das Gefahrensignal erhalten hat, wird er auf dem »Quivive« bleiben und die Singstimme von Zeit zu Zeit antönen[18].

Der gleiche Autor sagt anschließend etwas, das für viele Vorstellungen gilt:

> Ein sensibler Sänger braucht von seinem Partner nur ganz leise Winke, ja diese können so leise sein, daß sogar der Sänger selbst, während er daraus Nutzen zieht, sich ihrer kaum bewußt wird. Je weniger feinfühlig ein Sänger ist, desto deutlicher und daher um so augenfälliger werden die Zeichen, die man ihm gibt, sein müssen[19].

Ein anderes Beispiel bietet Dales Beschreibung, wie Verwaltungsbeamte während einer Tagung ihren Minister darauf hinweisen können, daß er sich auf gefährlichen Boden begibt:

> Aber während der Unterhaltung können neue und unvorhergesehene Fragen auftauchen. Wenn ein Beamter dann sieht, wie sich sein Minister in der Sitzung auf eine Linie einläßt, die ihm falsch erscheint, wird er dies nicht direkt sagen; er wird entweder einen Zettel für den Minister kritzeln oder vorsichtig eine Tatsache oder einen Vorschlag in die Debatte werfen, der wie eine kleinere Modifikation der Ansicht des Ministers aussieht. Ein erfahrener Minister sieht sofort das rote Licht und schneidet die Diskussion vorsichtig ab oder schiebt sie mindestens auf. Es ist klar, daß die Mischung von Ministern und Verwaltungsbeamten in einer Ausschußsitzung gelegentlich einigen Takt und einige Schnelligkeit der Auffassungsgabe auf beiden Seiten erfordert[20].

Sehr häufig warnen Regiestichworte das Ensemble, wenn das Publikum überraschend anwesend ist. Wenn etwa im Shetland-Hotel ein Gast die Stirn hatte, unaufgefordert die Küche zu betreten, rief der erste, der ihn sah, mit einer besonderen Betonung entweder den Namen eines anderen Personalmitglieds oder, wenn mehrere anwesend waren, irgendeine Kollektivbezeichnung wie »Kinder«. Auf dieses Signal hin nahmen die Männer die Mütze vom Kopf und die Beine vom Stuhl, die Frauen bewegten sich nicht mehr so leger, und alle Anwesenden erstarrten in Erwartung einer erzwungenen Vorstellung. Ein bekanntes Vorstellungssignal das offiziell erlernt wird, ist das optische Signal, das in Rundfunkstudios verwendet wird. Dieses Signal sagt wörtlich oder symbolisch »Mikrofon offen«. Ein ähnlich direktes Stichwort beschreibt Ponsonby:

> Die Königin [Victoria] schlief auf diesen warmen Fahrten häufig ein, und damit sie so nicht vom Volk in einem Dorf gesehen wurde, pflegte ich meinem Pferd die Sporen zu geben, wenn ich eine Volks-

menge vor uns sah, so daß das erstaunte Tier umhersprang und Lärm machte. Prinzessin Beatrice wußte immer, was das bedeutete, und wenn die Königin von dem Krach, den ich machte, nicht aufwachte, weckte sie sie selbst[21].

Oft schützen und bewachen natürlich die einen die Entspannung der anderen Darsteller, wie das Katherine Archibalds Untersuchung über die Arbeit auf einer Werft belegt:

> Manchmal, wenn besonders wenig Arbeit da war, habe ich selbst vor der Tür des Werkzeugschuppens Wache gestanden, um beim Auftauchen eines Aufsehers oder des Chefs das Warnsignal zu geben, während Tag für Tag neun oder zehn Vorarbeiter und Arbeiter hingerissen konzentriert Poker spielten[22].

Desgleichen gibt es typische Inszenierungsstichworte, die den Darstellern mitteilen, daß die Luft jetzt rein ist und die Fassade aufgelockert werden kann. Andere Warnsignale machen den Darsteller darauf aufmerksam, daß es nur so scheint, als könnten sie ihre Maske der Diskretion ablegen, und daß sich dies nicht empfiehlt, weil Zuschauer anwesend sind. In der Unterwelt ist die Warnung davor, daß »legitime« Ohren zuhören oder »legitime« Augen zuschauen, so wichtig, daß sie ihre eigenen Gaunertermini hat. Derartige Hinweise können dem Ensemble natürlich auch sagen, daß ein anscheinend harmloser Zuschauer in Wirklichkeit ein Kontrolleur oder sonst einer ist, der eine andere Funktion hat, als es den Anschein hat.

Ohne eine Reihe derartiger Warnsignale wäre es für jedes Ensemble – beispielsweise für eine Familie – schwierig, die Eindrücke, die es hervorruft, zu manipulieren. Als Beispiel mögen die Erinnerungen einer Frau, die gemeinsam mit ihrer Mutter ein Zimmer in London bewohnte, dienen:

> Auf dem Weg an Gennaros vorbei fing ich an, mir Sorgen um unser Mittagessen zu machen und darüber nachzudenken, was meine Mutter von Scotty (einer Kollegin im Maniküre-Salon, die sie zum erstenmal zum Mittagessen mit nach Hause brachte) und was Scotty von meiner Mutter halten würde, und kaum waren wir im Treppenhaus, begann ich laut zu sprechen, um sie zu informieren, daß ich nicht allein war. Das war schon immer ein Signal zwischen uns beiden gewesen, denn wenn zwei Menschen in einem einzigen Zimmer wohnen, kann man nie wissen, was für eine Art von Unordnung den unerwarteten Besucher erwartet. Fast immer war ein

Kochtopf oder ein schmutziger Teller da, wo er nicht sein sollte, oder es hingen Strümpfe oder ein Unterrock über dem Herd zum Trocknen. Meine Mutter, durch meine laute Stimme gewarnt, rannte dann umher wie eine Zirkustänzerin und versteckte den Topf oder den Teller oder die Strümpfe, um sich dann schließlich in eine Säule gefrorener Würde zu verwandeln, sehr ruhig und bereit für den Besucher. Wenn sie zu eilig aufgeräumt und irgend etwas Auffälliges vergessen hatte, sah ich, wie ihr wachsames Auge darauf ruhte, und dann erwartete man, daß ich etwas unternähme, um zu verhindern, daß der Besucher darauf aufmerksam wird[23].

Es ist schließlich noch anzumerken, daß es den Mitgliedern des Ensembles um so leichter fällt, sogar vor sich selbst zu verbergen, daß sie wirklich als Ensemble fungieren, je unbewußter diese Stichworte gelernt und angewandt werden.

Eng mit den Regiestichworten verwandt ist nachweislich die Tatsache, daß Ensembles Methoden ausarbeiten, um einander längere Botschaften so mitzuteilen, daß vor dem Publikum ein Eindruck gewahrt bleibt, der durch derartige Information gestört werden könnte. Wiederum können wir ein Beispiel aus dem britischen Verwaltungsdienst anführen:

Es ist etwas ganz Verschiedenes, ob ein Verwaltungsbeamter aufgefordert wird, eine Gesetzesvorlage bei ihrer Verabschiedung im Parlament zu überwachen, oder ob er in einem der beiden Häuser an einer Debatte teilzunehmen hat. Er darf nicht für sich selbst sprechen; er kann nur den Minister mit Material und Vorschlägen versorgen und hoffen, daß dieser sie richtig anwenden wird. Es braucht kaum gesagt zu werden, daß der Minister vorher gründlich auf jede Rede, etwa bei der zweiten oder dritten Lesung einer wichtigen Gesetzesvorlage, oder wenn er den jährlichen Haushaltsplan seines Ministeriums vorlegt, vorbereitet wird: Bei derartigen Gelegenheiten wird der Minister mit ausführlichen Memoranden zu jeder mutmaßlich auftauchenden Frage, ja sogar mit Anekdoten und »auflockernden Bemerkungen« offizieller Art geziemend versorgt. Er selbst, sein Privatsekretär und der Staatssekretär verwenden vermutlich viel Zeit und Mühe darauf, aus diesen Memoranden die wichtigsten Punkte auszuwählen, sie in der besten Reihenfolge anzuordnen und eine eindrucksvolle Rede zu entwerfen. All das ist für den Minister und seine Beamten einfach; es geschieht in

Ruhe und Muße. Aber der springende Punkt ist die Antwort am Schluß der Debatte. Hier muß sich der Minister im wesentlichen auf sich selbst verlassen. Zwar haben die Beamten, die geduldig auf der kleinen Galerie rechts vom Präsidenten oder am Eingang des Oberhauses sitzen, Ungenauigkeiten und Tatsachenentstellungen, falsche Schlüsse, Mißverständnisse des Regierungsentwurfs und ähnliche Schwächen in den Reden der Oppositionsredner notiert; aber es ist oft schwierig, diese Munition an die Front zu schaffen. Manchmal erhebt sich der parlamentarische Sekretär des Ministers von seinem Platz hinter seinem Chef, flaniert sorglos an der Beamtengalerie entlang und versenkt sich im Flüsterton in ein Gespräch mit den Beamten; manchmal wird dem Minister ein Zettel zugeschoben; in seltenen Fällen kommt er selbst für einen Augenblick und stellt eine Frage. Alle diese kleinen Mitteilungen müssen vor den Augen des Hauses gemacht werden, und kein Minister sieht gerne wie ein Schauspieler aus, der seinen Text vergessen hat und den Souffleur braucht[24].

In der Geschäftsetikette, die es wohl mehr mit strategischen als mit moralischen Geheimnissen zu tun hat, werden die folgenden Vorschläge gemacht:

... Passen Sie auf beim Telefonieren, wenn ein Fremder anwesend ist. Wenn Sie eine Nachricht von einem anderen entgegennehmen und sicher sein wollen, daß Sie sie richtig verstanden haben, wiederholen sie die Nachricht nicht in der üblichen Form. Bitten Sie statt dessen den Anrufer, sie zu wiederholen, damit Sie eine möglicherweise private Nachricht nicht an alle Umstehenden hinaustrompeten.

... Decken Sie Ihre Papiere zu, bevor ein fremder Besucher ins Zimmer kommt, oder machen Sie es sich zur Gewohnheit, sie in Aktendeckeln oder unter einem leeren Deckblatt aufzubewahren.

... Wenn Sie mit einem Angehörigen Ihrer Organisation in Gegenwart eines Fremden sprechen müssen, oder in der Gegenwart von irgend jemandem, den ihre Mitteilung nichts angeht, tun Sie es so, daß kein dritter irgend etwas erfährt. Sie sollten das Telefon, nicht die Gegensprechanlage benützen oder ihre Nachricht auf ein Stück Papier schreiben, das sie ihm reichen können, anstatt sie der Öffentlichkeit preiszugeben[25].

Ein Besucher, den man erwartet, sollte sofort angemeldet werden.

> Wenn Sie im Gespräch mit einer anderen Person sind, unterbricht Sie Ihre Sekretärin und sagt etwas Ähnliches wie: »Ihre Verabredung für drei Uhr ist da. Ich wollte Ihnen das nur sagen.« (Sie erwähnt den Namen des Besuchers nicht in der Gegenwart eines Fremden. Wenn es unwahrscheinlich ist, daß Sie sich noch erinnern, mit wem Sie für drei Uhr verabredet waren, schreibt sie den Namen auf einen Zettel, den sie Ihnen hinschiebt, oder benützt das Privattelefon anstatt des Lautsprechersystems.) [26]

Wir haben Regiehinweise als einen Grundtyp der Ensembleverschwörung dargestellt; bei einem anderen Typ handelt es sich um Mitteilungen, die dem Darsteller hauptsächlich bestätigen sollen, daß er sich nicht wirklich an die geschaffene Übereinstimmung hält, daß das Schauspiel, das er aufführt, eben nur ein Schauspiel ist; sie bieten ihm somit eine private Verteidigungsmöglichkeit gegen die Ansprüche des Publikums. Wir können diese Art von Tätigkeit als »herabsetzende Verschwörung« bezeichnen, weil es sich bei ihr im typischen Fall um eine geheime Herabsetzung des Publikums handelt, obwohl manchmal auch ein Bild des Publikums vermittelt wird, das zu günstig ist, um in den Rahmen der allgemeinen Definition zu passen. Es handelt sich hier um ein verstecktes Gegenstück zu dem, was wir im Abschnitt über »Behandlung der Abwesenden« beschrieben haben.

Die »herabsetzende Verschwörung« tritt vielleicht am häufigsten als eine Art von Verschwörung des Darstellers mit sich selbst auf. Schulkinder bieten ein Beispiel dafür, wenn sie heimlich beim Lügen die Finger kreuzen, oder die Zunge herausstrecken, sobald der Lehrer diese Würdigung seiner Tätigkeit gerade nicht sehen kann. Auch Angestellte schneiden häufig Grimassen, die für ihren Chef bestimmt sind, oder drücken durch Gesten einen stummen Fluch aus, wobei sie diese Akte der Verachtung oder Insubordination so ausführen, daß sie derjenige, gegen den sie sich richten, nicht sehen kann. Die schüchternste Form dieser Herabsetzung ist vielleicht die »Männchen zu malen« oder »vor sich hin zu träumen« und dabei immer noch den Anschein zu erwecken, als höre man zu.

Die herabsetzende Verschwörung tritt auch unter Mitgliedern eines Ensembles auf, die mit einer Darstellung beschäftigt sind. Wenn man auch beispielsweise eine Geheimsprache von Verbalinjurien wohl nur in den anormalen Randbezirken des Geschäftslebens anwendet, so gibt es doch keine Handelsorganisation, die so respektabel wäre, daß die Angestellten einander nicht vielsagende Blicke zuwürfen, wenn ein unerwünschter Kunde oder sogar ein erwünschter Kunde vor ihnen steht, der sich in unerwünschter Weise benimmt. Ebenso ist es in unserer Gesellschaft für ein Ehepaar oder zwei enge Freunde sehr schwer, einen geselligen Abend mit einem Dritten zu verbringen, ohne einander gelegentlich so anzublicken, daß sie insgeheim die Einstellung widerlegen, die sie offiziell dem Dritten gegenüber an den Tag legen.

Eine vernichtende Form dieser Aggression gegen das Publikum tritt in Situationen auf, in denen der Darsteller gezwungen ist, einen Standpunkt zu vertreten, der seinen eigentlichen Gefühlen zutiefst widerspricht. Ein Beispiel kann aus einem Bericht zitiert werden, der einige der Verteidigungsmaßnahmen amerikanischer Kriegsgefangener in chinesischen Umerziehungslagern beschreibt:

> Es muß aber darauf hingewiesen werden, daß die Gefangenen mancherlei Wege fanden, dem Buchstaben und nicht dem Geist der chinesischen Forderungen nachzukommen. Bei öffentlichen Sitzungen, die der Selbstkritik dienten, betonten sie beispielsweise häufig die falschen Worte im Satz und zogen so das ganze Ritual ins Lächerliche: »Es tut mir leid, daß ich den Kameraden Wong einen gottverdammten Schweinehund genannt habe.« Ein anderer beliebter Trick bestand darin, zu versprechen, sich nie wieder bei einem bestimmten Vergehen »erwischen zu lassen«. Diese Tricks waren wirksam, weil selbst die Chinesen, die Englisch konnten, Slang und idiomatische Wendungen nicht sicher genug beherrschten, um geheime Lächerlichkeiten zu entdecken[27].

Eine ähnliche Form von Kommunikation außerhalb der Rolle begegnet uns dort, wo ein Mitglied des Ensembles seine Rolle zum besonderen und geheimen Vergnügen der anderen Ensemblemitglieder spielt; er kann sich beispielsweise mit affektiertem Enthusiasmus in seine Rolle stürzen, der so übertrieben wie exakt ist, aber dabei so nahe an das herankommt, was das Publikum erwartet, so daß die Zuschauer nicht mit Sicherheit feststellen können, daß sie verhöhnt werden. So spielen Jazzmusiker, die gezwungen sind, »Schlagermusik« zu machen, manchmal etwas kitschiger als unbedingt nötig. Durch diese leichte Übertreibung vermögen sich die Musiker darüber zu verständigen, daß sie das Publikum verachten und sich selbst höheren Idealen verbunden fühlen[28]. Eine ähnliche Form der Verschwörung haben wir vor uns, wenn ein Ensemblemitglied versucht, ein anderes zu necken, während beide mit einer Darstellung beschäftigt sind. Das unmittelbare Ziel besteht hier darin, den anderen beinahe zum Lachen, zum Stolpern oder in irgendeine andere Verlegenheit zu bringen. So stand im Shetland-Hotel der Koch manchmal an der Küchentür und beantwortete die Fragen der Hotelgäste würdevoll und in gebildetem Englisch, während ihn die Küchenmädchen von hinten mit ernstem Gesicht ständig kitzelten. Indem der Darsteller das Publikum verspottet oder einen Ensemblegenossen neckt, kann er nicht nur beweisen, daß er nicht an die offizielle Interaktion gebunden ist, sondern auch, daß er diese Interaktion so stark unter Kontrolle hat, daß er nach Belieben mit ihr spielen kann.

Es soll noch eine letzte Form des herabsetzenden Spiels erwähnt werden. Häufig wird derjenige, der in Interaktion mit einer irgendwie anstoßerregenden Person steht, versuchen, den Blick eines Dritten – eines Dritten, der in der Interaktion als Außenseiter gilt – aufzufangen, um so zu bestätigen, daß man ihn nicht für den Charakter oder das Benehmen seines Gesprächspartners verantwortlich machen kann. Es ist anzumerken, daß alle diese Formen der herabsetzenden Verschwörung nahezu ungewollt aus Stichworten hervorgehen, die nicht unterdrückt werden können.

Berücksichtigen wir all diese Arten, in denen sich Mitglieder eines Ensembles außerhalb ihrer Rolle miteinander verständigen können, dann dürfen wir wohl erwarten, daß die Darsteller auch dann, wenn es nötig ist, eine gewisse Vorliebe dafür entwickeln, und es infolgedessen begrüßen, wenn sie Partner für ihre Solorolle finden. Es ist also verständlich, daß sich als spezielle Rolle im Ensemble diejenige des »Gehilfen« entwickelt, das heißt der Person, die nach dem Belieben einer anderen Person ins Spiel gebracht werden kann, um dieser die Annehmlichkeiten eines Ensemblegefährten zu gewähren. Man darf erwarten, daß diese besondere Rolle immer da auftreten wird, wo es auffällige Machtdifferenzen, aber kein Verbot des gesellschaftlichen Verkehrs zwischen dem Machtlosen und dem Mächtigen gibt. Die langsam aussterbende Rolle der Gesellschaftsdame, beschrieben in einer fiktiven Autobiographie des späten achtzehnten Jahrhunderts, ist ein solches Beispiel:

> Meine Aufgabe bestand, kurz gesagt, darin, immer bereit zu sein, meiner Herrin bei jedem Vergnügen und jedem Geschäft Gesell-

> schaft zu leisten, dem sie sich hingeben wollte. Ich begleitete sie überall dorthin, wo Verkäufe, Auktionen, Ausstellungen usw. stattfanden, und war insbesondere bei den Einkäufen anwesend ... Ich begleitete meine Herrin bei allen Besuchen, es sei denn, es handelte sich um eine sehr exklusive Gesellschaft, war bei allen Gesellschaften in unserem Hause anwesend und hatte dabei die Aufgaben einer Art von gehobenem Dienstboten[29].

Anscheinend war in diesem Beruf der Ausübende verpflichtet, seinem Herrn nach dessen Belieben zur Verfügung zu stehen, nicht, um ihm direkte Dienstleistungen zu erweisen, oder zumindest nicht allein um dieser Dienstleistungen willen, sondern damit jener immer jemanden zur Verfügung hatte, mit dem er sich gegen die anderen Anwesenden verbünden konnte.

Neugruppierung

Es wurde darauf hingewiesen, daß Einzelpersonen, die zum Zweck der Interaktion zusammenkommen, als Einzelne jeweils an der Rolle festhalten, die ihnen in der Darstellung ihres Ensembles zugewiesen ist, und daß jeder von ihnen, gemeinsam mit seinen Ensemblegenossen, die angemessene Mischung von Formalität und Informalität, von Abstand und Vertrautheit gegenüber den Mitgliedern des anderen Ensembles aufrechterhält. Das bedeutet nicht, daß Ensemblemitglieder einander in der Öffentlichkeit genauso behandeln, wie sie das Publikum behandeln, aber es bedeutet meistens, daß Ensemblegenossen einander anders behandeln, als es für sie »natürlich« wäre. Kommunikation auf Verschwörungsbasis ist als eine Methode beschrieben worden, mit deren Hilfe sich Ensemblemitglieder ein wenig von den einschränkenden Bedingungen der Interaktion zwischen Ensembles befreien können; sie ist eine Art Abweichen vom Idealtyp, die vom Publikum nicht bemerkt werden soll, und läßt daher im allgemeinen den Status quo unberührt. Die Darsteller zeigen sich jedoch selten von den sicheren Kanälen zum Ausdruck der Unzufriedenheit mit der Definition der Situation befriedigt. Sie versuchen oft, in einer Art aus der Rolle zu fallen, die zwar vom Publikum bemerkt wird, aber weder die Integrität der beiden Ensembles noch den sozialen Abstand zwischen ihnen offen bedroht. Solche vorübergehenden inoffiziellen

Neuordnungen, die oft aggressiver Natur sind, bieten ein interessantes Forschungsfeld.

Wenn sich zwei Ensembles auf eine offizielle funktionierende Übereinstimmung, die eine sichere soziale Interaktion garantieren soll, einigen, können wir meistens einen inoffiziellen Kommunikationskanal von einem zum anderen Ensemble entdecken. Diese inoffizielle Kommunikation kann durch Andeutungen, imitierten Akzent, gutplazierte Witze, bedeutungsschwangere Pausen, versteckte Winke, gezielte Neckereien, Ausdrucksnuancen und viele andere Signale übermittelt werden. Die Regeln dieser Freiheit sind streng. Der Mitteilende hat das Recht, abzuleugnen, daß seine Handlung »irgend etwas zu bedeuten habe«, falls ihn die Empfänger ins Gesicht hinein beschuldigen, etwas Unannehmbares mitgeteilt zu haben, und die Empfänger haben das Recht, so zu tun, als sei nichts, oder nur etwas Harmloses gesagt worden.

Die wohl häufigste versteckte Kommunikation ist jene, bei der jedes Ensemble sich selbst insgeheim in ein günstiges Licht und das andere Ensemble insgeheim in ein ungünstiges Licht rückt, was oft unter dem Deckmantel von Höflichkeitsbezeugungen und zweideutigen Komplimenten geschieht[30]. Ensembles begehren also oft gegen die aufrechterhaltene Übereinstimmung auf. Interessanterweise verleihen gerade diese versteckten Kräfte der Selbstverherrlichung und Herabsetzung des anderen geselligen Zusammenkünften eine trübsinnige abstoßende Steifheit, was bei formelleren gesellschaftlichen Ritualen, von denen man solches erwarten würde, nicht der Fall ist.

In vielen Arten sozialer Interaktion sind inoffizielle Kommunikationswege eine Methode, durch die ein Ensemble das andere bestimmt aber nicht kompromittierend auffordern kann, den sozialen Abstand zu vergrößern oder zu verringern oder gemeinsam die Interaktion auf eine Darstellung mit anderen Rollen zu verschieben. Das wird manchmal als »Kontaktaufnahme« bezeichnet und umfaßt vorsichtige Enthüllungen und nur angedeutete Forderungen. Durch Aussagen, die absichtlich ambivalent sind oder für den Eingeweihten eine geheime Bedeutung haben, kann der Darsteller – ohne seine geschützte Position zu verlassen – feststellen, ob die gerade bestehende Situationsbestimmung ohne Gefahr aufgegeben werden kann oder nicht. Da es, zum Beispiel, nicht nötig ist, soziale Distanz vor Menschen zu wahren, mit denen man durch den gleichen Beruf, die gleiche Ideologie oder die gleiche Abstammung verbunden ist, entwickelt man im allgemeinen geheime Erkennungszeichen, die für Außenstehende unwichtig sind und die gleichzeitig dem Eingeweihten sagen, daß er sich in der Gesellschaft Gleichgesinnter befindet und die Pose hier nicht braucht, die er in der Öffentlichkeit annimmt. Die mörderische Sekte der Thugs im Indien des 19. Jahrhunderts etwa, die ihre jährlichen Raubzüge hinter einem neunmonatigen Schauspiel der Bürgerlichkeit verbargen, besaß ein System von Erkennungszeichen:

> Wenn sich Thugs treffen, auch wenn sie einander fremd sind, liegt etwas in ihrem Benehmen, wodurch sie einander schnell erkennen können, und um sich der so entstandenen Mutmaßung zu vergewissern, ruft der eine aus: »Ali Khan!« Wenn der andere diesen Ausruf wiederholt, hat man sich gegenseitig erkannt ...[31]

Es gibt auch noch Angehörige der britischen Arbeiterklasse, die einen Fremden fragen, »wie weit östlich« er sei; Freimaurer kennen die Antwort auf diese Losung und wissen, daß die Anwesenden ihrer Intoleranz gegen Katholiken und die verweichlichte Oberschicht nachgeben können, wenn sie darauf geantwortet haben. In der angelsächsischen Gesellschaft erfüllen der Familienname und die allgemeine Erscheinung eines Menschen, dem man vorgestellt wird, eine ähnliche Funktion. Sie verraten, welche Bevölkerungsschichten man in seiner Gegenwart lieber nicht verächtlich machen sollte. So bestehen auch manche Kunden in Delikatessengeschäften darauf, daß man ihre Sandwiches mit Roggenbrot und ohne Butter zubereite, und geben so dem Personal einen Hinweis, wohin sie ethnisch gehören wollen[32].

Die vorsichtige Einleitung, durch die zwei Angehörige einer geschlossenen Gesellschaft sich einander zu erkennen geben, ist vielleicht die einfachste Art der enthüllenden Kommunikation. Im gewöhnlichen Leben, in dem die Einzelnen keiner geheimen Gesellschaft angehören, als deren Mitglied sie sich zu erkennen geben könnten, ist der Vorgang subtiler. Wenn die Einzelnen nicht über Meinungen und Status des anderen Bescheid wissen, beginnt die Fühlungnahme, während der jeder nach und nach seine Ansichten oder seinen Status enthüllt. Hat der eine sein Visier ein wenig gehoben, so wartet er darauf, daß der andere ihm beweist, daß er dies tun konnte, und dadurch beruhigt, kann er das Visier noch etwas weiter öffnen. Indem er jeden Schritt dieser Enthüllungen mehrdeutig formuliert, kann der Einzelne den Demaskierungsprozeß an dem Punkt anhalten, an dem er keine Bestätigung von der anderen Seite mehr erhält, und kann an diesem Punkt so tun, als sei seine letzte Enthüllung nicht mehr als Angebot gemeint gewesen. Wenn also zwei Personen im Gespräch festzustellen suchen, wie vorsichtig sie im Aussprechen ihrer wahren politischen Ansichten sein müssen, kann der eine seine allmähliche Enthüllung darüber, wie weit rechts oder wie weit links er steht, gerade an dem Punkt beenden, wo der andere beim äußersten Extrem seiner Ansichten angelangt ist. In derartigen Fällen wird der Vertreter der extremeren Ansichten jene taktvollerweise im weiteren Gesprächsverlauf verbergen.

Dieser Prozeß der allmählichen vorsichtigen Enthüllung zeigt sich auch in der Mythologie und an einigen Punkten des heterosexuellen Lebens in unserer Gesellschaft. Die Sexualbeziehung wird als intime Beziehung definiert, deren Initiative beim männlichen Partner liegt. Das Werbeverhalten umfaßt eine wohlgeordnete Aggression auf seiten des Mannes gegen die etablierte Ordnung der Geschlechter, denn er macht den Versuch, jemanden, dem er zuerst Respekt erweisen muß, in eine Position der untergeordneten Intimität hineinzumanövrieren [33]. Weit aggressiver geht man gegen die Ordnung der Geschlechter aber in Situationen vor, bei denen auf der weiblichen Seite Überordnung und Distanz und auf der Seite des männlichen Partners Unterordnung etabliert sind. Es entsteht die Möglichkeit, daß der männliche Darsteller die Situation neu bestimmt, um seine sexuelle Überordnung zu betonen, die im Gegensatz zu seiner sozialökonomischen Unterordnung steht [34]. In unserer proletarischen Literatur beispielsweise führt der arme Mann diese Neubestimmung seiner Situation der reichen Frau gegenüber ein; Lady Chatterleys Lover ist, wie schon oft bemerkt wurde, ein deutliches Beispiel. Bei der Untersuchung der Dienstleistungsberufe, insbesondere derjenigen, die mit geringem Prestige verbunden sind, stoßen wir regelmäßig auf Anekdoten darüber, wie die Dienstbeziehung (von der einen oder der anderen Seite) als Sexualbeziehung neu definiert wurde. Solche Erzählungen sind ein bedeutsamer Teil der Mythologie nicht nur dieser speziellen Berufe, sondern der männlichen Subkultur überhaupt.

Vorübergehende Neugruppierungen, in denen die Richtung der Interaktion auf inoffiziellem Wege usurpiert oder von einem Vorgesetzten inoffiziell delegiert wurde, erfahren ein gewisses Maß an Stabilität und Institutionalisierung in einem Phänomen, das im Englischen als *double-talk* bezeichnet wird[35]. Durch diese Informationstechnik können zwei Personen einander Informationen zukommen lassen, die mit ihrer offiziellen Beziehung nicht vereinbar sind. Es handelt sich um eine Art verschwörerische Kommunikation, die sich darin von anderen Typen unterscheidet, daß die Rollen, gegen die sich die Verschwörung richtet, von den verschworenen Personen selbst dargestellt werden. Im typischen Fall ergibt sich diese Art der Kommunikation im Gespräch zwischen Vorgesetzten und Untergebenen über Dinge, die offiziell außerhalb der Zuständigkeit und Kompetenz des Untergebenen liegen, aber in Wirklichkeit von ihm abhängen. Mit Hilfe dieser Ausdrucksform kann der Untergebene die Richtung von Handlungen bestimmen, ohne die Implikationen, die damit verbunden sind, ausdrücklich anzuerkennen und ohne den Statusunterschied zwischen sich und seinem Vorgesetzten zu gefährden. In Kasernen und Gefängnissen scheint diese Art der Kommunikation üblich zu sein. Sie findet sich auch häufig in Situationen, in denen der Untergebene im Gegensatz zum Vorgesetzten langjährige Berufserfahrung besitzt, wie zum Beispiel in Regierungsbehörden und Ministerien mit einem ständigen Staatssekretär und einem politisch ernannten Minister, und in jenen Fällen, in denen der Untergebene im Gegensatz zum Vorgesetzten die Sprache der Angestellten spricht. *Double-talk* wird auch von Personen, die illegitime Abmachungen treffen, benutzt, weil dadurch Kommunikation möglich wird, ohne daß sich einer der beiden Partner dem anderen ausliefern muß. Eine ähnliche Form der geheimen Verständigung tritt manchmal zwischen zwei Ensembles auf, die den Eindruck erwecken müssen, sie seien einander verhältnismäßig feindselig gesonnen oder stünden einander verhältnismäßig distanziert gegenüber; solche halten es für nützlich, sich dennoch über gewisse Dinge zu einigen, solange dadurch nicht ihre Stellung als Gegner, die sie offiziell wahren müssen, kompromittiert wird[36]. In anderen Worten: Es können Geschäfte gemacht werden, ohne daß die Beziehung gegenseitiger Solidarität entsteht. Eine solche ambivalente Ausdrucksweise ist auch in intimen häuslichen Situationen und Arbeitssituationen üblich und dient dort als harmloses Mittel, um Bitten und Befehle vorzubringen und abzulehnen, die nicht offen erteilt oder abgelehnt werden könnten, ohne die ganze Beziehung zu verändern.

Ich habe einige der häufigeren Handlungsweisen charakterisiert, die der Neugruppierung dienen – Bewegungen um oder über oder fort von der Trennungslinie zwischen den Ensembles. Vorgänge wie inoffizielles Nörgeln, vorsichtige Enthüllungen und ambivalente Ausdrucksweise wurden dafür angeführt. Ich möchte das Bild durch einige weitere Beispiele abrunden.

Wenn zur etablierten Abmachung zwischen beiden Ensembles eine eingestandene Gegnerschaft gehört, kann die Arbeitsteilung innerhalb jedes der Ensembles im Endeffekt dazu führen, daß vorübergehende Neuordnungen der Art entstehen; sie machen uns bewußt, daß nicht nur Armeen das Problem der Verbrüderung zu bewältigen haben. Ein Spezialist in einem Ensemble kann feststellen, daß er vieles mit seinem Gegenspieler im anderen Ensemble gemein hat und daß sie beide eine Sprache sprechen, die sie zum Ensemble zusammenschließt, das zu allen anderen Teilnehmern im Gegensatz steht. So tauschen die Anwälte beider Seiten in Verhandlungen zwischen Unternehmern und Gewerkschaften verständnisvolle Blicke aus, wenn ein Laie auf einer der beiden Seiten einen offensichtlichen juristischen Schnitzer macht. Wenn die Spezialisten nicht ständige Mitglieder eines bestimmten Ensembles sind, sondern ihre Dienste für die Dauer der Verhandlungen gegen Bezahlung zur Verfügung stellen, sind sie oft in mancher Beziehung ihrem Beruf und ihren Kollegen gegenüber loyaler als gegenüber dem Ensemble, dem sie im Augenblick angehören. Wenn also der Eindruck der Gegnerschaft zwischen den beiden Ensembles gewahrt werden soll, muß die andersgerichtete Loyalität der Spezialisten unterdrückt, oder sie darf nur unauffällig gezeigt werden. Deshalb lassen sich Anwälte, die wissen, daß ihre Klienten von ihnen Feindschaft gegen den Anwalt der Gegenpartei erwarten, oft erst in der Verhandlungspause auf ein kollegiales Gespräch über den Prozeß ein. In seiner Untersuchung über die Rolle, die Verwaltungsbeamte in Parlamentsdebatten spielen, deutet Dale ähnliches an:

> Eine auf der Tagesordnung stehende Debatte über ein Thema ... nimmt in der Regel nur einen Tag in Anspruch. Wenn ein Ministerium das Pech hat, eine längere und umstrittene Gesetzesvorlage im Plenarausschuß durchbringen zu müssen, haben der Minister und die Verwaltungsbeamten von 4 Uhr nachmittags bis um 11 Uhr abends (manchmal noch länger, wenn die Elfuhrregel aufgehoben wird) anwesend zu sein, und das vielleicht wochenlang, Tag für Tag von Montag bis Donnerstag ... Aber die Beamten haben einen Trost in ihrem Leid. Dies sind die Gelegenheiten, bei denen sie

> ihre Bekanntschaften im Parlament erneuern und ausdehnen können. Das Gefühl, unter Druck zu stehen, ist bei den Abgeordneten wie bei den Verwaltungsbeamten geringer als bei eintägigen Debatten; es ist erlaubt, sich aus dem Sitzungszimmer in den Rauchsalon oder auf die Terrasse zurückzuziehen und sich fröhlicher Unterhaltung hinzugeben, solange ein bekannter Störenfried einen Zusatzantrag stellt, von dem jeder weiß, daß er unmöglich ist. Es entsteht eine gewisse Kameradschaft unter all denen, die Abend für Abend mit einer Gesetzesvorlage beschäftigt sind, seien sie nun Mitglieder der Regierungsfraktion, der Opposition oder des Verwaltungsapparates[37].

Interessanterweise kann in manchen Fällen auch die Verbrüderung hinter der Bühne als unzumutbare Bedrohung des Schauspiels betrachtet werden. So wird von Baseball-Spielern, deren Mannschaften einander bekämpfende Anhängerschaften haben, nach den Regeln der Baseball-Liga verlangt, daß sie unmittelbar bevor das Spiel beginnt, von freundlichen Unterhaltungen miteinander absehen.

> Dies ist eine leicht verständliche Regel. Es wäre einfach ungehörig, mitanzusehen, wie sich Spieler freundlich wie beim Nachmittagstee unterhalten, und dann darauf hoffen, daß sie sich als Erzfeinde bekämpfen, wenn das Spiel beginnt. Sie müssen sich die ganze Zeit wie Gegner benehmen[38].

In all diesen Fällen von Verbrüderung zwischen gegnerischen Experten geht es nicht darum, daß die Geheimnisse der Ensembles verraten werden oder daß ihre Interessen in Mitleidenschaft gezogen werden (obwohl dies geschehen kann und es so scheinen kann, als geschehe es), sondern darum, daß der Eindruck der Gegnerschaft zwischen den beiden Ensembles abgeschwächt werden könnte. Der Beitrag des Fachmanns muß als spontane Reaktion auf die Sachlage erscheinen, der ihn in unabhängige Gegnerschaft zum anderen Ensemble bringt; wenn er sich mit seinem Gegenspieler verbrüdert, leidet vielleicht der technische Wert seines Beitrags keine Einbuße, aber er wird dramaturgisch als das enthüllt, was er teilweise ist – als eine käufliche Routineleistung.

Ich will damit nicht sagen, daß Verbrüderung nur zwischen Fachleuten stattfindet, die vorübergehend auf gegnerischen Seiten stehen. Wo immer sich Loyalitäten überschneiden, kann eine Gruppe von Individuen in der Öffentlichkeit und privat jeweils zwei verschiedene

Ensembles bilden; und wenn immer zwei Ensembles einen hohen Grad der Gegnerschaft oder des sozialen Abstands zeigen müssen, kann es außer den Hinterbühnen zu den Darstellungen der beiden Ensembles einen klar umgrenzten Ort geben, der zugleich beiden Ensembles offensteht. In öffentlichen Nervenheilanstalten ist oft ein Raum oder ein abgeschlossener Teil des Gebäudes zu finden, in dem sich Patienten und Pflegepersonal dem Pokerspiel oder dem Klatsch hingeben können, wobei man sich darüber im klaren ist, daß das Personal kein Vorrecht in Anspruch nehmen wird. Armeelager besitzen manchmal eine ähnliche Region. Als Beispiel dafür sei ein Bericht aus dem Seemannsleben angeführt:

> Es ist eine alte Regel, daß sich in der Kombüse jeder straffrei aussprechen darf wie im Londoner Hydepark. Ein Offizier, der einem Matrosen irgend etwas, das in der Kombüse gesagt wurde, nachtragen wollte, wenn er sie verlassen hat, würde sich bald sabotiert oder der allgemeinen Verachtung ausgesetzt sehen[39].
>
> Zunächst einmal ist man nie mit dem Koch allein. Immer treibt sich dort jemand herum und lauscht, gemütlich auf der kleinen Bank nah am warmen Herd sitzend, die Füße auf dem Geländer, mit roten Backen seinem Klagelied. Die Kombüse ist der Dorfplatz des Schiffes, und der Koch und sein Herd entsprechen dem Würstchenstand. Die Kombüse ist der einzige Ort, an dem sich Offiziere und Mannschaft als Gleiche und Ebenbürtige treffen, was der junge Seemann schnell feststellen wird, wenn er die Kombüse mit dem Gehabe eines kleinen Vorgesetzten betritt. Auch wenn der Koch ihn nicht gerade mit »Süßer« oder »Kumpel« anredet, wird er ihm doch bald seinen Platz zeigen: neben dem Maschinisten auf der kleinen Bank ...
>
> Ohne diesen freien Meinungsaustausch in der Kombüse wird die Mannschaft von heimlichen Ressentiments unterhöhlt. Alle sind sich darüber einig, daß die Stimmung in den Tropen gespannter ist und daß die Mannschaft dort mehr Schwierigkeiten macht. Einige schreiben das der Hitze zu, andere wissen, daß es geschieht, weil es das uralte Sicherheitsventil, die Kombüse, nicht mehr gibt[40].

Wenn zwei Ensembles in sozialer Interaktion stehen, werden wir oft gewahr, daß eines der beiden das höhere Ansehen besitzt. Gewöhnlich erwarten wir in solchem Fall, daß das Ensemble mit dem geringeren Prestige versuchen wird, die Basis der Interaktion in eine für es selbst günstigere Richtung zu verschieben oder den sozialen Abstand und die Formalität zwischen sich und dem höheren Ensemble zu verringern. Interessanterweise gibt es nun aber Gelegenheiten, bei denen die weiter gesteckten Ziele des höherstehenden Ensembles dazu verhelfen, die Barrieren abzubauen und dem niedrigeren Ensemble größere Vertraulichkeit und Gleichheit zu gewähren. Die Konsequenzen, die sich daraus ergeben, daß man das niedriger gestellte Ensemble an der Familiarität der Hinterbühne teilnehmen läßt, können auf weite Sicht im eigenen Interesse liegen. So erzählt uns Mister Barnard, wie er einmal absichtlich in der Gegenwart eines Komitees von Arbeitslosen fluchte, und daß er sich der Bedeutung dieses Fluchens bewußt war:

> Nach meiner Meinung – die von anderen, auf deren Urteil ich viel gebe, bestätigt wird –, ist es im allgemeinen eine außerordentlich schlechte Taktik, in der Gegenwart von Untergebenen oder Niedrigerstehenden zu fluchen, auch wenn diese nichts gegen Flüche einzuwenden haben und auch wenn sie wissen, daß der Vorgesetzte häufig flucht. Ich habe nur sehr wenige Menschen kennengelernt, die es ohne schädliche Folgen für ihren Einfluß tun konnten. Ich nehme an, der Grund dafür liegt darin, daß alles, was der Würde einer höheren Stellung abträglich ist, es erschwert, den Unterschied der Stellung zu akzeptieren. Zudem glaubt man, wenn es sich um eine einzige Organisation handelt, in der die Vorgesetztenrolle symbolisch für die ganze Organisation steht, daß das Prestige der Gesamtorganisation geschädigt werde. Im vorliegenden Fall, einem Ausnahmefall, war das Fluchen beabsichtigt, wobei gleichzeitig kräftig mit der Faust auf den Tisch gehauen wurde[41].

Ähnlich ist die Situation in Nervenheilanstalten, in denen man Milieutherapie anwendet. Indem die Krankenschwestern und sogar das Hauspersonal zu den sonst geheiligten Ärztebesprechungen zugezogen werden, soll das nicht-medizinische Personal den Eindruck gewinnen, der Abstand zwischen ihnen und den Ärzten nehme ab, und es mag deshalb eher gewillt sein, sich den Patienten gegenüber auf den Standpunkt des Arztes zu stellen. Man nimmt an, daß durch Exklusivitätsaufgabe an der Spitze die Arbeitsbereitschaft in den niederen Rängen erhöht werden kann. Einen zurückhaltenden Bericht über diesen Vorgang gibt Maxwell Jones in seinen Aufzeichnungen über englische Erfahrungen mit der Milieutherapie:

> In der Gruppe versuchten wir die Rolle des Arztes so zu entwikkeln, daß sie unserem begrenzten Behandlungsziel entsprach, und suchten anmaßende Täuschung zu vermeiden. Das stellte einen beachtlichen Bruch mit der Tradition des Krankenhauses dar. Wir kleiden uns nicht so, wie man es üblicherweise von Ärzten erwartet. Wir haben den weißen Mantel, das auffällige Stethoskop und den aggressiven Abhörhammer als Erweiterungen unseres Körper-Image abgelegt[42].

In der Praxis stellen wir bei der Untersuchung der Interaktion zweier Ensemble in Alltagssituationen häufig fest, daß von dem übergeordneten Ensemble so etwas wie Jovialität erwartet wird. Einmal bietet ein derartiges Lüften der Maske einen Ansatzpunkt für Tauschverhandlungen: Der Übergeordnete erhält eine Dienstleistung oder eine Ware irgendwelcher Art, der Untergeordnete ein freundliches Zugeständnis an Vertraulichkeit. So waren Angehörige der Oberklasse in England gegenüber Kaufleuten und subalternen Beamten manchmal für einen Augenblick weniger zurückhaltend, wenn sie jene um eine besondere Vergünstigung bitten mußten. Zum anderen stellt eine solche Verringerung der Distanz eine Methode dar, durch die in der Interaktion das Gefühl der Spontaneität und gemeinsamen Beteiligung erzeugt werden kann. Jedenfalls gehört es häufig zur Interaktion zwischen zwei Ensembles, daß man sich kleinere Freiheiten herausnimmt, wenn auch nur, um die Möglichkeit eines unerwarteten Vorteils vor der Gegenseite zu erproben.

Wenn sich ein Darsteller weigert, seinen Platz beizubehalten, sei es nun, daß sein Platz höheren oder niedrigeren Ranges ist als derjenige des Publikums, dürfen wir erwarten, daß der Regisseur – falls es einen solchen gibt – und das Publikum sich ihm gegenüber feindselig verhalten werden. Vielfach protestieren dann auch die Leute der unteren Dienstränge gegen ihn. Wie bereits oben angedeutet, ist jedes besondere Zugeständnis, das ein Mitglied des Ensembles an das Publikum macht, eine Bedrohung für den Standpunkt, auf den sich die anderen Mitglieder gestellt haben, und eine Bedrohung der Sicherheit, die sie daraus gewinnen, ihren Standpunkt zu kennen und zu kontrollieren. So sehen Lehrer, wenn eine andere Lehrerin in ihrer Schule die Schüler mit besonderer Anteilnahme behandelt, in der Pause gar mit ihnen spielt oder sich der Ärmeren unter ihnen annimmt, den Eindruck richtiger schulischer Arbeit bedroht, den sie wahren wollen[43].

Wenn bestimmte Darsteller die Grenze überschreiten, die die Ensembles voneinander trennt, wenn einer zu vertraut oder zu verständnisvoll oder zu feindselig wird, können wir in der Tat erwarten, daß sich Wellen von Reaktionen bilden, die sich auf das übergeordnete Ensemble, das untergeordnete Ensemble und auf die einzelnen Sünder selbst auswirken.

Einen Fingerzeig auf solche sich fortsetzende Reaktionen bietet eine neuere Untersuchung über die Handelsmarine. Darin stellt der Autor die These auf, daß die Seeleute, wenn die Deckoffiziere in Fragen der Schiffspflichten streiten, diese Unstimmigkeiten für ihre Zwecke ausnützen, indem sie dem Offizier, der ihrer Meinung nach benachteiligt wurde, ihr Mitleid ausdrücken:

> Die Seeleute handelten so [nämlich, daß sie sich bei einem der Streitenden einschmeicheln], weil sie erwarteten, daß der Offizier in seiner überlegenen Haltung nachgeben würde und den Mannschaftsgraden in der Diskussion der Situation eine gewisse Ebenbürtigkeit zugestände. Das führte schnell dazu, daß sie gewisse Sonderrechte für sich in Anspruch nahmen – etwa das Recht, im Steuerhaus statt an den Flügeln der Kommandobrücke zu stehen. Sie nützten den Streit der Vorgesetzten aus, um ihren Status als Untergebene zu erleichtern[44].

Die moderne Psychiatrie bietet weitere Belege; ich möchte einige davon anführen.

Ein Zitat stammt aus dem Bericht von Maxwell Jones, der eigentlich Argumente für ein Nachlassen der Statusunterschiede zwischen Patienten und Personal liefern will:

> Die Geschlossenheit der Krankenschwesterngruppe kann durch die Indiskretion irgendeines Mitglieds gestört werden; eine Krankenschwester, die ihre sexuellen Bedürfnisse offen vom Patienten befriedigen läßt, verändert die Einstellung des Patienten zu allen Krankenschwestern und beeinträchtigt die therapeutische Rolle der Krankenschwester[45].

Eine weitere Illustration findet sich in Bruno Bettelheims Bemerkungen über seine Erfahrungen beim Aufbau eines therapeutischen Milieus in der Sonia Shankman Orthogenic School an der Universität Chicago:

> Innerhalb des Gesamtrahmens des therapeutischen Milieus machen persönliche Sicherheit, angemessene Instinktbefriedigung und

Gruppenunterstützung das Kind sensitiv für zwischenmenschliche Beziehungen. Natürlich könnten die Ziele der Milieutherapie nicht erreicht werden, wenn die Kinder nicht gleichzeitig gegen die Art von Enttäuschung geschützt würden, die sie bereits in ihrer ursprünglichen Umgebung erfahren haben. Einigkeit des Personals ist deshalb für die Kinder eine so wichtige Quelle persönlicher Sicherheit, weil das Personal den Versuchen der Kinder gegenüber, ein Mitglied des Personals gegen das andere auszuspielen, unnachgiebig bleibt.

Ursprünglich gewinnen viele Kinder die Zuneigung eines Elternteils nur auf Kosten der Liebesansprüche, die der andere Elternteil an sie hat. Die Möglichkeiten, die Familie zu beherrschen, indem es einen Elternteil gegen den anderen ausspielt, entwickelt das Kind häufig auf dieser Grundlage, aber diese Methode verleiht dem Kind nur relative Sicherheit. Kinder, die diese Technik mit besonderem Erfolg angewandt haben, sind vor allem in ihrer Fähigkeit behindert, später nicht-ambivalente Beziehungen zu entwickeln. Jedenfalls haben die Kinder, wenn sie in der Schule wieder eine Situation, die ihrem Ödipus-Komplex entspricht, schaffen, auch positive, negative oder ambivalente Bindungen an bestimmte Mitglieder des Personals. Es ist wesentlich, daß diese Beziehungen zwischen Kindern und einzelnen Personalmitgliedern die Beziehungen der Personalmitglieder zueinander nicht beeinflussen. Ohne Kohärenz in diesem Bereich des Gesamtmilieus könnten derartige Bindungen zu neurotischen Beziehungen entarten und die Basis der Identifikation und andauernder Gefühlsbindungen zerstören[46].

Ein letztes Beispiel soll einem Projekt der Gruppentherapie entnommen werden, in dem auch Vorschläge zur Lösung immer wiederkehrender Interaktionsschwierigkeiten angedeutet werden, die schwierige Patienten verursachen:

Es werden Versuche gemacht, besondere Beziehungen zum Arzt zu schaffen. Patienten versuchen oft, den Anschein geheimen Einverständnisses mit dem Arzt zu erwecken, indem sie beispielsweise seinen Blick auf sich zu lenken suchen, wenn ein anderer Patient etwas erzählt, das »verrückt« klingt. Wenn es ihnen gelingt, eine Reaktion des Arztes zu provozieren, die sie als Zeichen für eine besondere Bindung zu interpretieren vermögen, kann das für die ganze Gruppe sehr störend sein. Da diese Art von gefährlichen Nebenspielen charakteristischerweise nicht mündlich vor sich geht, muß der Arzt vor allem seine eigenen Reaktionen unter Kontrolle halten[47].

Vielleicht verraten uns diese Zitate mehr über die halbverdeckten sozialen Beweggründe der Autoren als über die allgemeinen Prozesse, die eingeleitet werden können, wenn jemand aus der Rolle fällt, aber in letzter Zeit lieferten uns die Arbeiten von Stanton und Schwartz detaillierte Berichte über die Reichweite der Folgen, die eintreten, wenn die Grenze zwischen beiden Ensembles überschritten wird[48].

Wir haben angedeutet, daß in Krisenmomenten die Trennungslinien für kurze Zeit zusammenbrechen und die Mitglieder einander entgegengesetzter Ensembles ihre angemessene Stellung gegeneinander vergessen können. Ferner wurde angedeutet, daß anscheinend gewisse Ziele gefördert werden können, wenn man die Schranken zwischen den Ensembles öffnet, und daß sich zu diesem Zweck übergeordnete Ensembles vorübergehend mit den unteren Rängen vereinigen können. Es ist als eine Art von Grenzfall hinzuzufügen, daß in Interaktion stehende Ensembles anscheinend bisweilen bereit sind, den dramatischen Rahmen ihrer Handlungen zu überschreiten und sich für längere Zeit wahllosen Ausschweifungen in medizinischen, religiösen oder ethischen Analysen hinzugeben. Wir können eine sensationelle Version dieses Prozesses bei missionarischen Bestrebungen finden, die die Technik der öffentlichen Beichte anwenden. Ein Sünder von manchmal zugegebenermaßen nicht allzu hohem Status steht auf und erzählt den Anwesenden Dinge, die er normalerweise verbergen oder uminterpretieren würde; er opfert seine Geheimnisse und die Distanz, die ihn vor den anderen schützt, und dieses Opfer kann alle Anwesenden solidarisieren. Die Gruppentherapie bedient sich eines ähnlichen Mechanismus' zum Aufbau der Ensemblegefühle und der Solidarität. Ein Sünder im psychischen Sinne steht auf, spricht in einer Weise über sich, die in der gewöhnlichen Interaktion unmöglich wäre, und fordert andere auf, das gleiche zu tun. Die Folge ist meist eine geschlossene Gruppensolidarität, und diese »soziale Unterstützung«, wie sie genannt wird, hat offenbar therapeutischen Wert. (Vom Alltagsstandpunkt aus ist das einzige, was ein Patient dabei verliert, sein Respekt vor sich selbst.) Ein Nachhall dieser Technik findet sich vielleicht auch in den Konferenzen von Krankenschwestern und Ärzten, die weiter oben erwähnt wurden.

Vielleicht treten solche Übergänge von der Trennung zur Intimität in Zeiten chronischer Belastung auf. Oder vielleicht können wir sie als Komponenten einer anti-dramaturgischen sozialen Bewegung, eines Kults der Beichte, betrachten. Vielleicht ist ein derartiges Öffnen der Schranken eine natürliche Phase der sozialen Veränderung, die ein Ensemble in ein anderes verwandelt: Mutmaßlich konkurrierende Ensembles tauschen ihrer Geheimnisse aus, damit sie von neuem beginnen können, Skelette für eine neue, gemeinsame Gruft zu sammeln. Jedenfalls stellen wir fest, daß Gelegenheiten eintreten, bei denen konkurrierende Ensembles, seien sie industrieller, familiärer oder nationaler Zusammensetzung, nicht nur bereit scheinen, ihre Geheimnisse demselben Spezialisten anzuvertrauen, sondern auch bereit sind, diese Enthüllungen in Gegenwart des Feindes zu machen [49].

Es sei hier darauf hingewiesen, daß das Studium von Neugruppierungen und Neuordnungen, besonders zeitweiligen Verrats, am fruchtbarsten vielleicht gar nicht in hierarchisch organisierten Institutionen, sondern vielmehr im geselligen Beisammensein, der zwanglosen Interaktion unter Gleichen, ist. Daß die Hingabe an derartige Aggressionen gestattet ist, scheint sogar eines der charakteristischen Merkmale unseres geselligen Lebens zu sein. Man erwartet bei solchen Gelegenheiten oft geradezu, daß sich zwei Personen auf ein mündliches Schattenboxen zum Vergnügen der Zuhörer einlassen, wobei jeder in scherzhafter Weise versucht, den Standpunkt des anderen zu diskreditieren. Im Flirt versuchen die Männer, die weibliche Pose jungfräulicher Unnahbarkeit zu zerstören, während die Frauen den Männern wiederum ein Zugeständnis des Interesses abzugewinnen suchen, ohne ihre eigene Verteidigungsposition zu schwächen. (Sind die Teilnehmer am Flirt zugleich Mitglieder verschiedener Ehe-Ensembles, dann mögen dabei verhältnismäßig wenig ernsthafte Verrats- und Überlaufhandlungen auftreten.) In Gesprächsgruppen von fünf oder sechs Teilnehmern können die Grundgruppierungen – etwa nach Ehepaaren oder nach Gastgebern und Gästen oder Männern und Frauen – leichten Herzens aufgegeben werden, und die Teilnehmer sind bereit, ohne besonderen Anlaß sich wieder neu zu gruppieren und sich im Scherz mit ihrem vorherigen Publikum gegen ihre vorigen Ensemblegenossen zu verbünden, indem sie offen verraten oder sich scheinbar verschwörerisch gegen sie verbünden. Vergleichbare Situationen entstehen, wenn ein Anwesender in besonders hoher Stellung betrunken gemacht wird, daraufhin seine Maske fallen läßt und den anderen gegenüber zugänglicher wird. Diese Art der Aggression ist weniger kompliziert bei Gesellschaftsspielen oder Scherzen, in denen eine Person als Zielscheibe des Witzes dazu veranlaßt wird, eine lächerliche und unhaltbare Position einzunehmen.

Ich möchte einige Bemerkungen zu einer verallgemeinernden These machen, die sich aus diesen Betrachtungen über das Ensembleverhalten zu ergeben scheint. Woraus auch immer das menschliche Bedürfnis nach sozialem Kontakt und Geselligkeit entsteht, es scheint sich in zwei Formen auszuwirken: dem Bedürfnis, ein Publikum zu haben, vor dem man sein zur Schau getragenes Selbst ausprobieren kann, und dem Verlangen nach Ensemblegenossen, mit denen man sich verschwörerischer Vertraulichkeit und der Entspannung hinter der Bühne hingeben kann. An dieser Stelle aber wird der theoretische Rahmen unserer Untersuchung zu starr, um die Tatsachen, auf die er hinweist, fassen zu können. Zwar sind jene beiden Funktionen, die die anderen für uns erfüllen können, im allgemeinen getrennt (und diese Arbeit beschäftigt sich weitgehend damit, darzulegen, warum das notwendig ist), aber ohne Zweifel gibt es Gelegenheiten, bei denen sie nahezu gleichzeitig von denselben Personen erfüllt werden. Wie bereits angedeutet, kann dies durch gegenseitige Zugeständnisse bei geselligem Zusammensein geschehen; aber natürlich gibt es diese Doppelfunktion auch als einseitige Verpflichtung, als eine Verpflichtung, in der die Rolle des Gehilfen so erweitert wird, daß ihr Darsteller immer verfügbar ist, um entweder den Eindruck, den sein Meister macht, zu bezeugen oder um ihm zu helfen, diesen Eindruck zu vermitteln. Derartige Beziehungen sind in manchen Stationen psychiatrischer Krankenhäuser anzutreffen, wo Wärter und Patient zusammen alt geworden sind und vom Patienten verlangt wird, daß er im einen Augenblick als Zielscheibe für die Witze des Wärters dient, während er im nächsten Augenblick dessen verschwörerisches Blinzeln auffängt, durch das eine neue Gruppe gebildet wird. Diese therapeutische Stütze steht dem Wärter zur Verfügung, wann immer er sie verlangt. Vielleicht ist die militärische Rolle des Adjutanten zum Teil unter dem gleichen Gesichtspunkt zu sehen; der Adjutant stellt nämlich für seinen General einen Ensemblegenossen dar, den dieser nach Belieben als Zuschauer entbehren oder verwenden kann. Einige Mitglieder von Halbstarkenbanden und manche Direktionssekretäre in dem Gefolge, das sich um Filmproduzenten bildet, sind weitere derartige Beispiele.

In diesem Kapitel wurden vier Typen der Kommunikation außerhalb der Rolle betrachtet: Behandlung der Abwesenden, Regieanweisungen, Verschwörungen des Ensembles und Neugruppierungen. Jeder dieser vier Verhaltenstypen lenkt unser Augenmerk auf den gleichen Punkt: Die Vorstellung, die ein Ensemble gibt, ist keine spontane unmittelbare Reaktion auf eine bestimmte Situation, die etwa seine ganze Energie absorbiert und seine einzige soziale Realität ausmacht; die Vorstellung ist von der Art, daß die Ensemblemitglieder davon Abstand gewinnen können, soviel Abstand, daß sie gleichzeitig andere Darstellungen spielen oder sich vorstellen können, solche, die andere Realitäten beweisen. Ob die Darsteller nun glauben, ihr Angebot stelle die »realste« Realität dar, oder ob sie das nicht tun, insgeheim geben sie mannigfachen Versionen der Realität Ausdruck, von denen eine jede mit den anderen unvereinbar ist.

Die Technik der Eindrucksmanipulation

In diesem Kapitel möchte ich zusammenfassen, was über die Eigenschaften eines Darstellers gesagt wurde, soweit sie zur erfolgreichen Rolleninszenierung notwendig sind. Ich werde deshalb kurz auf einige technische Hilfsmittel der Eindrucksmanipulation Bezug nehmen, in denen sich diese Eigenschaften ausdrücken. Zur Vorbereitung empfielt es sich, auf einige typische Störungen, die in einer Vorstellung auftreten können, hinzuweisen; denn diese Störungen zu vermeiden, ist die Funktion der Technik der Eindrucksmanipulation.

Zu Beginn der vorliegenden Untersuchung, bei der Betrachtung der allgemeinen Darstellungsmerkmale, wurde darauf verwiesen, daß sich der Darsteller für das, was er ausdrückt, verantwortlich fühlen muß, weil zahlreiche unvorhergesehene kleinere Handlungen dazu angetan sind, im Augenblick unangebrachte Eindrücke zu vermitteln. Diese Ereignisse wurden als »unbeabsichtigte Gesten« bezeichnet. Ponsonby erzählt von einem Fall, in dem der Versuch des Regisseurs, eine unbeabsichtigte Geste zu vermeiden, eine andere heraufbeschwor:

> Einer der Botschaftsattachés sollte das Kissen tragen, auf dem der Orden lag, und um zu verhindern, daß er herunterfiele, steckte ich die Nadel auf der Rückseite des Sterns durch das Samtkissen. Der Attaché war jedoch damit nicht zufrieden und steckte das Ende der Nadel in den Verschluß, um ganz sicher zu gehen. Die Folge war, daß Prinz Alexander, als er seine Rede gehalten hatte und nun versuchte, den Stern zu ergreifen, ihn fest an das Kissen geklammert fand und einige Zeit damit verbrachte, ihn wieder loszubekommen. Das verdarb den eindrucksvollsten Augenblick der Zeremonie[1].

Dem wäre hinzuzufügen, daß derjenige, der für eine ungewollte Geste als verantwortlich gilt, dadurch in erster Linie seine eigene Vorstellung, die Vorstellung eines seiner Ensemblegefährten oder die vom Publikum inszenierte Vorstellung in Mißkredit bringen mag.

Wenn ein Außenseiter zufällig eine Region betritt, in der eine Vorstellung stattfindet, oder wenn ein Zuschauer versehentlich den Raum hinter der Bühne betritt, ist es wahrscheinlich, daß er die Anwesenden in flagranti erwischt. Ohne daß irgend jemand es beabsichtigt hätte, können sie womöglich ganz offen bei einer Tätigkeit beobachtet werden, die vollkommen unvereinbar mit dem Eindruck ist, den sie aus umfassenden sozialen Gründen vor dem Eindringling erwecken wollen. Wir haben es hier mit einem Ereignis zu tun, das als »unpassendes Eindringen« bezeichnet werden kann.

Das Vorleben und die gegenwärtige Tätigkeit eines Darstellers enthalten im typischen Fall wenigstens ein paar Tatsachen, die, würden sie während der Vorstellung eingeführt, seine Behauptungen über sich selbst diskreditieren oder weniger glaubwürdig erscheinen ließen. Bei diesen Fakten mag es sich um wohlgehütete dunkle Geheimnisse oder um negativ bewertete Eigenschaften handeln, die jeder sehen kann, von denen aber keiner spricht. Werden solche Dinge aufgedeckt, so sind die Folgen meist peinlich. Die Aufmerksamkeit kann natürlich durch unbeabsichtigte Gesten oder unpassendes Eindringen auf diese Tatsachen gelenkt werden. Sie werden jedoch häufiger durch bewußte Aussagen oder durch Handlungen aufgedeckt, deren volle Bedeutung demjenigen, der sie in die Interaktion einführt, nicht bewußt ist. Nach dem üblichen Sprachgebrauch kann man eine solche Störung der Projektion als »Fauxpas« bezeichnen. Wo immer ein Darsteller unüberlegt, aber absichtlich durch Aussagen oder Handlungen das Image des eigenen Ensembles zerstört, können wir von »Taktlosigkeiten« sprechen. Wenn ein Darsteller das vom anderen Ensemble projizierte Selbstbild in Gefahr bringt, sagen wir, er sei »ins Fettnäpfchen getreten«. Handbücher der Etikette enthalten klassische Warnungen vor derartigen Indiskretionen:

> Ist irgend jemand anwesend, den du nicht kennst, dann sei vorsichtig mit Epigrammen und kleinen sarkastischen Bemerkungen. Du könntest dich jemandem gegenüber sehr witzig über Stricke äußern, dessen Vater gehenkt worden ist. Die erste Bedingung erfolgreicher Konversation ist es, genau zu wissen, in welcher Gesellschaft man sich befindet[2].
>
> Triffst du einen Freund, den du einige Zeit nicht gesehen hast und über dessen Wohlergehen und Familiengeschichte du in letzter Zeit nichts oder nichts Genaues gehört hast, dann solltest du es vermei-

den, dich nach bestimmten Personen in seiner Familie zu erkundigen, bevor du über sie Bescheid weißt. Manche sind vielleicht gestorben; und vielleicht haben sich andere schlecht benommen, sich getrennt oder einen schweren Schicksalsschlag erlitten [3].

Ungewollte Gesten, unpassendes Eindringen und Fauxpas sind Quellen von Peinlichkeit und Unstimmigkeit, die im typischen Fall der nicht beabsichtigt hat, der für sie verantwortlich ist, und die vermieden worden wären, hätte er im voraus erkannt, was daraus entsteht. Es gibt aber Situationen, die man in der Umgangssprache »Szenen« nennt, in denen ein Einzelner so handelt, daß er den höflichen Anschein der Übereinstimmung zerstört oder ernsthaft gefährdet; und während er das vielleicht nicht einfach darum tut, um Unfrieden zu stiften, so ist er sich doch dabei bewußt, wie leicht eine solche Unstimmigkeit entstehen kann. Die umgangssprachliche Formel »eine Szene machen« trifft den Tatbestand genau, weil durch derartige Störungen wirklich eine neue Szene geschaffen wird. Das vorangegangene und erwartete Zusammenspiel der Ensembles wird plötzlich beiseite geschoben, und ein neues Drama tritt an seine Stelle. Nicht von ungefähr gehört zu dieser neuen Szene häufig eine Neuaufteilung der bisherigen Ensemblemitglieder in zwei neue Ensembles.

Manche solcher Szenen ereignen sich, wenn die Mitglieder eines Ensembles gegenseitig die schlechte Vorstellung des anderen nicht mehr ertragen können und mit öffentlicher Kritik an eben den Personen plötzlich herausplatzen, mit denen sie eigentlich dramaturgisch zusammenarbeiten sollten. Derartiges schlechtes Benehmen wirkt oft verheerend auf die Vorstellung, die von den gegnerischen Parteien geboten werden sollte; ein solcher Streit bewirkt einmal, daß das Publikum plötzlich einen Blick hinter die Bühne werfen kann, und zum anderen, daß die Zuschauer die Überzeugung gewinnen, irgend etwas müsse an einer Darstellung faul sein, worüber sich diejenigen, die sie am besten kennen, nicht einigen können. Eine andere Szene ist es, wenn das Publikum beschließt, es könne oder wolle das höfliche Spiel der Interaktion nicht mehr mitspielen, und deshalb die Darsteller mit Tatsachen oder bedeutungsvollen Handlungen konfrontiert, die beide Ensembles nicht ohne weiteres hinnehmen können. Das geschieht zum Beispiel, wenn jemand seinen ganzen Mut zusammennimmt und sich entschließt »Klarheit zu schaffen« oder einem anderen »endlich die Meinung zu sagen«. Dieser offene Streit ist in

Strafprozessen und im letzten Kapitel von Kriminalromanen institutionalisiert, wo einer Person, die bis dahin überzeugend die Maske der Unschuld getragen hat, in Gegenwart anderer mit unwiderleglichen Beweisen vorgehalten wird, daß ihre Haltung nur Pose war. Es handelt sich ebenfalls um eine Szene, wenn die Interaktion zwischen zwei Personen so geräuschvoll, hitzig oder sonst irgendwie auffällig wird, daß nahestehende Personen, die mit ihrer eigenen Interaktion beschäftigt waren, notgedrungen zu Zeugen des Streits werden oder sogar Partei ergreifen müssen. Ein letzter Typus solcher Szenen mag noch erwähnt werden. Wenn einer, der als Ein-Mann-Ensemble auftritt, sich ernsthaft auf eine Behauptung oder einen Anspruch festlegt und sich keinen Ausweg für den Fall offenhält, daß der Anspruch vom Publikum nicht anerkannt wird, dann vergewissert er sich im allgemeinen vorher, ob es wahrscheinlich ist, daß seine Behauptung oder sein Anspruch vom Publikum akzeptiert oder anerkannt werden. Manchmal aber hat ein Einzelner Gründe dafür, eine Forderung zu stellen, von der er weiß, daß sein Publikum sie nicht akzeptieren wird. Er öffnet bewußt seinen Panzer und liefert sich der Gnade des Publikums aus. Durch eine solche Tat wendet sich der Einzelne mit der Bitte ans Publikum, sich selbst als Teil seines Ensembles zu betrachten oder es ihm zu gestatten, daß er sich als Teil des Publikumsensembles betrachte. So etwas ist schon an und für sich peinlich; wenn aber die unvorsichtige Bitte des Einzelnen ihm ins Gesicht hinein abgeschlagen wird, erleidet er das, was wir Erniedrigung nennen.

Wir haben einige der wichtigeren Ereignisse betrachtet, durch die Vorstellungen gestört werden können – unbeabsichtigte Gesten, unpassendes Eindringen, Fauxpas und Szenen. Diese Störungen bezeichnet man in der Alltagssprache oft als »Zwischenfälle«. Wenn ein Zwischenfall eintritt, ist die vom Darsteller aufgebaute Realität bedroht. Die Anwesenden reagieren meist so darauf: sie werden unsicher, sind peinlich berührt, verlegen oder nervös. Alle Teilnehmer an der Interaktion werden buchstäblich aus der Fassung gebracht. Sind die Symptome der Verwirrung offenkundig, so wird die Realität, die die Vorstellung darbot, häufig noch weiter bedroht und abgeschwächt, denn solche Anzeichen von Nervosität sind in den meisten Fällen ein Aspekt des Einzelnen, der eine Rolle spielt, und nicht ein Aspekt der Rolle, die er spielt; sie drängen somit dem Publikum ein Bild des Mannes hinter der Maske auf.

Um Zwischenfälle und die damit verbundene Verlegenheit zu vermeiden, müssen alle Teilnehmer an einer Interaktion ebenso wie die Zuschauer gewisse Eigenschaften besitzen und sie dazu benützen, um die Darstellung zu schützen. Diese Eigenschaften und ihre Anwendung sollen unter drei Titeln besprochen werden: Verteidigungsmaßnahmen, die Darsteller anwenden, um ihre eigene Vorstellung zu retten; Schutzmaßnahmen, die von Zuschauern und Außenseitern getroffen werden, um den Darsteller bei der Rettung seiner Vorstellung zu unterstützen; und schließlich Maßnahmen, die der Darsteller treffen muß, um es Publikum wie Außenseitern zu ermöglichen, Schutzmaßnahmen im Interesse des Darstellers zu treffen.

Eigenschaften und Maßnahmen der Verteidigung

1. *Dramaturgische Loyalität*: Offensichtlich müssen die Mitglieder eines Ensembles, wollen sie die Richtung, die sie eingeschlagen haben, beibehalten, so tun, als hätten sie bestimmte moralische Verpflichtungen übernommen. Sie dürfen die Geheimnisse des Ensembles außerhalb der Darstellungen nicht verraten – sei es im eigenen Interesse, sei es aus Prinzip, oder auch, um nicht indiskret zu sein. So müssen die älteren Familienmitglieder häufig die Kinder von ihrem Klatsch und ihren Geständnissen ausschließen, weil man nie sicher sein kann, wem ein Kind die Geheimnisse weitererzählt. Erst wenn ein Kind so alt ist, daß es verschwiegen ist, werden seine Eltern die Stimme nicht mehr dämpfen, sobald es ins Zimmer kommt. Schriftsteller des 18. Jahrhunderts, die sich mit dem Dienstbotenproblem beschäftigen, spielen auf ein ähnliches Problem der Illoyalität an, hier allerdings im Zusammenhang mit Personen, die alt genug sind, um es besser zu wissen:

> Diese mangelnde Treue (der Dienstboten gegenüber ihren Herren) ließ mancherlei kleine Ärgernisse aufkommen, vor denen nur wenige Herren ganz geschützt waren. Nicht das geringste unter diesen Ärgernissen war die Neigung der Dienstboten, die Angelegenheiten ihres Herrn weiterzuerzählen. Defoe bemerkt dies und ermahnt weibliche Dienstboten: »Füge deinen anderen Tugenden Ehrfurcht hinzu, die dich die Weisheit lehren wird, Familiengeheimnisse zu bewahren; denn Mangel hierin ist ein großer Fehler ...«[4]

Auch beim Nahen von Dienstboten dämpft man die Stimme, aber im 18. Jahrhundert wurde noch eine andere Maßnahme üblich, um Ensemblegeheimnisse vor den Dienstboten zu wahren:

> Der »stumme Diener« war ein Serviertisch, der vor dem Diner von den Dienstboten mit Speisen, Getränken und Speiseutensilien gefüllt wurde, worauf sich die Dienstboten zurückzogen, und die Gäste sich selbst bedienten [5].

Über die Einführung dieser dramaturgischen Maßnahme in England berichtet Mary Hamilton:

> Mein Vetter Charles Cathcart speiste mit uns bei Lady Stormont; wir hatten stumme Diener, und so wurde unsere Unterhaltung nicht dadurch eingeschränkt, daß Dienstboten im Zimmer waren [6].
> Beim Essen benützten wir die bequemen stummen Diener, so daß wir in unserer Unterhaltung nicht wegen der Aufwartung der Dienstboten gehemmt sein mußten [7].

Ebensowenig dürfen Mitglieder des Ensembles ihre Anwesenheit auf der Vorderbühne dazu ausnutzen, um ihre eigene Vorstellung zu inszenieren, wie es beispielsweise Stenotypistinnen im heiratsfähigen Alter tun, die manchmal ihre Büroumgebung mit dem üppigen Buschwerk hochgezüchteter Mode verstellen. Sie dürfen auch die Vorstellungszeit nicht dazu benützen, um ihr eigenes Ensemble anzugreifen. Sie müssen bereit sein, mit Anstand Nebenrollen zu übernehmen und enthusiastisch zu spielen, wann immer, wo immer und vor wem auch immer das Ensemble als Ganzes es beschließt. Und sie müssen so weit von ihrem eigenen Spiel gefangengenommen sein, wie es nötig ist, damit es vor dem Publikum nicht hohl und falsch klingt.

Das Schlüsselproblem bei der Aufrechterhaltung der Loyalität der Ensemblemitglieder (und anscheinend auch der Mitglieder anderer Kollektive) ist vielleicht, daß die Darsteller nicht so stark gefühlsmäßig an das Publikum gebunden sein dürfen, daß sie ihm die Konsequenzen des erweckten Eindrucks enthüllen oder sonstwie das Ensemble als Ganzes für ihre Gefühlsbindung aufkommen lassen. In kleinen Gemeinden in England beispielsweise verhalten sich die Geschäftsführer ihrem Laden gegenüber oft loyal, sie beschreiben das Produkt, das einem Kunden verkauft wird, in leuchtenden Farben und fügen noch ein paar falsche Ratschläge hinzu, aber es sind auch häufig Verkäufer anzutreffen, die nicht nur den Anschein erwecken, als übernähmen sie die Rolle des Kunden bei der Einkaufsberatung;

sie tun dies vielmehr auch tatsächlich. Auf der Shetland-Insel zum Beispiel hörte ich, wie ein Verkäufer einem Kunden eine Flasche Kirschlimonade reichte und sagte: »Ich verstehe nicht, wie Sie das Zeug trinken können.« Keiner der Anwesenden war über diese Aufrichtigkeit überrascht, und ähnliche Bemerkungen hörte man jeden Tag in den Läden der ganzen Insel. Auch sind dort Tankstellenpächter oft gegen Trinkgelder, weil das den Tankwart dazu verführen kann, einigen wenigen Auserwählten zu viele Gratisleistungen zu gewähren, während andere Kunden warten müssen.

Eine grundlegende Technik, mit der sich das Ensemble gegen derartige Illoyalität schützen kann, ist die Entwicklung einer starken Gruppensolidarität innerhalb des Ensembles, wobei gleichzeitig ein Publikumsbild hinter der Bühne geschaffen wird, das unmenschlich genug ist, den Darstellern vor den Zuschauern emotionale und moralische Immunität zu gewähren. In dem Maße, wie die Ensemblemitglieder und ihre Kollegen eine geschlossene soziale Gemeinschaft bilden, die jedem Darsteller – unabhängig davon, ob er seine Fassade vor dem Publikum erfolgreich aufrechterhält oder nicht – einen Platz und eine moralische Stütze bietet, können sich anscheinend auch die Darsteller vor Zweifeln und Schuldgefühlen schützen und jede Art von Täuschung verüben. Vielleicht sollten wir die herzlose Kunstfertigkeit der Thugs im Zusammenhang mit den religiösen Überzeugungen und Ritualen sehen, in die ihre Überfälle integriert waren, und vielleicht vermögen wir die erfolgreiche Kaltblütigkeit der Hochstapler zu verstehen, wenn wir die soziale Solidarität ihrer »Halbwelt« und ihre wohlformulierte Verteufelung der sogenannten »legitimen« Welt in Betracht ziehen. Vielleicht können wir aus dieser Konzeption heraus teilweise verstehen, warum Gruppen, die der Gemeinschaft entfremdet oder noch nicht in sie integriert sind, so vorzüglich für Berufe geeignet sind, die mit »schmutziger Arbeit« zu tun haben, bei denen routinemäßig betrogen wird.

Eine zweite Technik, die Gefahr von Gefühlsbindungen zwischen Darstellern und Zuschauern zu bannen, besteht darin, periodisch das Publikum zu wechseln. So wurden früher Tankstellenleiter periodisch von einer Tankstelle zur anderen versetzt, um enge persönliche Beziehungen zu einzelnen Kunden zu unterbinden. Es stellte sich heraus, daß der Geschäftsführer, wenn sich solche Beziehungen bildeten, zuweilen die Interessen eines kreditbedürftigen Freundes den Geschäftsinteressen vorzog[8]. Bankdirektoren und Pfarrer sind aus ähnlichen Gründen, ebenso wie Verwaltungsbeamte, im Kolonialdienst systematisch versetzt worden. Gewisse weibliche Gewerbe bilden ein weiteres Beispiel, wie wir aus dem folgenden Bericht über die organisierte Prostitution entnehmen können:

> Darum kümmert sich heutzutage das Syndikat. Die Mädchen bleiben nicht lange genug in einer Stadt, um wirklich mit irgend jemand bekannt werden zu können. Dann passiert es nicht so leicht, daß sich ein Mädchen in irgendeinen Kerl verliebt – Sie verstehen, und Schwierigkeiten macht. Jedenfalls ist die Nutte, die diese Woche in Chikago ist, nächste Woche in St. Louis, oder wird in einem halben Dutzend Häusern in der Stadt herumgeschickt, bevor sie woanders hinkommt. Und sie wissen nie, wohin sie gehen, bevor man es ihnen sagt[9].

2. *Dramaturgische Disziplin*: Um ein Ensemble aufrechtzuerhalten, ist es entscheidend, daß jedes Ensemblemitglied Disziplin übt und sie für die dramaturgischen Gegebenheiten seiner Rolle einsetzt. Das heißt: Während der Darsteller anscheinend in spontaner unberechneter Weise von seinen eigenen Handlungen in Anspruch genommen ist, muß er dennoch gefühlsmäßig von seiner Darstellung so frei sein, daß er dramaturgische Probleme bewältigen kann, falls sie auftauchen. Er muß intellektuelle und emotionelle Anteilnahme an der Tätigkeit, die er darstellt, zur Schau stellen und muß sich zugleich davor hüten, von dem eigenen Schauspiel wirklich mitgerissen zu werden, damit er seiner eigentlichen Aufgabe gerecht wird, nämlich eine erfolgreiche Vorstellung zu geben.

Ein im dramaturgischen Sinne disziplinierter Darsteller beherrscht seinen Text, und ihm passieren keine ungewollten Gesten oder Fauxpas. Er ist diskret; er verrät das Schauspiel nicht, indem er aus Versehen seine Geheimnisse ausplaudert. Er besitzt Geistesgegenwart, er kann spontan unangebrachtes Verhalten seiner Ensemblegenossen vertuschen und dabei die ganze Zeit den Eindruck erwecken, er spiele nur seine Rolle. Und wenn sich eine Störung der Darstellung nicht vermeiden oder verbergen läßt, kann der disziplinierte Schauspieler überzeugend klarmachen, warum sie nicht ernst genommen werden sollte, er kann ihr etwa durch humorvolles Gehabe ihr Gewicht nehmen oder durch Entschuldigungen und Selbstbezichtigungen jene rehabilitieren, die man dafür verantwortlich macht. Der disziplinierte Schauspieler besitzt außerdem Selbstbeherrschung. Er kann seine Gefühlsreaktionen auf Privatprobleme ebenso unterdrücken wie seine Reaktionen gegenüber Ensemblegenossen die Fehler machen, oder Zuschauern, die ihm übertriebene Zuneigung oder Feindseligkeit einflößen. Und er kann sich zwingen, nicht über Dinge zu lachen, die ernst gemeint sind, oder Dinge ernst zu nehmen, die andere für komisch halten. Mit anderen Worten: Er kann seine spontanen Gefühle unterdrücken und den Anschein erwecken, er stimme mit dem Status quo völlig überein, der durch die Vorstellung des Ensembles geschaffen worden ist; denn ein Zurschaustellen untersagter Affekte kann nicht nur unpassende Enthüllungen und Störungen des Einklangs hervorrufen, sondern den Zuschauern auch stillschweigend den Status von Ensemblemitgliedern einräumen. Der disziplinierte Darsteller besitzt außerdem genügend Haltung, um sich aus der informellen Privatsphäre in die Sphäre der Öffentlichkeit zu begeben, ohne daß ihn dieser Wechsel verwirrt[10].

Schwerpunkt solcher dramaturgischer Disziplin ist wohl die Kontrolle über Gesichtsausdruck und Stimme. Sie ist der Prüfstein für die Fähigkeiten eines Darstellers. Die wirkliche Gefühlsreaktion muß verborgen und die angemessene Gefühlsreaktion gezeigt werden. Neckereien gehören wohl oft zur inoffiziellen Technik der Aufnahmeprüfung, durch die ein Ensemble neue Mitglieder auf die Probe stellt, ob sie »Spaß verstehen«, das heißt, ob sie fähig sind, Wohlwollen zu zeigen, das sie vielleicht gar nicht empfinden. Wenn ein Einzelner eine solche Prüfung seiner Kontrolle über sich selbst besteht – sei es, daß er ihr von seinen neuen Ensemblegefährten im Scherz oder durch unerwartete Notwendigkeit während einer Vorstellung im Ernst unterzogen wird –, dann kann er sich als Schauspieler betrachten, der sich selbst trauen kann und dem andere vertrauen können. Ein hübsches Beispiel gibt Howard S. Becker in einem unveröffentlichten Vortrag über Marihuana-Raucher. Becker berichtet, daß jemand, der Rauschgift nur gelegentlich benutzt, große Angst davor hat, unter Rauschgifteinwirkung Verwandten oder Arbeitskollegen zu begegnen, die von ihm eine ihnen vertraute »normale« Darstellung erwarten. Offenbar nimmt er nicht ständig Rauschgift, bevor er nicht gelernt hat, auch unter Rauschgifteinfluß vor Nicht-Süchtigen eine Darstellung zu geben, die ihn nicht verrät. Die gleiche Frage taucht, vielleicht in weniger dramatischer Form, im normalen Familienleben auf, wenn darüber entschieden werden soll, von welchem Erziehungsstadium ab die jungen Ensemblemitglieder zu öffentlichen und halböffentlichen Veranstaltungen mitgenommen werden können; denn erst wenn das Kind bereit ist, seine Launen zu unterdrücken, wird es bei solcher Gelegenheit zu einem zuverlässigen Teilnehmer.

3. *Dramaturgische Sorgfalt*: Loyalität und Disziplin im dramaturgischen Sinne werden von den Ensemblemitgliedern als Eigenschaft gefordert, wenn ihr Spiel Erfolg haben soll. Darüber hinaus wird es sich für die Ensemblemitglieder als nützlich erweisen, eine Darstellung mit Voraussicht und Planung vorzubereiten. Vorsicht ist vor allem vonnöten. Wenn die Gefahr gering ist, daß man gesehen wird, darf man sich gehenlassen; wenn wenig Gefahr besteht, daß man auf die Probe gestellt wird, können die nackten Tatsachen ins schönste Licht gestellt werden, die Darsteller können ihre Rolle voll ausspielen und sie mit Würde ausstatten. Wenn weder Sorgfalt noch Aufrichtigkeit bei der Darstellung im Spiel sind, ist sie leicht zu stören; bei strengster Genauigkeit und Aufrichtigkeit besteht keine Gefahr, daß die Darsteller »nur allzugut« verstanden werden, aber sie können doch noch mißverstanden, nicht hinreichend verstanden und stark eingeengt werden in dem, was sie aus den sich bietenden dramaturgischen Gelegenheiten aufbauen könnten. Mit anderen Worten: Man erwartet im Interesse des Ensembles von den Darstellern, daß sie das Schauspiel sorgfältig und klug inszenieren, sich auf eventuelle Zwischenfälle vorbereiten und die ihnen dann noch verbleibenden Gelegenheiten ausnützen. Dramaturgische Sorgfalt tritt in Formen auf, die uns gut bekannt sind; einige von ihnen sollen hier betrachtet werden.

Eine solche Methode haben wir offensichtlich vor uns, wenn sich das Ensemble Mitglieder aussucht, die loyal und diszipliniert sind, und eine zweite, wenn sich das Ensemble einen klaren Begriff davon macht, wieviel Loyalität und Disziplin es von seinen Mitgliedern erwarten darf; denn davon, in welchem Ausmaß diese Eigenschaften vorhanden sind, wird es mit großer Wahrscheinlichkeit abhängen, ob die Vorstellung ein Erfolg wird, und zugleich davon, in welchem Maße man die Vorstellung mit Ernsthaftigkeit, Gewicht und Würde ausstatten kann.

Der sorgfältige Darsteller wird auch Zuschauer auszuwählen suchen, die vom Standpunkt des Schauspiels aus, das er darbieten will, wie auch des Schauspiels, das er vermeiden will, möglichst wenig Schwierigkeiten machen werden. So wird berichtet, daß Lehrer oftmals weder die Schüler der unteren Gesellschaftsschichten noch die der Oberklasse mögen, weil beide Gruppen es ihm gleichermaßen schwer machen, im Schulzimmer die traditionelle Lehrerrolle durchzuhalten[11]. Lehrer lassen sich aus diesen Gründen gern an Mittelstandsschulen versetzen. So arbeiten auch manche Krankenschwestern lieber im Operationssaal als auf der Station, weil hier die Gewähr dafür gegeben ist, daß das Publikum, das nur aus einem Zuschauer besteht, die Schwächen des Schauspiels bald nicht mehr wahrnehmen kann, was es dem operierenden Ensemble ermöglicht, sich lockerer zu geben und sich auf die technischen Bedingungen der Handlung, anstatt auf die dramaturgischen, zu konzentrieren[12]. Ist das Publikum einmal narkotisiert, dann wird es sogar möglich, einen weiteren Chirurgen zuzuziehen, der die Aufgaben ausführt, deren Erfüllung die andern später für sich in Anspruch nehmen werden[13]. Desgleichen wird ein Ehepaar, das seine Solidarität durch gemeinsame Betreuung der Gäste beweisen muß, sicher niemanden einladen, für den die Ehepartner sehr verschiedene Gefühle hegen[14]. Und wenn ein einflußreicher und mächtiger Mann sicher sein will, daß er im Büro bei Interaktionen eine wohlwollende Rolle spielen kann, wird er zweckmäßig über einen Privataufzug und einen Schutzkreis von Vorzimmerdamen und Sekretärinnen verfügen, damit niemand zu ihm vordringen kann, den er vielleicht herzlos und hochmütig behandeln müßte.

Offensichtlich ist eine automatische Garantie dafür, daß kein Mitglied des Ensembles und kein Mitglied des Publikums unangemessen handelt, dann gegeben, wenn die Größe beider Ensembles so klein wie möglich gehalten wird. Bei sonst gleichen Bedingungen gilt die Regel: Je weniger Mitglieder, desto weniger Möglichkeiten für Fehler, »Schwierigkeiten« und Verrat. Verkäufer haben es gerne mit Einzelkunden zu tun, weil man allgemein annimmt, es sei schwieriger, einem Publikum von zwei Personen »etwas zu verkaufen« als einem Einzelnen. Ebenso gibt es in einigen Schulen eine inoffizielle Regelung, nach der kein Lehrer das Klassenzimmer eines anderen Lehrers betritt, solange dieser unterrichtet; offenbar in der Annahme, daß die erwartungsvollen Augen des Schülerpublikums irgendeine Handlung des neuen Darstellers wahrnehmen könnten, die ihnen unvereinbar wäre mit dem Eindruck, den ihr eigener Lehrer macht[15]. Es gibt aber mindestens zwei Gründe dafür, daß diese Methode, die Zahl der anwesenden Personen zu begrenzen, selbst ihre Grenzen hat. Einmal können manche Vorstellungen nicht ohne technische Unterstützung einer beachtlichen Zahl von Ensemblegenossen dargeboten werden. Obgleich zum Beispiel der Generalstab einer Armee weiß, daß die Wahrscheinlichkeit des Verrats strategischer Geheimnisse um so größer ist, je mehr Offiziere die Pläne für die nächste Aktionsphase kennen, muß er dennoch genügend Leute in das Geheimnis einweihen, um das Ereignis zu planen und zu arrangieren. Zweitens scheinen Menschen als Ausdrucksmittel in mancher Beziehung stärker zu wirken als die nicht-menschlichen Teile des Bühnenbilds. Soll also einer Person eine dramaturgisch besonders hervorgehobene Stellung gegeben werden, dann kann ein beachtlicher Hofstaat erforderlich sein, um einen effektvollen Eindruck der Verehrung um sie herum zu schaffen.

Ich habe angedeutet, daß ein Darsteller sein Schauspiel sichern kann, indem er sich eng an die Tatsachen hält, aber das kann ihn auch daran hindern, eine sehr eindrucksvolle Vorstellung zu inszenieren. Soll ein eindrucksvolles Schauspiel sicher inszeniert werden, dann mag es nützlicher sein, sich von den Tatsachen zu entfernen, als sich an sie zu halten. Dem Vertreter einer Religion ist es möglich, eine feierliche, ehrfurchterregende Darstellung zu inszenieren, weil es keinen anerkannten Weg gibt, auf dem seine Ansprüche diskreditiert werden könnten. So steht auch der Ausübende eines gehobenen Berufs auf dem Standpunkt, seine Leistung könne nicht nach ihrem Erfolg beurteilt werden, sondern nach dem Ausmaß, in dem die verfügbaren beruflichen Fähigkeiten wirksam eingesetzt wurden; und natürlich behauptet jeder Berufstätige, nur die Kollegengruppe könne ein solches Urteil fällen. Es ist ihm deshalb möglich, sich mit all seinem Ansehen und seiner Würde seiner Selbstdarstellung zu widmen, da er weiß, daß der geschaffene Eindruck nur durch einen sehr törichten Fehler zerstört werden könnte. So kann das Streben von Kaufleuten nach einem akademischen Grad als der Versuch betrachtet werden, die Kontrolle über die Realität, die sie ihren Kunden vorführen, zu erlangen; und auf der anderen Seite können wir sehen, daß eine solche Kontrolle es unnötig macht, sich vorsichtig und bescheiden zu geben, wenn man beruflich auftritt.

Es scheint eine Beziehung zwischen der angewandten Bescheidenheit und der zeitlichen Dauer einer Vorstellung zu geben. Ist die Vorstellung, die das Publikum sehen wird, kurz, dann sind peinliche Zwischenfälle relativ unwahrscheinlich, und es ist für den Darsteller, besonders wenn er anonym bleibt, verhältnismäßig ungefährlich, eine unechte Fassade aufrechtzuerhalten[16]. In der amerikanischen Gesellschaft gibt es etwas, das man die »Telefonstimme« nennt; eine kultivierte Art zu sprechen, die man im persönlichen direkten Gespräch nicht gebraucht, weil das zu gefährlich ist. Bei Gesprächen zwischen Fremden, die mit Sicherheit kurz sind, hört man in Großbritannien häufiger den Privatschulakzent, als man auf Privatschulabsolventen trifft. Ebenso verfügen in der angelsächsischen Gesellschaft die meisten Haushalte nicht über die Requisiten, die nötig wären, um sich den Anschein gepflegter Gastfreundschaft für länger als ein paar Stunden geben zu können; nur im gehobenen Mittelstand und in der Oberklasse sind Wochenendbesuche üblich, denn nur hier meinen die Darsteller, über ausreichende Requisiten zu verfügen, um eine längere Vorstellung geben zu können. Auf der Shetland-Insel etwa glaubten einige Kleinpächter, ein mittelständisches Schauspiel für die Dauer einer Tee-Einladung, in einigen Fällen einer Mahlzeit, in ein oder zwei Fällen sogar eines Wochenendes, durchführen zu können; aber viele Einwohner fühlten sich nur vor der Haustür, oder noch besser in der Gemeindehalle sicher genug, um vor mittelständischem Publikum zu spielen; in der Gemeindehalle deshalb, weil hier die Anstrengungen und die Verantwortung für das Schauspiel unter viele Ensemblemitglieder aufgeteilt werden konnten.

Der im dramaturgischen Sinne kluge Darsteller wird seine Vorstellung den Informationsbedingungen anpassen müssen, unter denen sie inszeniert werden soll. Alternde Prostituierte im London des 19. Jahrhunderts beschränkten ihren Arbeitsort auf dunkle Parks, damit ihr Gesicht ihre Attraktivität für das Publikum nicht schwächte, und hielten sich somit an eine Strategie, die noch älter war als ihr Beruf[17]. Der Darsteller rechnet nicht nur mit dem, was zu sehen ist, sondern zieht auch die Informationen in Betracht, die das Publikum bereits über ihn besitzt. Je mehr Informationen das Publikum über den Darsteller hat, um so unwahrscheinlicher ist es, daß irgend etwas, was das Publikum während der Interaktion über ihn erfährt, einen entscheidenden Einfluß ausübt. Wo andererseits frühere Informationen nicht verfügbar sind, dürfen wir erwarten, daß die während der Interaktion erworbenen Informationen entscheidend sein werden. Im allgemeinen werden also Personen nicht mehr so streng über ihre Fassade wachen, wenn sie mit Leuten zusammen sind, die sie seit langer Zeit kennen, und sie werden ihr Visier schließen, wenn sie mit neuen Bekannten zusammen sind. Vor denen, die man nicht kennt, muß man sich sehr sorgfältig in Szene setzen.

Auf eine andere Bedingung der Kommunikation ist noch hinzuweisen. Der sorgfältige Darsteller wird darauf bedacht sein, welche Informationsquellen dem Publikum außerhalb der Interaktion zugänglich sind. So wird berichtet, wie im 19. Jahrhundert Angehörige des Thug-Stammes die folgende Vorstellung darboten:

> Im allgemeinen gaben sie vor, Kaufleute oder Soldaten zu sein, und reisten ohne Waffen, um jedem Verdacht vorzubeugen. Das lieferte ihnen außerdem einen ausgezeichneten Vorwand für die Bitte, sich Reisenden anschließen zu dürfen. Die meisten Thugs wirkten milde und waren besonders höflich, denn diese Tarnung machte einen Teil ihres Betriebskapitals aus, und wohlbewaffnete Reisende hatten keine Furcht, wenn sie von diesen Rittern der Landstraße begleitet wurden. War dieser erste Schritt mit Erfolg getan, so gewannen die Thugs allmählich das Vertrauen ihrer zukünftigen Opfer, indem sie bescheiden und dankbar waren und Interesse an deren Angelegenheiten vortäuschten, bis sie Einzelheiten über ihre Heimat wußten und damit vertraut waren, ob man sie vermissen würde, wenn man sie ermordete, und ob sie irgendwelche Bekannte in der Nachbarschaft hatten. Manchmal reisten sie über große Strecken mit, bevor sich eine günstige Gelegenheit zum Verrat ergab; es ist ein Fall bekannt, in dem eine Bande zwanzig Tage lang mit einer elfköpfigen Familie reiste und 200 Meilen zurücklegte, bevor es ihnen gelang, die ganze Familie zu ermorden, ohne ermittelt zu werden[18].

Die Thugs konnten derartiges Theater inszenieren, obwohl ihre Zuschauer ständig auf der Hut vor ihnen waren (und obwohl sie diejenigen, die als Thugs identifiziert wurden, schnell töteten), weil es einer Gruppe, die sich einmal auf den Weg nach einem entfernten Ziel gemacht hatte, nicht mehr möglich war, die Identität derer, die sie trafen, zu überprüfen; und wenn der Gruppe unterwegs irgend etwas zustieß, dauerte es Monate, bis man sich Sorgen um sie machte; bis dahin waren dann die Thugs, die sie derart getäuscht hatten, bereits außer Reichweite. In ihren Heimatdörfern hingegen benahmen sich die Mitglieder des Stammes, die bekannt, erreichbar und für ihre Missetaten verantwortlich waren, vorbildlich. In ähnlicher Weise riskieren vorsichtige Amerikaner, die sonst nie jemanden über ihren Sozialstatus täuschen würden, eine solche falsche Darstellung, wenn sie sich kurzfristig in einem Ferienort aufhalten.

Wenn ein sorgfältiger Darsteller Informationsquellen außerhalb der Interaktion als Bedingung einkalkulieren muß, so sind Informationsquellen innerhalb der Interaktion eine zweite Bedingung. Deshalb wird sich der sorgfältige Darsteller den Requisiten und Aufgaben anpassen, aus denen er seine Vorstellung aufbauen muß. Konfektionsverkäufer in den Vereinigten Staaten müssen beispielsweise verhältnismäßig vorsichtig mit übertriebenen Behauptungen sein, weil die Kunden das, was er ihnen zeigt, durch Anschauen und Anfassen prüfen können; Möbelverkäufer hingegen brauchen nicht so vorsichtig zu sein, weil nur wenige Kunden beurteilen können, was sich hinter der Fassade von Lack und Furnierung verbirgt, die ihnen vorgeführt wird[19]. Im Shetland-Hotel genoß das Personal große Freiheit, wenn es um die Zutaten zu Suppen und Puddings ging, weil sie dann im allgemeinen nicht mehr zu erkennen waren. Besonders Suppen konnte man leicht zubereiten; sie waren meist kumulativ – der Rest einer Suppe zusätzlich aller herumliegenden Reste bildete den Grundstock für die nächste. Bei Fleischgerichten, deren wirkliche Beschaffenheit sichtbar war, konnte man nicht so freizügig sein; hier waren sogar die Maßstäbe des Personals strenger als die der Gäste vom Festland, weil etwas, was den Einheimischen bereits »angegangen« schien, Fremden »gut abgehangen« vorkommen konnte. Es gibt auf der Insel außerdem eine Tradition, die es älteren Pächtern erlaubt, sich von den anstrengenden Aufgaben des Erwachsenenlebens zurückzuziehen, indem sie Krankheit vortäuschen, da sich niemand recht damit abfinden kann, daß er zu alt wird, um arbeiten zu können. Von den Ärzten auf der Insel erwartet man die Bestätigung (wenngleich der damalige Arzt in dieser Hinsicht nicht kooperativ war), daß man nicht mit Sicherheit annehmen kann, ob im Körper Krankheit verborgen ist oder nicht, und es wird ferner erwartet, daß sie ihre eindeutigen Diagnosen auf äußerlich sichtbare Beschwerden beschränken. Wenn eine Hausfrau zeigen will, daß sie sich an die üblichen Maßstäbe der Reinlichkeit hält, wird sich ihre Aufmerksamkeit auf die Glasflächen im Wohnzimmer konzentrieren, denn Glas zeigt den Schmutz nur zu deutlich; weniger Sorgfalt wird sie dem Teppich widmen, denn er ist dunkler und wirkt weniger enthüllend; diesen mag man sehr wohl deshalb gewählt haben, weil »dunkle Farben den Schmutz nicht zeigen«. Aus dem gleichen Grunde braucht auch ein Künstler nicht so viel Sorgfalt auf die Dekoration seines Ateliers zu verwenden – das Künstleratelier ist sogar zum Stereotyp eines Ortes geworden, wo jene, die hinter der Bühne arbeiten, sich nicht darum kümmern, wer sie sieht oder in welchem Zustand sie gesehen werden – weil der volle Wert des künstlerischen Produkts allen Sinnesorganen unmittelbar zugänglich ist oder sein sollte; dagegen müssen Porträtmaler versprechen, die Sitzungen befriedigend zu gestalten, sie arbeiten deshalb gern in verhältnismäßig imposanten, reich ausgestatteten Ateliers, als Garantie für ihre Versprechungen. Wir stellen genauso fest, daß Hochstapler sich ausgeklügelter und sorgfältig konstruierter persönlicher Fassaden bedienen und oft ausgeklügelte gesellschaftliche Bühnenbilder aufbauen müssen, weniger deshalb, weil ihr Beruf das Lügen ist, als vielmehr darum, weil man, will man sich eine Lüge dieses Formats leisten können, mit Personen verhandeln muß, die für ihn vorher Fremde waren und es wieder sein werden, und weil man die Verhandlungen so schnell wie möglich abschließen muß. Wenn legitime Geschäftsleute unter solchen Bedingungen ein ehrliches Geschäft abschließen wollten, müßten sie in ihrem Ausdruck genauso sorgfältig sein, denn potentielle Geldgeber prüfen gerade unter derartigen Bedingungen den Charakter der Leute, die ihnen etwas verkaufen wollen. Kurz gesagt: Weil Hochstapler ihre Klienten unter solchen Umständen betrügen müssen, hinter denen die Kunden ein betrügerisches Unternehmen vermuten könnten, muß der Hochstapler sorgfältig dem unmittelbaren Eindruck entgegenwirken, daß er das sein könnte, was er in Wirklichkeit ist; ebenso muß der legitime Kaufmann unter gleichen Umständen dem unmittelbaren Eindruck entgegenwirken, daß er das sein könnte, was er nicht ist.

Offenbar wird der Darsteller da große Sorgfalt aufwenden, wo sein Verhalten wichtige Konsequenzen für ihn hat. Das Anstellungsinterview ist ein deutliches Beispiel. Oft muß der Befragende, lediglich gestützt auf Informationen, die er aus der Interviewvorstellung des Arbeitsuchenden gewinnen kann, Entscheidungen treffen, die für den Befragten von großer Bedeutung sind. Der Befragte hat oft und mit Recht das Gefühl, jede seiner Handlungen werde als hochgradig symbolisch gewertet, und er wird deshalb viel Überlegung und Vorbereitung auf seine Vorstellung verwenden. Wir erwarten, daß der Befragte bei solchen Gelegenheiten sehr auf seine Erscheinung und sein Verhalten achtet, nicht nur, um einen günstigen Eindruck zu erwecken, sondern auch, um sicherzugehen und jedem versehentlich hervorgerufenen ungünstigen Eindruck entgegenzuwirken. Es mag noch ein weiteres Beispiel angeführt werden: Diejenigen, die beim Rundfunk, besonders die, welche im Fernsehen arbeiten, sehen deutlich, wie der momentane Eindruck, den sie machen, auf die Einstellung eines großen Publikums wirkt, und in diesem Teil der Kommunikationsindustrie wird große Sorgfalt auf den richtigen Eindruck verwendet, und groß ist die Angst, daß jener Eindruck unzutreffend sein könnte. Das Ausmaß dieser Besorgnis wird deutlich, wenn wir sehen, welch unwürdige Begleitumstände selbst hochstehende Darsteller bereitwillig auf sich nehmen, um gut abzuschneiden: Kongreßabgeordnete lassen sich schminken und sich vorschreiben, was sie tragen sollen; Berufsboxer erniedrigen sich, indem sie statt eines Kampfes ein Schauspiel wie Freistilringer geben [20].

Die Sorgfalt der Darsteller drückt sich auch darin aus, wie sie sich in Momenten der Entspannung verhalten. Wenn ein Ensemble räumlich von seinem kontrollierenden Publikum entfernt und ein überraschender Besuch unwahrscheinlich ist, ist eine Entspannung gut möglich. So lesen wir, daß kleine amerikanische Marinestützpunkte im Pazifik während des letzten Krieges ganz leger geleitet werden konnten, eine Reorganisation und größere Disziplin sich jedoch als nötig erwiesen, wenn die Einheit an einen Ort verlegt wurde, den Zuschauer leichter betreten konnten [21]. Ist der Ort, an dem ein Ensemble arbeitet, Kontrolleuren leicht zugänglich, dann hängt der Grad der Entspannung, den sich das Ensemble leisten kann, von der Wirksamkeit und Zuverlässigkeit seines Warnsystems ab. Zu beachten ist auch, daß für gründliche Entspannung nicht nur ein Warnsystem, sondern zugleich eine merkliche Zeitspanne zwischen Warnung und Kontrolle notwendig ist, weil sich das Ensemble nur so weit entspannen kann, als es innerhalb dieses Zeitraums korrigierbar ist. Verläßt etwa eine Lehrerin das Klassenzimmer für einen Augenblick, dann können die Schüler in ihrer Haltung nachlässiger sein und miteinander flüstern; denn solche Übertretungen sind in ein paar Warnsekunden, bevor die Lehrerin wiederkommt, zu korrigieren; es ist aber unwahrscheinlich, daß die Schüler es schaffen, heimlich zu rauchen, weil man den Tabakgeruch nicht so schnell loswerden kann. Interessanterweise probieren Schüler genau wie andere Darsteller aus, »wie weit sie gehen können« und entfernen sich mit großem Vergnügen so weit von ihrem Platz, daß sie, wenn das Warnsignal ertönt, gerade noch schnell auf ihren Platz zurückeilen können, um nicht erwischt zu werden. Hier kann natürlich die Beschaffenheit des Territoriums wichtig werden. Auf der Shetland-Insel gab es zum Beispiel keine die Sicht behindernden Bäume und nur wenige zusammenhängende Wohngebiete. Nachbarn hatten das Recht, einander zu besuchen, wann immer sie in der Nähe waren, aber man konnte sie im allgemeinen schon einige Minuten lang sehen, bevor sie eintrafen. Die allgegenwärtigen Hofhunde bekräftigten das sichtbare Warnzeichen, indem sie den Besucher mit Gekläff empfingen. Infolgedessen war ein großes Ausmaß an Ungezwungenheit möglich, weil immer eine Gnadenfrist bestand, um die Bühne aufzuräumen. Da ein solches Warnsystem vorhanden war, erfüllte natürlich das Anklopfen an der Haustür nicht mehr seinen eigentlichen Zweck, und die Pächter erwiesen einander diese Höflichkeitsbezeugung nicht, obwohl einige noch die Angewohnheit hatten, beim Eintreten als zusätzliche Warnung die Füße hörbar abzustreifen. Wohnhäuser, deren Haustür sich nur öffnen läßt, wenn ein Bewohner den Türöffner betätigt, bieten eine ähnliche Garantie für eine hinreichende Warnzeit und gestatten Ungezwungenheit.

Ich möchte noch eine Möglichkeit dramaturgischer Sorgfalt erwähnen. Wenn sich Ensembles unmittelbar begegnen, können viele kleinere Ereignisse auftreten und akzidentell einen Gesamteindruck vermitteln, der mit dem beabsichtigten unvereinbar ist. Solche verräterischen Details sind ein grundlegendes Merkmal persönlicher Interaktion. Das Problem läßt sich, wie schon oben angedeutet, dadurch lösen, daß man Ensemblemitglieder wählt, die diszipliniert genug sind und ihre Rollen nicht ungeschickt, töricht oder schüchtern spielen werden. Eine andere Methode liegt darin, sich im voraus auf alle möglichen aufschlußreichen Zufälligkeiten vorzubereiten, zum Beispiel indem man sich vor dem Ereignis auf eine umfassende Tagesordnung einigt und festlegt, wer was zu welchem Zeitpunkt tun soll. Dadurch können Verwirrungen und Pausen, und mit ihnen auch die Eindrücke, die das Publikum durch derartige Störungen erhält, vermieden werden. (Natürlich liegt hier eine Gefahr. Eine Vorstellung mit voll ausgeschriebenem Textbuch, wie sie das Bühnenschauspiel kennt, ist sehr wirkungsvoll, falls kein unpassendes Ereignis die Kette der Behauptungen und Handlungen durchbricht; denn wenn sie einmal unterbrochen wird, finden unter Umständen die Darsteller nicht mehr zu dem Stichwort zurück, mit dessen Hilfe sie da wieder anknüpfen können, wo der Bruch in der vorgesehenen Handlungskette entstand. Darsteller mit Textbuch können sich also in eine schlimmere Position hineinmanövrieren als die Teilnehmer an einer weniger durchorganisierten Vorstellung.) Ferner kann diese Programmierungstechnik auch angewandt werden, wenn es zu berücksichtigen gilt, daß kleine Gunstbeweise (etwa, wer einen Raum zuerst betritt, wer neben der Gastgeberin sitzt usw.) Ausdruck der Achtung sind, und wenn es darum geht, derartige Gunstbeweise nach Maßstäben, die keiner der Anwesenden beanstandet, also etwa nach Alter, Rang, Geschlecht, augenblicklicher persönlicher Situation usw., anzuordnen. Im entscheidenden Sinne hat also das Protokoll weniger die Funktion, während der Interaktion Wertungen auszudrücken; es ist ein Mittel, um möglicherweise störende Gesten auf eine Art zu umgehen, die für alle Anwesenden akzeptabel (und unauffällig) ist. Drittens ist es möglich, die ganze Vorstellung zu proben, so daß die Darsteller sich ihren Text aneignen können. Wenn dann unvorhergesehene Umstände eintreten, sind die Bedingungen so, daß sie leicht überwunden werden können. Viertens hat das Publikum die Möglichkeit, im voraus seine Reaktion auf die Vorstellung zu skizzieren. Bei dieser Art von Vorbereitung wird es natürlich schwierig, zwischen Darstellern und Zuschauern zu unterscheiden. Solche Zusammenarbeit ist hauptsächlich da anzutreffen, wo der Status des Darstellers hochgradig geheiligt ist und er nicht mit dem spontanen Taktgefühl der Zuschauer rechnen kann. So werden beispielsweise in Großbritannien Debütantinnen, die bei Hofe vorgestellt werden sollen (und die wir als Publikum der königlichen Vorstellung betrachten können), vorher sorgfältig darin unterwiesen, was sie zu tragen haben, in was für einem Auto sie kommen, wie sie knicksen und was sie sagen sollen.

Schutzmaßnahmen

Ich habe drei Eigenschaften genannt, über die Ensemblemitglieder verfügen müssen, wenn ihr Ensemblespiel erfolgreich sein soll: Loyalität, Disziplin und Sorgfalt. Jede dieser Eigenschaften drückt sich in vielen standardisierten Verteidigungstechniken aus, mit deren Hilfe eine Gruppe von Darstellern die eigene Vorstellung retten kann. Einige dieser Techniken der Eindrucksmanipulation wurden besprochen. Andere, etwa die Gepflogenheit, den Zugang zur Vorderbühne und zur Hinterbühne zu kontrollieren, sind in früheren Kapiteln geschildert worden. In diesem Abschnitt möchte ich hervorheben, daß die meisten dieser Techniken zur Verteidigung von Eindrucksmanipulation ihr Gegenstück haben, nämlich in der taktvollen Neigung des Publikums und der Außenseiter, die fremden Darstellungen zu schützen. Da es meist unterschätzt wird, wie stark die Darsteller vom Takt der Zuschauer und der Außenseiter abhängig sind, will ich hier einige der häufigsten Schutzmaßnahmen des Publikums zusammenstellen, obwohl, analytisch gesehen, jede von ihnen besser in Verbindung mit der entsprechenden Verteidigungsmaßnahme betrachtet werden könnte.

Zunächst sollten wir uns darüber im klaren sein, daß der Zugang zur Vorder- und Hinterregion einer Vorstellung nicht nur von den Darstellern, sondern auch von anderen kontrolliert wird. Einzelpersonen halten sich freiwillig von Orten fern, an die sie nicht gebeten worden sind. (Diese Art von auf den Ort bezüglichem Takt entspricht der bereits beschriebenen »Diskretion« Tatsachen gegenüber.) Wenn Außenseiter bewußt eine solche Region betreten, geben sie oft den bereits Anwesenden ein Warnzeichen in Form einer Mitteilung, oder indem sie anklopfen oder hüsteln, so daß ihr Eindringen, wenn nötig, aufgeschoben oder die Bühne schnell aufgeräumt werden kann und die Anwesenden den passenden Gesichtsausdruck annehmen können[22]. Diese Art von Takt kann noch sehr verfeinert werden. Will man sich einem Fremden durch ein Empfehlungsschreiben vorstellen, dann gilt es als korrekt, den Brief seinem Adressaten zuzustellen, bevor man sich zu ihm begibt; der Adressat hat dann Zeit, sich auf den Besuch vorzubereiten[23].

Wenn die Interaktion in Gegenwart von Außenseitern stattfinden muß, bemerken wir häufig, daß jene sich aus Takt uninteressiert, unbeteiligt und unaufmerksam geben. Dadurch wird eine wirksame Isolierung erzielt, wenn schon nicht durch räumliche Trennung mittels Wänden oder Entfernung, dann wenigstens auf Grund von Konventionen. Wenn etwa zwei Personengruppen in einem Restaurant am benachbarten Tisch sitzen, erwartet man, daß keine der beiden Gruppen die tatsächlich gegebene Möglichkeit ausnutzt, die andere Gruppe zu belauschen.

Die Regeln der Etikette in bezug auf taktvolle Diskretion anderen gegenüber und die dadurch geschaffene wirksame Privatsphäre sind natürlich von einer Gesellschaft zur anderen und von einer Subkultur zur anderen verschieden. Im angelsächsischen Mittelstand wird erwartet, daß man sich in der Öffentlichkeit nicht um die Angelegenheiten Fremder kümmert und sich auf seine eigenen Geschäfte konzentriert. Erst wenn einer Frau ein Päckchen aus der Hand fällt, oder wenn ein Autofahrer mitten auf der Straße den Motor abwürgt, oder wenn ein Säugling, der, allein gelassen, im Kinderwagen liegt, zu schreien anfängt, fühlen sich Angehörige des Mittelstandes berechtigt, zeitweilig die Wände niederreißen zu dürfen, durch die sie wirksam isoliert sind. Auf der Shetland-Insel galten andere Regeln. Wenn sich irgend jemand unter Leuten befand, die mit einer bestimmten Aufgabe beschäftigt waren, dann erwartete man, daß er mit anpackte, insbesondere, wenn diese Arbeit wenig Zeit erforderte und relativ anstrengend war. Solche spontan geleistete Hilfe nahm man als selbstverständlich hin; sie galt nicht als Ausdruck engerer Bindung, sondern bestenfalls als Geste, daß man ihn als Mitbürger anerkannte.

Ist das Publikum zu einer Darstellung zugelassen, dann erlischt damit nicht die Notwendigkeit taktvollen Verhaltens. Wir stellen fest, daß es eine ausgearbeitete Etikette gibt, an der sich Einzelne in ihrer Eigenschaft als Mitglieder des Publikums ausrichten. Dazu gehört, daß man ein hinreichendes Maß an Aufmerksamkeit und Interesse aufbringt; daß man bereit ist, die eigene Vorstellung so weit unter Kontrolle zu halten, daß nicht zu viele Widersprüche, Unterbrechungen und Ablenkungen entstehen; daß man alle Äußerungen und Handlungen unterläßt, aus denen sich ein Fauxpas ergeben könnte; und vor allem, daß man sich bemüht, Szenen zu vermeiden. Der Takt des Publikums ist ein so allgemeines Phänomen, daß wir ihn sogar von Menschen erwarten können, die sonst für ihr schlechtes Verhalten bekannt sind: den Patienten einer Nervenheilanstalt. So berichtet eine Forschungsgruppe:

> Ein anderes Mal beschloß das Personal eine Party für die Patienten zu geben, ohne sie vorher zu fragen. Viele Patienten hatten keine Lust hinzugehen, aber sie taten es dennoch, weil sie das Gefühl hatten, sie dürften die Schwesternschülerinnen nicht beleidigen, die die Party organisiert hatten. Die Spiele, die von den Schwestern vorgeschlagen wurden, waren sehr kindisch; viele Patienten kamen sich dabei albern vor und waren froh, als die Party vorbei war und sie sich wieder mit ihren eigenen Angelegenheiten beschäftigen konnten[24].

> In einer anderen Nervenheilanstalt wurde folgendes beobachtet: Als Volkstumsgruppen im Gebäude des Rotkreuz-Krankenhauses einen Tanzabend für Patienten gaben, um so einige ihrer weniger attraktiven Töchter in das Aufgabengebiet der Wohlfahrtsarbeit einzuführen, überredete der Vertreter des Krankenhauses gelegentlich einige männliche Patienten, mit diesen Mädchen zu tanzen, um den Eindruck zu erwecken, die Gäste bereiteten das Vergnügen ihrer Anwesenheit Personen, die bedürftiger seien als sie selbst[25].

Wenn Darstellern irgendein Versehen unterläuft, in dem sich deutlich eine Unstimmigkeit zwischen dem erweckten Eindruck und der enthüllten Realität zeigt, kann das Publikum das Versehen taktvoll »übersehen« oder die Entschuldigung, die angebracht wird, einfach annehmen. Sind Darsteller in einer kritischen Situation, kann das ganze Publikum stillschweigend mit ihm übereinstimmen, um ihnen zu helfen. Stirbt zum Beispiel in einer Nervenheilanstalt ein Patient unter Umständen, die ein schlechtes Licht auf die Behandlung werfen könnten, dann mag es geschehen, daß die anderen Patienten, die sonst dem Personal gern Schwierigkeiten machen, in ihrem Kleinkrieg nachlassen und mit großer Delikatesse den völlig falschen Eindruck zu wahren suchen, sie hätten die Bedeutung des Vorgangs nicht verstanden[26]. Ebenso benimmt sich das Publikum bei Inspektionen – sei es in der Schule, in der Kaserne, im Krankenhaus oder zu Hause – meist vorbildlich, so daß die inspizierten Darsteller eine tadellose Vorstellung geben können. In solchen Fällen verschiebt sich häufig für kurze Zeit die Grenzlinie zwischen den Ensembles, so daß dem inspizierenden Schulrat, General, Direktor oder Gast Darsteller und Zuschauer gegenüberstehen, die in geheimem Einvernehmen miteinander stehen.

Ein letztes Beispiel für den Takt, mit dem der Darsteller behandelt wird: Wenn man weiß, daß der Darsteller Anfänger und deshalb in anormalem Maße peinlichen Fehlern ausgesetzt ist, ist das Publikum häufig besonders nachsichtig und hütet sich davor, Schwierigkeiten zu machen, wie es das sonst tun würde.

Taktvolles Verhalten des Publikums den Darstellern gegenüber ist entweder dadurch motiviert, daß sie sich mit ihnen identifizieren, oder es ist durch den Wunsch motiviert, eine Szene zu vermeiden oder sich eigennützig bei den Darstellern einzuschmeicheln. Letzteres ist vielleicht die beliebteste Erklärung. Einige erfolgreiche Straßenmädchen sind offenbar bereit, lebhafte Zustimmung vorzuspiegeln, wenn ihre Kunden ihre Vorstellung geben; sie demonstrieren so die bedauerliche Tatsache, daß Ehefrauen und Geliebte nicht die einzigen Angehörigen ihres Geschlechts sind, die sich höheren Formen der Prostitution hingeben müssen:

> Mary Lee sagt, sie tue für Mr. Blakesee nicht mehr als für ihre anderen reichen Kunden.
>
> »Ich tue, was sie wollen, ich tue so, als wäre ich verrückt nach ihnen. Manchmal benehmen sie sich wie kleine Jungen, die spielen. Mr. Blakesee tut das ständig. Er spielt den Neandertaler. Er kommt in meine Wohnung und umarmt mich, und hält mich fest, bis er glaubt, daß ich außer Atem bin. Es ist ein Witz. Wenn er fertig ist, muß ich ihm sagen: ›Liebling, du hast mich so glücklich gemacht, daß ich heulen könnte.‹ Man sollte nicht glauben, daß ein erwachsener Mann solche Kindereien liebt. Aber er tut's. Nicht nur er. Die meisten von den Reichen.«
>
> Mary Lee ist so überzeugt davon, daß ihr wichtigstes Betriebskapital bei ihren wohlhabenden Kunden ihre Fähigkeit sei, sich spontan zu geben, daß sie sich kürzlich einer Operation zur Schwangerschaftsverhütung unterzogen hat. Sie betrachtete das als Investition in ihre Karriere[27].

Aber hier wird der analytische Rahmen, der in dieser Untersuchung angewandt wird, wieder zu eng: denn diese taktvollen Handlungen seitens des Publikums können ausführlicher inszeniert sein als die Vorstellung, deren Reaktion sie sind.

Ich möchte noch eine abschließende Bemerkung über Takt machen. Immer wenn das Publikum Takt beweist, entsteht die Möglichkeit, daß die Darsteller merken, daß sie taktvoll geschützt werden. Geschieht dies, so entsteht die weitere Möglichkeit, daß das Publikum merkt, daß die Darsteller wissen, daß sie taktvoll geschützt werden. Und dann wird es wiederum möglich für die Darsteller zu erfahren: das Publikum weiß, daß die Darsteller wissen, daß sie geschützt werden. Wenn nun ein derartiges Informationsniveau erreicht ist, kann ein Augenblick in der Vorstellung eintreten, in dem die Trennung der Ensembles zusammenbricht und vorübergehend durch das Austauschen verstohlener Blicke ersetzt wird, wobei jedes Ensemble dem anderen offen eingesteht, was es weiß. In solchen Momenten wird plötzlich die ganze dramaturgische Struktur sozialer Interaktion offengelegt, und die Trennungslinie zwischen den Ensembles verschwindet für einen Augenblick. Ob nun diese klare Erkenntnis der Beziehungen zur Beschämung oder zum Gelächter führt, die Ensembles werden sich meist schnell wieder auf ihre vorbestimmten Rollen zurückziehen.

Takt und seine Erwiderung

Es wurde gesagt, das Publikum trage entscheidend zum Gelingen des Schauspiels bei, indem es Takt oder Schutzmaßnahmen im Interesse der Darsteller ausübe. Um das möglich zu machen, muß der Darsteller offensichtlich ganz besonders diszipliniert und sorgfältig handeln. Es wurde beispielsweise darauf hingewiesen, daß der taktvolle Außenseiter, wenn er Gelegenheit hätte, eine Interaktion zu belauschen, sich unaufmerksam zu geben pflege. Um solchen Rückzug zu unterstützen, können die Teilnehmer an der Interaktion, die wissen, daß man ihre Gespräche hören kann, aus ihren Reden und Handlungen alles ausschließen, was diesen taktvollen Entschluß der Außenseiter erschweren könnte, und sie können gleichzeitig genügend halbvertrauliche Tatsachen einflechten, um zu beweisen, daß sie dem Schauspiel des Rückzugs, das die Außenseiter bieten, nicht mißtrauen. So empfiehlt es sich für einen Besucher, sich vom Bürotelefon fernzuhalten, wenn zum Beispiel die Sekretärin ihm taktvoll mitteilen soll, der Herr, den er zu sprechen wünsche, sei nicht da; er kann dann nicht hören, was jener Herr, der angeblich nicht da ist, zu seiner Sekretärin sagt.

Ich möchte zum Abschluß zwei allgemeine Strategien erwähnen, die ein taktvolles Entgegenkommen ermöglichen. Zunächst muß der

Darsteller empfänglich für Hinweise sein und sie auch bereitwillig annehmen, denn dadurch kann das Publikum dem Darsteller zu verstehen geben, daß sein Schauspiel inakzeptabel ist und er es besser schnell ändert, soll die Situation gerettet werden. Zweitens muß der Darsteller, wenn er Tatsachen verschleiert darstellen will, dies in Übereinstimmung mit den Regeln der Etikette tun; er darf sich nicht in eine Lage begeben, aus der ihn keine Entschuldigung mehr, auch nicht das gutwilligste Publikum, retten kann. Wenn der Darsteller eine Unwahrheit sagt, muß er seinem Tonfall einen Hauch des Scherzhaften geben, so daß er, wenn er erwischt wird, jede Ernsthaftigkeit leugnen und sagen kann, er habe nur gescherzt. Wenn er seine körperliche Erscheinung falsch darstellt, dann muß er eine Methode wählen, die eine harmlose Entschuldigung zuläßt. So wird kahlen Männern, wenn sie im Haus wie draußen einen Hut tragen, mehr oder weniger verziehen, weil sie erkältet sein, sie nur vergessen haben könnten, den Hut abzunehmen, oder weil es an den unwahrscheinlichsten Orten regnen kann; eine Perücke dagegen bietet ihrem Träger und daher auch dem Publikum keine Möglichkeit zur Entschuldigung. Tatsächlich kann in gewissem Sinne ein Hochstapler als eine Person definiert werden, die es ihrem Publikum unmöglich macht, sich einer unwahren Darstellung gegenüber taktvoll zu verhalten, wenn es sie entdeckt hat.

Obwohl Darsteller wie auch Zuschauer alle diese Techniken der Eindrucksmanipulation anwenden, und dies auch viele andere tun, wissen wir natürlich, daß Zwischenfälle vorkommen und daß die Zuschauer gelegentlich ohne Absicht einen Blick hinter die Kulissen einer Vorstellung werfen. Wenn ein solcher Zwischenfall eintritt, lernen die Zuschauer manchmal eine wichtige Lektion, die für sie bedeutsamer sein kann als die aggressive Befriedigung, die sie gewinnen, wenn sie ein dunkles, anvertrautes, bewahrtes oder strategisches Geheimnis aufdecken. Die Zuschauer können eine grundlegende Übereinstimmung feststellen, die im allgemeinen wohlverborgen ist. Ob der dargestellte Charakter nüchtern oder sorglos, von hohem oder niederem Stande ist, derjenige, der die Charakterrolle spielt, enthüllt sich als das, was er ist, als ein einsamer Schauspieler, der sich Sorgen um sein Stück macht. Hinter vielen Masken und vielen Rollen trägt jeder Darsteller den gleichen Ausdruck, den nackten, ungeselligen der Konzentration, den eines Menschen, der privat mit einer schweren, verräterischen Aufgabe beschäftigt ist. Simone de Beauvoir gibt in ihrem Buch über Frauen ein Beispiel:

Und trotz aller Vorsicht passiert ihr etwas: Ein Tropfen Wein fällt auf ihr Kleid, eine Zigarette brennt ein Loch hinein; dann verschwindet das Luxusweibchen, das festliche Geschöpf, das sich lächelnd im Salon wichtig tut: sie nimmt das ernste harte Gesicht der Hausfrau an. Plötzlich wird es klar, daß ihre Toilette kein sprühendes Feuerwerk, kein unentgeltlicher, vergänglicher Glanz war, der freigiebig einen Augenblick aufleuchten sollte. Sie bedeutet Vermögen, Kapital, eine Geldanlage. Sie hat Opfer gekostet. Ihr Verlust ist ein Unglück, das nicht wieder gutzumachen ist. Flecken, Risse, verschnittene Kleider, verunglückte Dauerwellen sind noch schlimmere Katastrophen als ein angebrannter Braten oder eine zerbrochene Vase. Denn die Kokette hat sich nicht allein in Dinge entfremdet, wollte sich selbst zum Ding haben, und ohne Mittler fühlt sie sich in der Welt bedroht. Die Beziehungen, die sie zur Schneiderin und zur Modistin unterhält, ihre Ungeduld, ihre Forderungen offenbaren ihr ernstes Anliegen, ihre Unsicherheit[28].

Da er weiß, daß seine Zuschauer einen schlechten Eindruck von ihm gewinnen können, mag sich der Einzelne seiner gutgemeinten, ehrlichen Handlung schämen, nur weil der Zusammenhang, in dem sie ausgeführt wurde, falsche Eindrücke schafft. Verspürt er diese unbegründete Scham, mag er verspüren, daß seine Gefühle sichtbar werden; merkt er, daß er so gesehen worden ist, mag das Gefühl in ihm aufkommen, seine Erscheinung bestätige diese falschen Schlüsse über ihn. Dann kann er seine Lage noch gefährlicher gestalten, indem er gerade jene Verteidigungsmanöver ausführt, die er ausführen würde, wenn er schuldig wäre. So können wir alle für kurze Zeit in unseren eigenen Augen zu dem werden, was andere sich unserer Meinung nach als Schlimmstes von uns vorstellen können.

In dem Grade aber, in dem der Einzelne vor anderen ein Schauspiel durchhält, an das er selbst nicht glaubt, kann er eine besondere Art der Selbstentfremdung und des Mißtrauens gegen andere empfinden. Eine amerikanische Studentin drückt das so aus:

Ich stelle mich beim Ausgehen manchmal dumm; aber das hat einen schlechten Nachgeschmack. Die Gefühle sind kompliziert. Ein Teil von mir hat Vergnügen daran, dem harmlosen Mann etwas vorzuspielen. Aber das Überlegenheitsgefühl ist mit Schuldgefühlen wegen meiner Heuchelei vermischt. Für meinen Begleiter empfinde ich Verachtung, weil er auf meine Technik hereinfällt, oder, wenn ich den Jungen mag, eine Art von mütterlicher Herablassung. Manchmal nehme ich es ihm übel! Warum ist er mir nicht in allem überlegen wo ein Mann hervorragend sein sollte, so daß ich einfach ich selbst sein kann? Was tue ich eigentlich mit ihm? Slums besichtigen?

Und das Komische daran ist, daß der Mann – glaube ich – gar nicht immer so ahnungslos ist. Er könnte doch die Wahrheit spüren und unsicher werden. »Wo stehe ich? Lacht sie mich aus, oder war das Lob ernst gemeint? War sie von meiner kleinen Rede wirklich beeindruckt, oder hat sie nur so getan, als ob sie nichts von Politik verstünde?« Ein oder zweimal hatte ich das Gefühl, daß ich die Reingefallene war; der Junge durchschaute meine Tricks und verachtete mich deshalb[29].

Gemeinsame Inszenierungsprobleme; Sorge um die Erscheinung der Dinge; berechtigte und unberechtigte Scham; Ambivalenz sich selbst und dem Publikum gegenüber: dies sind einige der Elemente der menschlichen Situation, die dramaturgisch das Verhalten bestimmen.

Zusammenfassung

Das Modell

Jeder Ort, der durch feste Wahrnehmungsschranken abgegrenzt ist und an dem eine bestimmte Art von Tätigkeit regelmäßig ausgeübt wird, ist eine gesellschaftliche Einrichtung. Ich habe ausgeführt, daß jede derartige Einrichtung erfolgreich unter dem Aspekt der Eindrucksmanipulation untersucht werden kann. Innerhalb der Grenzen einer gesellschaftlichen Einrichtung finden wir ein Ensemble von Darstellern, die zusammenarbeiten, um vor einem Publikum eine gegebene Situation darzustellen. Zu diesem Modell gehören der Begriff des geschlossenen Ensembles und des Publikums sowie die Voraussetzung eines Ethos, das durch Regeln des Anstands und der Höflichkeit aufrechterhalten werden soll. Wir finden häufig eine Trennung in einen Hintergrund, auf dem die Darstellung einer Rolle vorbereitet wird, und einen Vordergrund, auf dem die Aufführung stattfindet. Der Zugang zu diesen Regionen wird unter Kontrolle gehalten, um das Publikum daran zu hindern, hinter die Bühne zu schauen, und um Außenseiter davon fernzuhalten, eine Aufführung zu besuchen, die nicht für sie bestimmt ist. Innerhalb des Ensembles herrscht Vertraulichkeit, entwickelt sich zumeist Solidarität, und Geheimnisse, die das Schauspiel verraten könnten, werden gemeinsam gehütet. Zwischen Darsteller und Publikum herrscht ein stillschweigendes Einverständnis darüber, daß beide Gruppen handeln, als bestünde ein bestimmtes Ausmaß an Übereinstimmung und Gegensatz zwischen ihnen. Im typischen Fall, aber nicht immer, wird die Übereinstimmung betont und der Gegensatz herabgespielt. Dem daraus entstehenden Konsensus widerspricht ein wenig die Einstellung, die die Darsteller dem Publikum gegenüber in dessen Abwesenheit sowie durch sorgfältig kontrollierte Kommunikation außerhalb der Rolle in dessen Anwesenheit ausdrücken. Wir stellen fest, daß sich abweichende Rollen entwickeln: Einige der Personen, die anscheinend Ensemblegefährten oder Zuschauer oder Außenseiter sind, erwerben Informationen über die Vorstellung und knüpfen Beziehungen zum Ensemble an, die nicht offen in Erscheinung treten und das Problem einer Inszenierung komplizieren. Manchmal treten Störungen durch ungewollte Gesten, Fauxpas und Szenen auf, widersprechen der dargestellten Situation oder diskreditieren sie. Diese störenden Ereignisse werden zur Mythologie des Ensembles. Wir beobachten, daß sowohl die Darsteller als auch Publikum und Außenseiter bestimmte Techniken anwenden, um das Schauspiel zu retten. Um eine Gewähr dafür zu haben, daß solche Techniken zum Einsatz kommen, wird das Ensemble möglichst Mitglieder wählen, die loyal, diszipliniert und sorgfältig sind, und sich taktvolle Zuschauer suchen.

Diese Grundzüge und Elemente bestimmen also das Modell, von dem ich behaupte, es sei charakteristisch für einen großen Teil sozialer Interaktion, wie sie unter natürlichen Bedingungen in der angelsächsischen Gesellschaft stattfindet. Das Modell ist so formalisiert und abstrahiert, daß es auf jede gesellschaftliche Einrichtung angewandt werden kann; es gibt jedoch nicht nur eine Begriffsbestimmung, sondern sagt etwas aus über die bewegenden Momente einer Interaktion, bei der vor einem Publikum eine Situation entworfen, eine Darstellung gegeben wird.

Analyse

Die Untersuchung befaßte sich überwiegend mit gesellschaftlichen Einrichtungen als verhältnismäßig geschlossenen Systemen. Es wurde angenommen, daß die Beziehung einer Einrichtung zu einer anderen selbst ein verständliches Untersuchungsfeld ist und analytisch als Teil einer anderen Sachlage behandelt werden sollte – der institutionellen Integration. Es ist vielleicht günstig, an dieser Stelle die in der vorliegenden Arbeit angewandte Sicht in den Zusammenhang anderer Perspektiven zu stellen, die heute überwiegend angewendet werden und implizit oder explizit die Untersuchung gesellschaftlicher Einrichtungen als geschlossener Systeme bestimmen. Es können in groben Zügen vier derartige Perspektiven angedeutet werden.

Eine Institution kann »technisch« unter dem Gesichtspunkt ihrer Wirksamkeit und Unwirksamkeit als absichtlich organisiertes System der Betätigung zur Erzielung vorherbestimmter Zwecke betrachtet werden. Oder sie kann »politisch« unter dem Gesichtspunkt der Handlungen, die jeder Partner (oder jede Klasse von Partnern) von den anderen verlangen kann, der Arten von Bestrafungen und Belohnungen, die ausgeteilt werden, um diese Ansprüche durchzusetzen, und unter dem Gesichtspunkt der sozialen Kontrollen betrachtet werden, die das Erteilen von Befehlen und die Anwendung von Sanktionen begleiten. Eine Institution kann »strukturell« unter dem Gesichtspunkt der horizontalen und vertikalen Statusunterscheidungen und der sozialen Beziehungen, die diese verschiedenen Gruppierungen miteinander verbinden, untersucht werden. Schließlich kann man eine Institution »kulturell« unter dem Gesichtspunkt der moralischen Werte sehen, von denen die Tätigkeit innerhalb der Institution beeinflußt wird – also unter dem Gesichtspunkt der Wertsetzungen, die sich auf Mode, Sitten und Fragen des Geschmacks, auf Höflichkeit und Anstand, auf letzte Ziele und normative Abgrenzung der Mittel usw. beziehen. Es muß bemerkt werden, daß alle Tatsachen, die bezüglich einer Institution entdeckt werden können, für alle vier Perspektiven relevant sind, aber daß jede Perspektive diesen Tatsachen ihre eigene Prioritätsskala und Ordnung auferlegt.

Mir scheint es, als sei der dramaturgische Ansatzpunkt eine fünfte Perspektive neben der technischen, der politischen, der strukturellen und der kulturellen Perspektive[1]. Die dramaturgische Perspektive kann ebenso wie jede der anderen vier als Ziel der Analyse, als ein endgültiges Ordnungsprinzip verwendet werden. Sie führt uns dazu, die Techniken der Eindrucksmanipulation, die in einer bestimmten Institution angewandt werden, die wesentlichen Probleme der Eindrucksmanipulation und die Identität und das Beziehungsnetz der verschiedenen Vorstellungsensembles einer Institution zu beschreiben. Ebenso wie die unter den anderen Perspektiven ausgewerteten Tatsachen für diese Untersuchung spielen auch die Gegebenheiten, die sich spezifisch auf die Eindrucksmanipulation beziehen, eine Rolle für die Fragen, um die es bei allen anderen Perspektiven geht. Vielleicht ist es sinnvoll, diese Tatsache kurz zu belegen.

Die technische und die dramaturgische Perspektive überschneiden einander wohl am deutlichsten in der Frage der Arbeitsnormen. Für beide Perspektiven ist die Tatsache wichtig, daß eine Gruppe von Personen damit beschäftigt ist, die nicht offensichtlichen Merkmale und Qualitäten der Arbeitsleistung einer anderen Gruppe von Personen zu überprüfen, und daß diese zweite Gruppe damit beschäftigt sein wird, den Eindruck zu erwecken, ihre Arbeit verkörpere diese verborgenen Eigenschaften. Die politische und die dramaturgische Perspektive überschneiden einander deutlich, wo es um die Fähigkeit einer Person geht, die Tätigkeit anderer zu leiten. Einmal wird es der Einzelne, der andere leiten soll, häufig nützlich finden, strategische Geheimnisse vor ihnen zu bewahren. Weiterhin wird es, wenn ein Einzelner versucht, die Tätigkeit anderer durch Beispiel, Aufklärung, Überredung, Austausch, Manipulation, Autorität, Drohung, Strafe oder Zwang zu leiten, unabhängig von seiner Machtposition notwendig, wirksam darüber zu informieren, was er getan haben will, was er unternehmen wird, damit es getan wird, und was er tun wird, wenn es nicht getan wird. Macht jeder Art muß mit wirksamen Mitteln der Zurschaustellung verbunden sein und wird verschiedene Auswirkungen haben, je nachdem, wie sie dramatisiert wird. (Natürlich kann die Fähigkeit, eine Situation wirksam darzustellen, von geringem Nutzen sein, wenn man nicht in einer Position ist, in der man Vorbild sein, austauschen oder strafen kann.) So ist die objektivste Form nackter Gewalt, nämlich physischer Zwang, oft weder objektiv noch unverhüllt gegeben, sondern sie fungiert häufig eher als eine Schaustellung zur Einschüchterung des Publikums; sie ist oft ein Mittel der Kommunikation, nicht der Aktion. Die strukturelle und die dramaturgische Perspektive scheinen einander am deutlichsten in Fragen der sozialen Distanz zu überschneiden. Das Image, das eine Statusgruppe vor einem Publikum anderer Statusgruppen aufrechterhalten kann, ist von der Fähigkeit des Darstellers abhängig, den kommunikativen Kontakt mit dem Publikum einzuschränken. Die kulturelle und die dramaturgische Perspektive überschneiden sich am deutlichsten in der Frage der Aufrechterhaltung moralischer Maßstäbe. Die kulturellen Werte einer Institution bestimmen im einzelnen, was die Partner über zahlreiche Fragen denken, und bilden gleichzeitig einen Rahmen für die Scheinvorstellungen, die gewahrt bleiben müssen, ob nun Überzeugungen hinter dem Schein stehen oder nicht.

Persönlichkeit – Interaktion – Gesellschaft

In den letzten Jahren sind ausführliche Versuche unternommen worden, Begriffe und Ergebnisse aus drei verschiedenen Untersuchungsbereichen in ein gemeinsames System einzuordnen: den Bereichen der individuellen Persönlichkeit, der sozialen Interaktion und der Gesellschaft. Ich möchte diese Versuche, Querverbindungen zu schaffen, hier durch einen einfachen Vorschlag bereichern.

Wenn ein Einzelner vor anderen erscheint, stellt er bewußt oder unbewußt eine Situation dar, und eine Konzeption seiner selbst ist wichtiger Bestandteil dieser Darstellung. Wenn ein Ereignis eintritt, das mit dem hervorgerufenen Eindruck unvereinbar ist, machen sich gleichzeitig auf drei verschiedenen Ebenen der sozialen Realität Folgen bemerkbar, von denen jede von einem anderen Bezugspunkt und einer anderen Tatsachenebene ausgeht.

Erstens kann die soziale Interaktion, die hier als ein Dialog zwischen zwei Ensembles behandelt wird, in einen peinlichen und verworrenen Stillstand geraten; die Situation kann aufhören, definiert zu sein, frühere Positionen können unhaltbar werden, und die Partner verfügen unter Umständen nicht mehr über eine vorgezeichnete Handlungsrichtung. Die Partner empfinden im typischen Falle einen falschen Tonfall in der Situation und fühlen sich beschämt, verwirrt und aus der Rolle geworfen. Mit anderen Worten: Das minutiöse gesellschaftliche System, das durch die geordnete soziale Interaktion geschaffen und aufrechterhalten wurde, ist desorganisiert. Das sind die Folgen der Störung vom Standpunkt der sozialen Interaktion her.

Zweitens können Störungen der Darstellung neben diesen momentanen Desorganisationsfolgen für die Handlung weiterreichende Konsequenzen haben. Zuschauer neigen dazu, das Selbst, das der einzelne Darsteller während einer Vorstellung von sich entwirft, als verantwortlichen Repräsentanten seiner Kollegengruppe, seines Ensembles und seiner gesellschaftlichen Einrichtung zu akzeptieren. Die Zuschauer sehen die einzelne Darstellung des Individuums auch als Beweis an für seine Fähigkeit, die Rolle zu spielen, und sogar als Beweis für seine Fähigkeit, irgendeine Rolle zu spielen. In gewissem Sinne werden diese größeren Sozialeinheiten – Ensembles, Institutionen usw. – jedesmal mit hineingezogen, wenn der Einzelne seine

Rolle spielt; mit jeder Darstellung wird die Legitimität dieser Einheiten aufs neue in Frage gestellt und ihr bleibender Ruf aufs Spiel gesetzt. Das gilt für bestimmte Arten von Darstellungen in besonderem Maße. Wenn zum Beispiel beide, der Chirurg und die Operationsschwester, dem Operationstisch den Rücken kehren und der narkotisierte Patient vom Tisch rollt und stirbt, wird nicht nur die Operation auf peinliche Weise unterbrochen, sondern auch der Ruf des Arztes als Arzt und Mensch und der Ruf des Krankenhauses können Schaden nehmen. Das sind die Folgen der Störung vom Standpunkt der Sozialstruktur her.

Schließlich stellen wir fest, daß der Einzelne sich selbst stark in seine Identifikation mit einer bestimmten Rolle, Institution oder Gruppe und in sein Selbstbild als jemand einbezieht, der keine sozialen Interaktionen stört und die Sozialeinheiten nicht im Stich läßt, die von der Interaktion abhängig sind. Wenn eine Störung eintritt, können wir also feststellen, daß die Selbstdarstellungen, auf die eine Persönlichkeit aufgebaut wurde, diskreditiert werden. Dies sind die Folgen, die Störungen unter dem Gesichtswinkel der Einzelpersönlichkeit haben können.

Darstellungsstörungen haben also ihre Konsequenzen auf drei abstrahierbaren Ebenen: Persönlichkeit, Interaktion und soziale Struktur. Obgleich die Wahrscheinlichkeit der Störung von einer Interaktion zur anderen sehr verschiedenartig ist und auch die Bedeutung möglicher Störungen stark variiert, so scheint es doch, als gebe es keine Interaktion, in der die Teilnehmer nicht ein merkliches Risiko eingehen, geringfügigen Peinlichkeiten ausgesetzt zu sein, oder ein leichtes Risiko eingehen, tief gedemütigt zu werden. Vielleicht ist das Leben kein Glücksspiel, aber die Interaktion ist es.

Weiterhin werden, insofern die Einzelnen Anstrengungen machen, Störungen zu vermeiden oder eingetretene Störungen zu korrigieren, auch diese Anstrengungen gleichzeitig Folgen auf allen drei Ebenen haben. Hier verfügen wir also über einen einfachen Weg, drei verschiedene Ebenen und Perspektiven zusammen zu sehen, unter denen das gesellschaftliche Leben untersucht worden ist.

Vergleichsmaterial und Untersuchungen

In der vorliegenden Arbeit wurden auch Beispiele aus anderen Gesellschaften als der angelsächsischen verwendet. Damit wollte ich nicht ausdrücken, das hier dargestellte Modell sei kulturunabhängig oder auf nicht-westliche Gesellschaften in gleicher Weise anwendbar. Wir führen unser Sozialleben in geschlossenen Räumen. Wir sind auf feste Bühnenbilder spezialisiert sowie darauf, Fremde fernzuhalten und dem Darsteller ein gewisses Maß an Privatsphäre zu gewähren, in der er sich auf das Schauspiel vorbereiten kann. Haben wir einmal eine Darstellung begonnen, dann neigen wir dazu, sie auch bis zum Ende durchzuführen, und wir sind empfindlich für störende Töne, die sich während der Darstellung einstellen können. Werden wir bei einer falschen Darstellung erwischt, so fühlen wir uns zutiefst gedemütigt. Von unseren allgemeinen dramaturgischen Regeln und Vorlieben für die Handlungsordnung ausgehend, dürfen wir Lebensbereiche in anderen Gesellschaften nicht übersehen, für die anscheinend andere Regeln gelten. Die Berichte westlicher Reisender sind voll von Beispielen, in denen ihr Sinn für Dramaturgie beleidigt oder überrascht wurde, und wenn wir im Hinblick auf andere Kulturen verallgemeinern wollen, müssen wir neben den günstigeren Beispielen auch diese in Betracht ziehen. Wir müssen bereit sein einzusehen, daß in China zwar Handlungen und Ausstattung in einem privaten Teeraum in wunderbarer Weise harmonisch und kohärent sein können, daß aber außerordentlich ausgeklügelte Speisenfolgen in außergewöhnlich schlichten Lokalen serviert werden können und daß Läden wie finstere Höhlen, in denen mürrische Angestellte bedienen, in ihren tiefsten Winkeln zarte Seidenballen, in altes Packpapier gewickelt, enthalten mögen [2]. Und über ein Volk, von dem behauptet wird, es gebe sich viel Mühe, das Gesicht des anderen zu retten, müssen wir lesen:

> Glücklicherweise glauben die Chinesen nicht so stark wie wir an die Heiligkeit des privaten Heims. Es macht ihnen nichts aus, daß jeder, der hinschauen will, alle Einzelheiten ihres Tagesablaufs sehen kann. Wie sie leben, was sie essen und selbst jene privaten Dinge, die wir vor der Öffentlichkeit zu verbergen trachten, scheinen Gemeingut zu sein und nicht ausschließlich der besonderen Familie zu gehören, die sie am meisten angehen [3].

Wir müssen auch bereit sein, zu sehen, daß in Gesellschaften mit einem etablierten inegalitären Statussystem und strenger religiöser Orientierung einzelne Personen das ganze Schauspiel des bürgerlichen Lebens manchmal weniger ernst nehmen als wir und soziale Schranken mit knappen Gesten überschreiten, die jemandem durch die Blume mehr Anerkennung zollen, als wir es für geziemend halten.

Darüber hinaus müssen wir sehr vorsichtig bei jedem Versuch sein, unsere eigene Gesellschaft als ganze von den dramaturgischen Gepflogenheiten her zu beurteilen. Bei den heutigen Verhandlungen zwischen Gewerkschaften und Arbeitgebern verhält es sich beispielsweise so, daß ein Ensemble in gemeinsame beratende Verhandlungen mit der Opposition eintreten und dabei genau wissen kann, daß es unter Umständen nötig wird, den Anschein zu erwecken, als ziehe man sich beleidigt von den Verhandlungen zurück. Diplomatische Ensembles müssen manchmal ein ähnliches Schauspiel aufführen. Mit anderen Worten: Zwar sind Ensembles in unserer Gesellschaft im allgemeinen verpflichtet, ihren Zorn hinter einem funktionsfähigen Konsensus zu verbergen, aber es gibt auch Situationen, bei denen die Ensembles verpflichtet sind, den Anschein sachlicher Opposition zugunsten einer Demonstration verletzter Gefühle zu unterdrücken. Ebenso gibt es Situationen, bei denen Einzelne, ob sie es wollen oder nicht, sich verpflichtet fühlen, eine Interaktion zu zerstören, um ihre Ehre und ihren Ruf zu retten. Es wäre also klüger, die Untersuchung in bescheidener Weise bei kleineren Einheiten, bei gesellschaftlichen Einrichtungen oder Klassen von solchen oder bei bestimmten Statusgruppen anzusetzen und Vergleiche und Entwicklungen durch historische Fälle zu belegen. Wir haben zum Beispiel folgende Informationen über das Schauspiel, das Geschäftsleute legalerweise inszenieren dürfen:

> Im letzten halben Jahrhundert hat sich die Einstellung der Gerichte zur Frage des berechtigten Vertrauens merklich verändert. In früheren Entscheidungen wurde unter dem Prinzip des *caveat emptor* großer Nachdruck auf die »Pflicht« des Klägers gelegt, sich selbst zu schützen und seinem Gegner zu mißtrauen, und man behauptete, er habe nicht das Recht, sich auf positive Versicherung seitens eines Kontrahenten, mit dem er entfernt zu tun hatte, zu verlassen. Man nahm an, jeder werde versuchen, den anderen bei einem Geschäft zu übervorteilen wo er nur kann, und nur ein Narr erwarte Ehrlichkeit. Der Kläger müsse deshalb zumutbare Unter-

suchungen über seinen Partner anstellen und sich sein eigenes Urteil bilden. Die Erkennung neuer Maßstäbe der Geschäftsmoral, die verlangen, daß Tatsachenbehauptungen zumindest ehrlich und sorgfältig abgegeben werden müssen, in vielen Fällen sogar, daß sie nachweislich wahr sein müssen, hat zu einer fast vollständigen Abkehr von dieser Auffassung geführt.

Es wird jetzt die Ansicht vertreten, auf Tatsachenbehauptungen bezüglich der Qualität verkaufter Grundstücke und Waren, bezüglich der Finanzlage einer Gesellschaft und bezüglich ähnlicher Fragen, die die Voraussetzung für geschäftliche Transaktionen sind, dürfe man sich vertretbarer Weise ohne besondere Untersuchung verlassen, nicht nur, wenn eine solche Untersuchung belastend und schwierig wäre, etwa wenn das verkaufte Grundstück sehr weit entfernt ist, sondern auch in Fällen, wo die Unwahrheit der Darstellung mit geringer Mühe und unter der Benützung verfügbarer Mittel hätte entdeckt werden können[4].

Während die Offenheit in Geschäftsbeziehungen vielleicht zunimmt, stimmen, aus einigen Anzeichen zu schließen, Eheberater immer mehr darin überein, daß der Einzelne sich nicht verpflichtet fühlen sollte, seinem Gatten oder seiner Gattin etwas über frühere »Affären« zu erzählen, da dies nur eine unnötige Belastung darstellen dürfte. Es können auch noch andere Beispiele angeführt werden. Wir wissen beispielsweise, daß bis 1840 Kneipen in Großbritannien eine Hinterbühnenkulisse für Arbeiter boten, die kaum von deren eigener Küche zu unterscheiden war; danach kam plötzlich der »Schnapspalast« auf und bot der im wesentlichen gleichen Kundschaft ein luxuriöseres Bühnenbild, als sie es sich je erträumt hätte[5]. Wir besitzen Berichte über die Sozialgeschichte amerikanischer Städte, aus denen wir den Niedergang der häuslichen und beruflichen Fassade der einheimischen Oberschicht ablesen können. Im Gegensatz dazu gibt es aber einiges Material, in dem der neuerliche Zuwachs an Luxus des von Gewerkschaftsorganisationen verwendeten Bühnenbildes[6] beschrieben wird und die zunehmende Neigung, das Bühnenbild durch akademisch gebildete Experten zu bereichern, die einen Nimbus der Geistigkeit und Respektabilität schaffen[7]. Wir können Veränderungen im Gesamtaufbau bestimmter industrieller und kommerzieller Institutionen und den Ausbau ihrer Fassade nachweisen, und das erstreckt sich sowohl auf das Äußere des Bürogebäudes als auch auf die Sitzungssäle, Eingangshallen und Warteräume dieser Gebäude. Wir können in einer bestimmten Kleinpächtergemeinde verfolgen, wie der Stall, der einmal die Hinterbühne zur Küche war und den man durch eine kleine Tür neben dem Herd erreichte, in neuerer Zeit etwas vom Haus abgerückt wurde, und wie das Haus selbst, das früher ungeschützt mitten im Garten zwischen landwirtschaftlichen Geräten, Abfällen und weidendem Kleinvieh stand, in einem gewissen Sinne auf »Public Relations« umorientiert wurde; es besitzt nun einen eingeräumten Vorgarten, der verhältnismäßig sauber gehalten wird, also der Gemeinschaft die verschönerte Seite zukehrt, während die Abfälle nach Belieben in den nicht umzäunten Hinterhof geworfen werden. Mit dem Verschwinden des angebauten Kuhstalls und mit der Neubewertung von Küche und Speisekammer geht eine höhere Einschätzung häuslicher Einrichtungen zusammen, wobei die Küche, die früher ihre eigene Hinterregion besaß, nun selbst zum am wenigsten angesehenen Ort des Hauses wird, obwohl sie immer repräsentativer aussieht. Wir können auch jene merkwürdige Entwicklung verfolgen, die dazu führte, daß die Hinterbühne mancher Fabriken, Schiffe, Restaurants und Haushaltungen so stark aufgeräumt ist, daß es dort keinen Ort gibt, an dem ihre Maske zu lüften ist, während gleichzeitig die Zuschauer so sehr an den Geheimnissen der Gesellschaft interessiert sind, daß sie die Orte erforschen wollen, die für sie aufgeräumt wurden. Bezahlte Teilnahme an den Proben eines Symphonieorchesters ist nur eines der jüngsten Beispiele. Wir können das beobachten, was Everett Hughes »kollektive Mobilität« nennt, in der die Angehörigen eines Standes versuchen, die Menge der von ihnen übernommenen Aufgaben so zu verändern, daß keine Handlung verlangt wird, die in Widerspruch zu dem Bild von sich stände, das sie festigen wollen. Wir können einen parallelen Prozeß innerhalb bestimmter gesellschaftlicher Einrichtungen beobachten, in dem ein Mitglied weniger versucht, eine höhere, bereits bestehende Stellung zu erringen, als für sich eine neue Stellung zu schaffen, zu der Pflichten gehören, die sich in entsprechenden Attributen ausdrücken. Wir können den Prozeß der Spezialisierung verfolgen, durch den viele Darsteller kurzfristig gemeinsamen Gebrauch von sehr luxuriösen Bühnenbildern machen, sich zum Schlafen jedoch mit einer spärlichen Kammer ohne höhere Ansprüche begnügen. Wir können die Ausbreitung entscheidender Fassaden – etwa des Laboratoriumskomplexes von Glas, Edelstahl,

Gummihandschuhen, weißen Kacheln und Laboratoriumsmantel – verfolgen, die einer steigenden Zahl von Personen, die wenig geschätzte Aufgaben erfüllen, eine Art der Selbstreinigung gestatten. Ausgehend von der Tendenz stark autoritärer Organisationen, ein Ensemble damit zu beauftragen, dem Bühnenbild, das vom anderen Ensemble benützt wird, eine streng geordnete Reinlichkeit zu geben, bis hin zu der Gestaltung des Bühnenbildes in Institutionen, wie Krankenhäusern, Luftwaffenstützpunkten und großen Haushaltungen, ist neuerlich ein Niedergang seiner hypertrophen Strenge zu beobachten. Schließlich können wir auch Aufstieg und Ausbreitung eines Kulturmusters verfolgen, das vom Jazz und der amerikanischen Westküste ausgeht. In ihnen werden Ausdrücke des Musikerslangs, wie bit, goof, scene, drag, dig, zum Gemeingut und gestatten es dem Einzelnen, etwas Ähnliches zu schaffen, wie es die Beziehung des Berufsschauspielers zu den technischen Aspekten der Alltagsvorstellungen ist.

Der Ausdruck offenbart das Selbst

Vielleicht ist zum Schluß eine moralische Anmerkung gestattet. In der vorliegenden Arbeit wurde der Ausdruck in den menschlichen Beziehungen als Quelle der Eindrücke behandelt, die erworben oder übermittelt werden. Eindrücke wurden ihrerseits als Informationsquelle für nicht offensichtliche Tatsachen und als eine Methode gesehen, mit deren Hilfe die Empfänger auf den Informanten reagieren können, ohne darauf warten zu müssen, daß sich die Handlungen des Informanten in ganzer Konsequenz bemerkbar machen. Ausdruck wurde also unter dem Aspekt der Kommunikationsrolle, die er während der sozialen Interaktion spielt, betrachtet, und nicht beispielsweise unter dem Aspekt der entspannenden Funktion, die er für den Darsteller haben kann [8].

Jeder sozialen Interaktion scheint eine fundamentale Dialektik zugrunde zu liegen. Wenn ein Einzelner mit anderen zusammenkommt, will er die tatsächliche Situation entdecken. Im Besitz der Kenntnis der Situation könnte er wissen, was geschehen wird, und sich darauf einstellen, und er könnte den anderen Anwesenden so viel von ihren Rechten zugestehen, wie sich mit seinem aufgeklärten Interesse verträgt. Um den tatsächlichen Charakter der Situation vollständig zu enthüllen, müßte der Einzelne alle relevanten gesellschaftlichen Daten über die anderen wissen. Er müßte auch das tatsächliche Resultat oder Endprodukt der Tätigkeit der anderen während der Interaktion sowie ihre innerste Einstellung zu ihm kennen. Vollständige Informationen solcher Art sind nur selten zugänglich; in ihrer Abwesenheit stützt sich der Einzelne gern auf Ersatzinformationen – Hinweise, Andeutungen, ausdrucksvolle Gesten, Statussymbole usw. – als Mittel der Vorhersage. Kurz, da die Realität mit der es der Einzelne zu tun hat, im Augenblick nicht offensichtlich ist, muß er sich statt dessen auf den Anschein verlassen; und paradoxerweise muß er sich desto mehr auf diesen konzentrieren, je mehr er um die Realität besorgt ist, die der Wahrnehmung nicht zugänglich ist.

Der Einzelne neigt dazu, die anderen Anwesenden auf Grund des Eindrucks ihrer Vergangenheit und Zukunft zu behandeln. Hier werden kommunikative in moralische Handlungen umgesetzt. Die Eindrücke, die die anderen erwecken, werden als Behauptungen und Versprechungen gewertet, die sie implizit abgegeben haben, und Behauptungen und Versprechungen nehmen meist einen moralischen Charakter an. Zu sich selbst sagt der Einzelne: »Ich benütze diese Eindrücke von dir, um dich und deine Tätigkeit zu prüfen, und du solltest mich nicht in die Irre führen.« Das Merkwürdige daran ist, daß er sich leicht auf diesen Standpunkt stellt, obgleich er erwartet, daß sich die anderen eines großen Teils ihres Ausdrucksverhaltens nicht bewußt sind, und obwohl es seine Absicht sein kann, die anderen auf Grund der Informationen, die er so über sie gewinnt, auszunützen. Da die Quellen der Eindrücke, die der einzelne Beobachter auswertet, eine Vielzahl von Maßstäben der Höflichkeit und des Anstands umfassen, die sich sowohl auf gesellschaftlichen Verkehr wie auf die Erfüllung von Leistungen beziehen, können wir wiederum sehen, wie stark das Alltagsleben von moralischen Ansprüchen bestimmt ist.

Wenden wir uns nun der Perspektive der anderen zu. Wenn sie sich wie Gentlemen benehmen und das Spiel des Einzelnen mitspielen sollen, werden sie wenig bewußte Rücksicht darauf nehmen, daß man sie dabei beobachtet, und sich ohne Arglist geben, so daß der Einzelne imstande ist, gültige Eindrücke von ihnen und ihren Bemühungen zu gewinnen. Auch wenn sie zufällig daran denken, daß man sie beobachtet, werden sie sich davon nicht übermäßig beeinflussen lassen und sich mit der Überzeugung begnügen, daß der Einzelne den richtigen Eindruck gewinnen und sie infolgedessen korrekt behandeln wird. Sollte ihnen daran gelegen sein, Einfluß darauf zu nehmen, wie er sie behandeln wird – und dies darf erwartet werden –, so steht ihnen eine korrekte Methode zur Verfügung. Sie müssen nur ihr gegenwärtiges Handeln so ausrichten, daß seine zukünftigen Folgen eine gerechte Person veranlassen, sie jetzt so zu behandeln, wie sie behandelt sein wollen; ist dies einmal geschehen, so brauchen sie sich nur auf die Auffassungsgabe und Gerechtigkeit des Beobachters zu verlassen.

Manchmal benutzen diejenigen, die beobachtet werden, natürlich diese korrekte Methode der Einflußnahme dazu, um herauszubekommen, wie der Beobachter sie behandelt. Aber es gibt eine andere Methode, eine schnellere und wirksamere, durch die der Beobachtete den Beobachter beeinflussen kann. Statt zuzulassen, daß als Nebenprodukt seines Handelns ein bestimmter Eindruck entsteht, kann er seinen Bezugsrahmen reorientieren und sich darum bemühen, den gewünschten Eindruck zu schaffen. Statt zu versuchen, gewisse Ziele durch anerkannte Mittel zu erreichen, kann er den Eindruck zu erwecken versuchen, als erreiche man bestimmte Ziele mit Hilfe anerkannter Mittel. Es ist immer möglich, den Eindruck zu manipulieren, den der Beobachter als Ersatz für die Realität verwendet, weil ein Zeichen für die Existenz eines Dings, das nicht selbst dies Ding ist, in dessen Abwesenheit benützt werden kann. Die Tatsache, daß es für den Beobachter notwendig ist, sich auf die Darstellungen von Dingen zu verlassen, schafft die Möglichkeit der falschen Darstellung.

Es gibt viele Gruppen von Personen, die ihre Tätigkeit nicht weiter ausführen zu können glauben, was für eine es immer sein mag, wenn sie sich auf die korrekten Methoden der Beeinflussung des Einzelnen, der sie beobachtet, beschränken wollten. An irgendeinem Punkt halten sie es für notwendig, sich zusammenzutun und den Eindruck, den sie machen, unmittelbar zu manipulieren. Die Tätigkeit wird dramatisiert.

Damit sind wir bei der grundlegenden Dialektik. In ihrer Eigenschaft als Darsteller ist den Einzelnen daran gelegen, den Eindruck aufrechtzuerhalten, sie erfüllten die zahlreichen Maßstäbe, nach denen man sie und ihre Produkte beurteilt. Weil diese Maßstäbe so zahlreich und allgegenwärtig sind, leben die einzelnen Darsteller mehr als wir glauben in einer moralischen Welt. Aber als Darsteller sind die

Einzelnen nicht mit der moralischen Aufgabe der Erfüllung dieser Maßstäbe beschäftigt, sondern mit der amoralischen Aufgabe, einen überzeugenden Eindruck zu vermitteln, daß die Maßstäbe erfüllt werden. Unsere Handlungen haben es also weitgehend mit moralischen Fragen zu tun, aber als Darsteller sind wir nicht moralisch an ihnen interessiert. Als Darsteller verkaufen wir nur die Moral. Unsere Tage verbringen wir in engem Kontakt mit den Waren, die wir ausstellen, und unser Geist ist voll von genauestem Wissen über sie; aber es mag wohl sein, daß wir uns diesen Waren um so fremder und denen, die leichtgläubig genug sind, sie zu kaufen, um so ferner fühlen, je mehr Aufmerksamkeit wir auf die Waren richten. Um ein anderes Bild zu benützen: Die Verpflichtung und Nützlichkeit selbst, immer in gleichmäßigem moralischem Licht zu erscheinen, zwingen, als eine im Bühnenleben erfahrene Person aufzutreten.

Das Selbst und seine Inszenierung

Die allgemeine Vorstellung, daß wir uns selbst vor anderen darstellen, ist kaum neu; was zum Abschluß betont werden sollte, ist die Tatsache, daß gerade die Struktur unseres Selbst unter dem Gesichtspunkt der Darstellung verstanden werden kann.

In dem vorliegenden Bericht wurde der Einzelne stillschweigend zweigeteilt: Er wurde als Darsteller betrachtet, als ein geplagter Erzeuger von Eindrücken, der mit der allzumenschlichen Aufgabe beschäftigt ist, ein Schauspiel zu inszenieren; und er wurde als eine Schauspielfigur, im typischen Fall als eine gute Figur, betrachtet, deren Geist, Stärke und andere positive Eigenschaften durch die Darstellung offenbart werden soll. Die Eigenschaften des Darstellers und die seiner Rolle gehören grundlegend verschiedenen Bereichen an, und doch haben beide ihre Bedeutung für das Schauspiel.

Zunächst die Rolle. In unserer Gesellschaft werden die Rolle, die man spielt, und das Selbst, das man ist, in einer gewissen Weise gleichgesetzt, und diese Selbst-als-Rolle wird meist als etwas gesehen, das im Körper seines Besitzers zu Hause ist, besonders in den oberen Teilen desselben, also sozusagen als ein Knoten in der Psychobiologie der Persönlichkeit. Ich behaupte, dieser Standpunkt sei ein implizierter Bestandteil dessen, was wir alle darstellen wollen, liefere aber gerade deshalb eine schlechte Analyse der Darstellung. In dieser Arbeit wurde das dargestellte Selbst als eine Art von Bild, meistens ein glaubwürdiges Bild, gesehen, das durch die Bemühungen des Darstellers auf der Bühne und in seiner Rolle den anderen nahegebracht wird. Insofern man dieses Bild von dem Einzelnen gemacht und ihm somit ein Selbst zugeschrieben hat, entspringt dieses Selbst nicht seinem Besitzer, sondern der Gesamtszene seiner Handlungen, und wird von den Merkmalen lokaler Ereignisse erzeugt, die sie für Beobachter interpretierbar machen. Eine richtig inszenierte und gespielte Szene veranlaßt das Publikum, der dargestellten Rolle ein Selbst zuzuschreiben, aber dieses zugeschriebene Selbst ist ein Produkt einer erfolgreichen Szene, und nicht ihre Ursache. Das Selbst als dargestellte Rolle ist also kein organisches Ding, das einen spezifischen Ort hat und dessen Schicksal es ist, geboren zu werden, zu reifen und zu sterben; es ist eine dramatische Wirkung, die sich aus einer dargestellten Szene entfaltet, und der springende Punkt, die entscheidende Frage, ist, ob es glaubwürdig oder unglaubwürdig ist.

Wenn wir das Selbst analysieren, werden wir also von seinem Besitzer, von der Person, die am meisten dabei zu gewinnen oder verlieren hat, weggezogen; denn er und sein Körper bieten nur den vorübergehenden Aufhänger für etwas gemeinsam Hergestelltes. Und die Mittel, um ein Selbst zu produzieren und zu behaupten, liegen nicht bei dem Aufhänger; in der Tat sind diese Mittel oft in sozialen Institutionen verankert. Es gibt immer eine Hinterbühne mit Geräten, in der der Körper sich formen kann, und eine Vorderbühne mit feststehenden Requisiten. Es gibt immer ein Ensemble von Personen, deren Tätigkeit auf der Bühne in Verbindung mit den verfügbaren Requisiten die Szene bildet, aus der das Selbst der dargestellten Rolle entspringt, und es gibt ein anderes Ensemble, das Publikum, dessen Interpretationstätigkeit für dieses Auftreten notwendig ist. Das Selbst ist ein Produkt aller dieser Konstellationen und trägt in allen seinen Teilen die Spuren dieser Entstehung.

Der ganze Apparat der Selbstinszenierung ist natürlich umständlich; er bricht manchmal zusammen und enthüllt dann seine einzelnen Bestandteile: Kontrolle über die Hinterbühne, Ensembleverschwörung, Publikumstakt usw. Wenn er aber gut geölt ist, dann bringt er die Eindrücke schnell genug hervor, um uns in einem unserer Realitätstypen gefangenzunehmen – die Vorstellung gelingt, und das fixierte Selbst, das jeder dargestellten Rolle zugeschrieben wird, scheint seinem Darsteller selbst zu entströmen.

Wenden wir uns nun, nach dem Individuum als Rolle, dem Individuum als Darsteller dieser Rolle zu. Er besitzt die Fähigkeit zu lernen, und wendet sie beim Erlernen der Rolle an. Er neigt zu Phantasien und Träumen, einigen, die angenehm eine triumphierende Darstellung entfalten, anderen, voll von Angst und Sorge, die sich nervös mit entscheidenden Enthüllungen auf öffentlicher Bühne beschäftigen. Er zeigt oft einen geselligen Drang zu Ensemblegefährten und Zuschauern, eine taktvolle Rücksichtnahme auf deren Angelegenheiten; und er besitzt die Fähigkeit, Scham zu empfinden, und verringert deshalb die Gefahr einer Enthüllung so weit wie möglich.

Diese Eigenschaften des Einzelnen als Darsteller sind nicht nur ein Effekt bestimmter Darstellungen; sie sind ihrem Wesen nach psychologisch und scheinen doch aus einer engen Interaktion mit den Bedingungen einer Inszenierung zu entstehen.

Und nun eine letzte Bemerkung. Das Begriffssystem für den vorliegenden Bericht wurde zum Teil der Theaterwelt entlehnt; ich habe von Darstellern und Zuschauern gesprochen, von Rollen und Routine, von gelungenen und mißlungenen Vorstellungen; von Stichworten, Bühnenbildern und Hinterbühnen, von dramaturgischen Notwendigkeiten, dramaturgischen Techniken und dramaturgischen Schlichen. Jetzt muß ich zugeben, daß der Versuch, die begriffliche Analogie so weit zu treiben, zum Teil ein rhetorisches Manöver war.

Die Behauptung, die ganze Welt sei eine Bühne, ist so abgegriffen, daß die Leser ihre Gültigkeit richtig einschätzen und ihrer Darstellung gegenüber tolerant sein werden, weil sie wissen, daß sie nicht zu ernst genommen werden darf. Eine Handlung, die in einem Theater inszeniert wird, ist zugestandenermaßen eine künstliche Illusion; anders als im Alltagsleben kann den gezeigten Charakteren nichts Wirkliches oder Reales geschehen – obgleich natürlich auf einer anderen Ebene dem Ansehen der Darsteller, deren Alltagsaufgabe es ist, Theatervorstellungen zu geben, etwas Wirkliches und Reales zustoßen kann.

Deshalb lassen wir nun die Sprache und die Maske der Bühne fallen. Gerüste sind letzten Endes dazu da, andere Dinge mit ihnen zu erbauen, und sie sollten im Hinblick darauf errichtet werden, daß sie wieder abgebaut werden. Unser Bericht hat es nicht mit Aspekten des

Theaters zu tun, die ins Alltagsleben eindringen. Er hat mit der Struktur sozialer Begegnungen zu tun – mit der Struktur der Einheiten im sozialen Leben, die entstehen, wann immer Personen anderen Personen unmittelbar physisch gegenwärtig werden. Der Schlüsselfaktor in dieser Struktur ist die Erhaltung einer einzigen Bestimmung der Situation, und diese Definition muß ausgedrückt, und dieser Ausdruck muß auch im Angesicht zahlreicher potentieller Störungen durchgehalten werden.

Eine Rolle, die im Theater dargestellt wird, ist nicht auf irgendeine Weise wirklich und hat auch nicht die gleichen realen Konsequenzen wie die gründlich geplante Rolle eines Hochstaplers; aber die erfolgreiche Inszenierung beider falscher Gestalten basiert auf der Anwendung realer Techniken – der gleichen Techniken, mit deren Hilfe man sich im Alltagsleben in seiner realen sozialen Situation behauptet. Diejenigen, die an direkten Interaktionen auf der Theaterbühne teilnehmen, müssen den Grundbedingungen realer Situationen gerecht werden; sie müssen durch Ausdrucksmittel die Situation definieren. Aber sie tun dies unter Umständen, die es ihnen leicht machen, für die Aufgaben der Interaktion, die uns allen gestellt sind, eine angemessene Terminologie zu entwickeln.

Anmerkungen

Einleitung

1 Gustav Ichheiser, Misunderstandings in Human Relations, American Journal of Sociology LV, September 1949, Supplement, 6 f.
2 E. H. Volkart (Hrsg.), Social Behavior and Personality. Contributions of W. I. Thomas to Theory and Social Research, New York, Social Science Research Council 1951, 5.
3 Hier verdanke ich viel einem unveröffentlichten Manuskript Tom Burns' von der Universität Edinburgh. Nach seiner Argumentation liegt jeder Interaktion als Motiv der Wunsch jedes Teilnehmers zugrunde, die Reaktionen der anderen Anwesenden zu leiten und zu kontrollieren. Eine ähnliche Auffassung entwickelt Jay Haley in einer neueren unveröffentlichten Arbeit; er bezieht sich dabei aber auf eine besondere Form der Kontrolle, nämlich auf die Definition der Beziehungen zwischen den Teilnehmern an der Interaktion.
4 Willard Waller, The Rating and Dating Complex, American Sociological Review II, 730.
5 William Sansom, A Contest of Ladies, London, Hogarth 1956, 230 ff.
6 Die viel gelesenen und recht brauchbaren Arbeiten von Stephen Potter beschäftigen sich teilweise mit Zeichen, die manipuliert werden können, um einen aufmerksamen Beobachter jene scheinbar zufälligen Hinweise auf verborgene Tugenden zu geben, die der Spieler in Wirklichkeit gar nicht besitzt.
7 Eine Interaktion kann absichtlich nach Ort und Zeit so eingerichtet werden, daß sie der Klärung von Meinungsverschiedenheiten dient; in diesem Fall müssen sich aber die Teilnehmer sorgfältig darauf einigen, keine Uneinigkeit in bezug auf angemessenen Tonfall, benütztes Vokabular und den Grad der Ernsthaftigkeit entstehen zu lassen, mit denen die Argumente formuliert werden sollen; sowie hinsichtlich des gegenseitigen Respekts, den die uneinigen Teilnehmer einander weiterhin erweisen müssen. Eine solche akademische oder rhetorische Definition der Situation kann auch zu dem Zweck wohlüberlegt heraufbeschworen werden, einen ernsthaften Konflikt in einen Meinungskonflikt umzuwandeln, der innerhalb eines für alle Anwesenden akzeptablen Rahmens ausgetragen werden kann.
8 W. F. Whyte, When Workers and Customers Meet, in: W. F. Whyte (Hrsg.), Industry and Society, New York, McGraw-Hill 1946, 132 f.
9 Interview mit einer Lehrerin, zitiert in Howard S. Becker, Social Class Variations in the Teacher-Pupil Relationship, Journal of Educational Sociology XXV, 459.

10 Harold Taxel, Authority Structure in a Mental Hospital Ward, unveröffentlichte MA-Dissertation, Department of Sociology, University of Chicago 1953.

11 Diese Rolle des Beobachters als Eingrenzung dessen, was der Einzelne sein kann, wird von den Existentialisten betont, die in ihr eine fundamentale Bedrohung der Freiheit des Individuums sehen. Vgl. Jean-Paul Sartre, Das Sein und das Nichts, Hamburg, Rowohlt 1952, 364 ff.

12 Erving Goffman, Communication Conduct in an Island Community, University of Chicago 1953, 319–327.

13 Peter Blau, The Dynamics of Bureaucracy, Dissertation, Department of Sociology, Columbia University, Chicago–London, University of Chicago Press 1964, 127 ff.

14 Walter M. Beattie Jr., The Merchant Seaman, unveröffentlichte Magisterarbeit, Department of Sociology, University of Chicago 1950, 35.

15 Sir Frederick Ponsonby, Recollections of Three Reigns, New York, Dutton 1952, 46.

16 Bemerkungen über die Bedeutung der Trennung zwischen einer Rolle und jedem einzelnen Fall, in dem diese Rolle gespielt wird, finden sich in John von Neumann und Oskar Morgenstern, The Theory of Games and Economic Behavior, Princeton, Princeton University Press [2] 1947, 49.

Darstellungen

1 Vielleicht ist es nicht das wirkliche Verbrechen des Betrügers, daß er seinen Opfern Geld raubt, sondern daß er uns allen die Illusion raubt, Auftreten und Verhalten des Mittelstandes könnten nur von Angehörigen dieses Standes repräsentiert werden. Der enttäuschte Berufstätige kann dem Dienstleisungsverhältnis, das seine Kunden erwarten, feindselig und zynisch gegenüberstehen; der Betrüger kann die ganze »legitime« Welt verachten.

2 Siehe Taxel, a. a. O., 4. Harry Stack Sullivan hat darauf hingewiesen, daß sich das Taktgefühl von Darstellern in Anstalten für Geisteskranke in der entgegengesetzten Richtung auswirkt, und sie sich zur Gesundheit sozusagen verpflichtet fühlen. Siehe seinen Artikel: Socio-Psychiatric Research, American Journal of Psychiatry X, 987 ff.

»Eine einige Jahre zurückliegende Untersuchung ›sozialer Wiedereingliederung‹ in einer unserer großen Nervenheilanstalten zeigte mir, daß Patienten oft aus der Behandlung entlassen werden, weil sie gelernt haben, Symptome vor ihrer Umgebung zu verbergen; mit anderen Worten: Sie haben genug von ihrer Umgebung aufgenommen, um die ihren Wahnvorstellungen gegenüber herrschenden Vorurteile wahrzunehmen. Es schien fast, als seien sie weise genug geworden, um tolerant gegen die sie umgebende Geistesschwäche zu sein, nachdem sie schließlich erkannt hatten, daß es sich dabei um Dummheit und nicht um Bosheit handelte. Nun konnte ihnen der Kontakt mit anderen Befriedigung verschaffen, während sie einen Teil ihrer Sehnsüchte auf psychotische Weise entluden.«

3 Robert Ezra Park, Race and Culture, Glencoe (Ill.), The Free Press 1950, 249.

4 Ebd., 250.
5 Shetland Isle Study.
6 H. S. Becker und Blanche Greer, The Fate of Idealism in Medical School, American Sociological Review XXIII, 50.
7 A. L. Kroeber, The Nature of Culture, Chicago, University of Chicago Press 1952, 311.
8 H. E. Dale, The Higher Civil Service of Great Britain, Oxford, Oxford University Press 1941, 50.
9 David Solomon, Career Contingencies of Chicago Physicians, unveröffentlichte Dissertation, Department of Sociology, University of Chicago 1952, 74.
10 J. Macgowan, Sidelights on Chinese Life, Philadelphia, Lippincott 1908, 187.
11 Vgl. die Bemerkungen von Kenneth Burke zur »scene-act-agent ratio«, A Grammar of Motives, New York, Prentice-Hall 1945, 6 ff.
12 E. J. Kahn Jr., Closings and Openings, The New Yorker, 13./20. Februar 1954.
13 Vgl. Mervyn Jones, White as a Sweep, The New Statesman and Nation, 6. Dezember 1952.
14 A. R. Radcliffe-Brown, The Social Organization of Australian Tribes, Oceania I, 440.
15 Vgl. die gründliche Behandlung des Problems in: Dan C. Lortie, Doctors without Patients. The Anesthesiologist, a New Medical Specialty, unveröffentlichte Dissertation, Department of Sociology, University of Chicago 1950. Vgl. auch Mark Murphys Porträtstudie über Dr. Rovenstine, Anesthesiologist, The New Yorker, 25. Oktober / 1. November / 8. November 1947.
16 In manchen Krankenhäusern erfüllen der Assistenzarzt und der Medizinalpraktikant Aufgaben, die für einen Arzt zu niedrig und für eine Krankenschwester zu hoch sind. Es ist anzunehmen, daß diese Aufgaben keine große Erfahrung und keine langwierige Ausbildung voraussetzen, denn obwohl die Zwischenstufe als Ausbildungsarzt eine ständige Einrichtung der Krankenhäuser darstellt, wird sie immer nur vorübergehend eingenommen.
17 Siehe B. Pinelli und J. King, Mr. Ump, Philadelphia, Westminster Press 1953, 75.
18 Edith Lentz, A Comparison of Medical and Surgical Floors, hektographiert, New York State School of Industrial and Labor Relations, Cornell University 1954, 2 f.
19 Das in dieser Arbeit zitierte Material über Bestattungsunternehmen wurde der unveröffentlichten Dissertation von Robert W. Habenstein, The American Funeral Director (Department of Sociology, University of Chicago 1954) entnommen. Ich verdanke vieles der Analyse Habensteins, in der sich die Beerdigung als ein Schauspiel erweist.
20 John Hilton, Calculated Spontaneity, Oxford Book of English Talk, Oxford, Clarendon Press 1953, 399 ff.
21 Sartre, a. a. O., 108.
22 Adam Smith, The Theory of Moral Sentiments, London, Henry Bohn 1853, 75.
23 Charles H. Cooley, Human Nature and the Social Order, New York, Scribner's 1922, 352 f.
24 M. N. Srinivas, Religion and Society Among the Coorgs of South India, Oxford, Oxford University Press 1952, 30.

25 Marjorie Plant, The Domestic Life of Scotland in the Eighteenth Century, Edinburgh, Edinburgh University Press 1952, 96 f.
26 Charles Johnson, Patterns of Negro Segregation, New York, Harper Press 1943, 273.
27 Mirra Komarovsky, Cultural Contradictions and Sex Roles, American Journal of Sociology LII, 186 ff.
28 Ebd., 187.
29 E. Wight Bakke, The Unemployed Worker, New Haven, Yale University Press 1940, 371.
30 J. B. Ralph, The Junk Business and the Junk Peddler, unveröffentlichte Dissertation, Department of Sociology, University of Chicago 1950, 26.
31 Für Einzelheiten über Bettler vgl. Henry Mayhew, London Labor and the London Poor, IV Bde., London, Griffin, Bohn I (1861), 415 ff. und IV (1862) 404 ff.
32 Unveröffentlichter Forschungsbericht der Social Research Inc., Chicago. Ich danke der Social Research Inc. für die Erlaubnis zur Verwendung dieser und anderer Daten.
33 Unveröffentlichter Forschungsbericht der Social Research Inc.
34 Seminarbericht von Professor W. L. Warner, University of Chicago 1951.
35 Abbé J. A. Dubois, Character, Manners, and Customs of the People of India, Philadelphia, M'Carey & Son 1818, I, 235.
36 Ebd., 237.
37 Ebd., 238.
38 Wie Adam Smith, a. a. O., 88, andeutet, können nicht nur Laster, sondern auch Tugenden verheimlicht werden: »Eitle Männer geben sich oft den Anstrich eleganter Verkommenheit, der sie in ihrem Herzen nicht zustimmen und was sie vielleicht in Wirklichkeit auch nicht sind. Sie wollen für das gelobt werden, was sie selbst nicht für lobenswert halten, und schämen sich eventueller altmodischer Tugenden, für die sie aber trotzdem eine geheime Verehrung spüren.«
39 In einer neueren Studie über Angestellte der öffentlichen Fürsorge wird der Ausdruck »outside racket« für geheime Einkommensquellen vorgeschlagen, die dem Sozialhelfer in Chicago zugänglich sind. Siehe Earl Bogdanoff und Arnold Glass, The Sociology of the Public Case Worker in an Urban Area, unveröffentlichte Dissertation, Department of Sociology, University of Chicago 1953.
40 Blau, a. a. O., 184.
41 Robert H. Willoughby, The Attendant in the State Mental Hospital, unveröffentlichte Dissertation, Department of Sociology, University of Chicago 1953, 44.
42 Ebd., 45 f.
43 Charles Hunt Page, Bureaucracy's Other Face, Social Forces XXV, 90.
44 Anthony Weinlein, Pharmacy as a Profession in Wisconsin, unveröffentlichte Dissertation, Department of Sociology, University of Chicago 1943, 89.
45 Perrin Stryker, How Executives Get Jobs, Fortune, August 1953, 182.
46 Willoughby, a. a. O., 22 f.
47 Vgl. zum Beispiel William Kornhauser, The Negro Union Official. A Study of

Sponsorship and Control, American Journal of Sociology LVII, 443 ff., und Scott Greer, Situated Pressures and Functional Role of Ethnic Labor Leaders, Social Forces XXXII, 41 ff.

48 William James, The Philosophy of William James, Modern Library, New York, Random House o. J., 128 f.

49 Ich bin Warren Peterson für diesen und andere Hinweise zu Dank verpflichtet.

50 C. E. M. Joad, On Doctors, The New Statesman and Nation, 7. März 1953, 255 f.

51 Solomon, a. a. O., 146.

52 The Canons of Good Breeding: or the Handbook of the Man of Fashion, Philadelphia, Lee and Blanchard 1839, 87.

53 Eine der Methoden, mit unvorhergesehenen Störungen fertigzuwerden, besteht darin, daß die Teilnehmer der Interaktion über sich selbst lachen, um anzudeuten, daß die Ausdrucksimplikationen der Störung verstanden, aber nicht ernst genommen wurden. In dieser Hinsicht kann man Bergsons Essay über das Lachen als eine Beschreibung dessen auffassen, wie wir erwarten, daß sich der Darsteller an die menschlichen Fähigkeiten der Bewegung gebunden hält, nämlich als eine Beschreibung der Neigung des Publikums, dem Darsteller diese Fähigkeiten vom Beginn der Interaktion an zuzuschreiben und als eine Beschreibung der Störung dieser wirksamen Projektion, wenn sich der Darsteller in nicht-menschlicher Weise verhält. Ebenso können Freuds Untersuchungen über den Witz und über die Psychopathologie des Alltagslebens auf einer Ebene als Beschreibungen davon aufgefaßt werden, wie wir von Darstellern erwarten, daß sie gewisse Maßstäbe des Takts, der Bescheidenheit und der Tugend erreicht haben, sowie als eine Beschreibung der Methoden, durch die solche wirksamen Projektionen durch Nachlässigkeit gestört werden, was für den Laien komisch, für den Analytiker aber symptomatisch ist.

54 Marcel Granet, La Civilisation Chinoise, Paris, Albin Michel 1948, 387 f.

55 Ponsonby, a. a. O., 182 f.

56 Ebd., 183.

57 Habenstein, a. a. O.

58 Dale, a. a. O., 81.

59 Emile Durkheim, The Elementary Forms of the Religious Life, London, Allen & Unwin 1926, 272.

60 Santayana, a. a. O., 133 f.

61 Simone de Beauvoir, Das andere Geschlecht, Reinbek, Rowohlt 1968, 513.

62 Vgl. zum Beispiel Tintair, Fortune, November 1951, 102.

63 Vgl. zum Beispiel H. L. Mencken, The American Language, New York 4 1936, 474 ff.

64 Vgl. zum Beispiel Plastic Surgery, Ebony, Mai 1949; F. C. Macgregor und B. Schaffner, Screening Patients for Nasal Plastic Operations: Some Sociological and Psychiatric Considerations, Psychosomatic Medicine XII, 277 ff.

65 Ein schönes Beispiel in einer Untersuchung über den Einzug MacArthurs auf dem Bundeskonvent der Republikanischen Partei in Chicago 1952: K. und G. Lang, The Unique Perspective of Television and its Effect: A Pilot Study, American Sociological Review XVIII. 3 ff.

66 Vgl. zum Beispiel E. C. Hughes, Study of a Secular Institution: The Chicago Real Estate Board, unveröffentlichte Dissertation, Department of Sociology, University of Chicago 1928, 85.

67 Dale, a. a. O., 105.

68 Siehe William L. Prosser, Handbook of the Law of Torts, Hornbook Series, St. Paul (Minn.), West Publishing Co. 1941, 701 ff.

69 Ebd., 733.

70 Ebd., 728.

71 Siehe Harold D. McDowell, Osteopathy: A Study of a Semiorthodox Healing Agency and the Recruitment of its Clientele, unveröffentlichte Dissertation, Department of Sociology, University of Chicago 1951.

72 Vgl. zum Beispiel David Dressler, What Don't They Tell Each Other, This Week, 13. September 1953.

73 Dale, a. a. O., 103.

74 Pinelli, a. a. O., 100.

75 Eine Ausnahme sollte erwähnt werden, auch wenn sie aufrichtigen Darstellern nicht zur Ehre gereicht: Wie schon oben erwähnt, besteht bei normalen Vorstellungen eine Tendenz, das Ausmaß übermäßig zu betonen, in dem die spezifische Darstellung einer Rolle einmalig ist. Dagegen kann in falschen Vorstellungen das Gefühl der Routine betont werden, um Mißtrauen einzuschläfern.

76 Noch aus einem anderen Grund verdienen vollkommen falsche Vorstellungen und Fassaden Beachtung: Wenn wir beobachten, daß imitierte Fernsehantennen an Personen, die keinen Empfänger besitzen, exotische Kofferaufkleber an Personen, die nie gereist sind, oder Speichen-Radkappen an Besitzer von Serienwagen verkauft werden, finden wir eindeutige Beweise für die Eindrucksfunktion angeblich instrumentaler Gegenstände. Untersuchen wir aber das »Echte«, daß heißt Personen mit echten Empfängern und echten Antennen usw., so ist häufig sehr viel schwerer nachzuweisen, welche Eindrucksfunktion ein Gegenstand oder eine Handlung haben, weil sie als spontan oder instrumental ausgegeben werden können.

77 Cooley, a. a. O., 351.

78 Ponsonby, a. a. O., 277.

79 Kurt H. Wolff (Hrsg.), The Sociology of Georg Simmel, Glencoe (Ill.), The Free Press 1950, 321.

80 Emile Durkheim, Sociology and Philosophy, London, Cohen & West 1953, 37.

81 Kurt Riezler, Comment on the Social Psychology of Shame, American Journal of Sociology XLVIII, 462 ff.

82 Siehe R. K. Merton, Social Theory and Social Structure, Glencoe (Ill.), The Free Press, rev. u. erw. Ausg. 1957, 265 ff.

83 Diese Meinung über Hypnose wird überzeugend dargestellt von T. R. Sarbin, Contributions to Role-Taking Theory: I. Hypnotic Behavior, Psychological Review 57, 255 ff.

84 Siehe D. R. Cressey, The Differential Association Theory and Compulsive Crimes, Journal of Criminal Law, Criminology and Police Science 45, 29 ff.

85 Der Begriff stammt von T. R. Sarbin, Role Theory, in: Gardner Lindzey, Handbook of Social Psychology, Cambridge, Addison-Wesley 1954, I, 235 ff.

86 Vgl. zum Beispiel Alfred Métraux, Dramatic Elements in Ritual Possession, Diogenes 11, 18 ff.
87 Ebd., 24.
88 Sartre, a. a. O., 106 f.

Das Ensemble

1 Unveröffentliche Studie des Autors.
2 Charles S. Johnson, a. a. O., S. 137 f.
3 Esquire Etiquette, Philadelphia, Lippincott 1953, 6.
4 Ebd., 15.
5 Die Verwendung des Ensembles (anstelle des Darstellers) als grundlegende Einheit, übernehme ich von Neumann, a. a. O., insbesondere S. 53, wo Bridge als ein Spiel zwischen zwei Spielern analysiert wird, die jeweils aus zwei Personen bestehen.
6 Anhänger individualistischer Strömungen behandeln Prozesse wie Selbsttäuschung und Unehrlichkeit gerne als charakterliche Schwächen, die aus den verborgensten Winkeln der Persönlichkeit stammen. Es scheint mir besser, außerhalb des Individuums anzusetzen und sich nach innen vorzutasten, als umgekehrt. Wir können sagen, der Ansatzpunkt für alles folgende liege darin, daß der einzelne Darsteller eine Definition der Situation vor einem Publikum aufrechterhält. Der Einzelne wird dann unehrlich, wenn er sich zugleich an die Verpflichtung hält, eine funktionsfähige Übereinstimmung zu schaffen, wenn er an verschiedenen Rollen partizipiert oder wenn er die gleiche Rolle vor verschiedenen Zuschauern spielt. Selbsttäuschung kann als etwas angesehen werden, das entsteht, wenn zwei verschiedene Rollen, die des Darstellers und die des Zuschauers, in der gleichen Person zusammenfallen.
7 Siehe Karl Mannheim, Essays on the Sociology of Culture, London, Routledge & Kegan Paul 1956, 209.
8 Natürlich gibt es zahlreiche Grundlagen für Cliquenbildung. Edward Gross (Informal Relations and the Social Organization of Work in an Industrial Office, unveröffentlichte Dissertation, Department of Sociology, University of Chicago 1949) nimmt an, daß Cliquen die üblichen altersgemäßen und ethnischen Trennungslinien überschneiden können, um Individuen miteinander zu verbinden, deren Arbeit nicht mit der der anderen konkurriert.
9 Dale, a. a. O., 141.
10 Floyd Hunter, Community Power Structure, Chapel Hill, University of North Carolina Press 1953, 181; vgl. auch 118 und 212.
11 Gerald Moore, Freimütige Bekenntnisse eine Begleiters, München [2] 1962, 83 f.
12 Chester Holcombe, The Real Chinaman, New York, Dodd, Mead 1895, 293.
13 Solomon, a. a. O., 75.
14 Eine beachtenswerte dramaturgische Schwierigkeit des Familienlebens liegt darin, daß Geschlechtssolidarität und lineare Solidarität sich mit der Ehesolidarität überschneiden und es Mann und Frau schwer machen, einander in einer Demonstration vor Kindern oder einer Demonstration der Fremdheit oder

Vertrautheit vor der weiteren Verwandtschaft »Rückendeckung zu geben«. Wie weiter oben angedeutet, verhindern derartige querlaufende Linien der Angliederung die Vertiefung struktureller Spaltungen.

15 Taxel, a. a. O., 53 f.

16 Howard S. Becker, The Teacher in the Authority System of the Public School, Journal of Educational Sociology XXVII, 134.

17 Ebd., aus einem Interview, 139.

18 E. C. Hughes, Institutions, in: Alfred M. Lee (Hrsg.), New Outline of the Principles of Sociology, New York, Barnes and Noble 1946, 273.

19 William Westley, The Police, unveröffentlichte Dissertation, Department of Sociology, University of Chicago 1952, 187 ff.

20 Insofern Kinder als »Unpersonen« gesehen werden, genießen sie eine gewisse Freiheit, Formfehler zu begehen, ohne daß das Publikum die expressiven Implikationen ihres Handelns allzu ernst nehmen müßte. Kinder sind jedoch, ob sie nun als Unpersonen behandelt werden oder nicht, in der Lage, entscheidende Geheimnisse zu verraten.

21 Die Beispiele wurden George Rosenbaum, An Analysis of Personalization in Neighborhood Apparel Retailing, unveröffentlichte Dissertation, Department of Sociology, University of Chicago 1953, 86 f., entnommen.

22 Joan Beck, What's Wrong with Sorority Rushing?, Chicago Tribune Magazine, 10. Januar 1954, 20 f.

23 Dev Collans und Stewart Sterling, I Was a House Detective, New York, Dutton 1954, 56. Auslassungszeichen des Autors.

24 Weinlein, a. a. O., 105.

25 Ebd., 105 f.

26 Franz Kafka, Der Prozeß, Frankfurt, S. Fischer 1960, 13 f.

27 B. M. Spinley, The Deprived and the Privileged, London, Routledge and Kegan Paul 1953, 45.

28 Warren Miller, The Sleep of Reason, Boston, Little, Brown and Comp. 1958, 254.

29 Pinelli, a. a. O., 141.

30 Ebd., 131.

31 Ebd., 139.

32 Vgl. zum Beispiel Donald E. Wray, Marginal Men of Industry: The Foreman, American Journal of Sociology LIV, 298 ff., und Fritz Roethlisberger, The Foreman: Master and Victim of Double Talk, Harvard Business Review XXIII, 285 ff. Die Rolle des Zwischenträgers wird später behandelt.

33 Evelyn Waugh, An Open Letter, in: Nancy Mitford (Hrsg.), Noblesse Oblige, London, Hamish Hamilton 1956, 78.

34 Siehe David Riesman, Die einsame Masse, Hamburg, Rowohlt 1961.

35 Siehe Harold L. Wilensky, The Staff ›Expert‹: A Study of the Intelligence Function in American Trade Unions, unveröffentlichte Dissertation, Department of Sociology, University of Chicago 1953, IV. Kapitel. Neben seinem Dissertationsmaterial bin ich Herrn Wilensky für zahlreiche Hinweise dankbar.

36 J. J. Hecht, The Domestic Servant Class in Eighteenth Century England, London, Routledge & Kegan Paul 1956, 53 f.

Ort und ortsbestimmtes Verhalten

1 Unter dem Begriff »behavioral setting« beschreiben Wright und Barker im Rahmen eines Berichts über Forschungsmethoden sehr klar die Umstände, unter denen Verhaltenserwartungen an bestimmte Orte gebunden sind. Siehe Herbert F. Wright und Roger G. Barker, Methods in Psychological Ecology, Topeka (Kan.), Ray's Printing Service 1950.

2 Siehe Gross, a. a. O., 186.

3 Katherine Archibald, Wartime Shipyard, Berkeley/Los Angeles, University of California Press 1947, 159.

4 Willoughby, a. a. O., 43.

5 Eine Analyse einiger wichtiger Arbeitsnormen bei Gross, a. a. O., wo auch die obenstehenden Beispiele entnommen wurden.

6 Sir Walter Besant, Fifty Years Ago, The Graphic Jubilee Number, 1887, zitiert in: James Laver, Victorian Vista Boston, Houghton Mifflin 1955, 147.

7 Wie Métraux, a. a. O., 24, andeutet, sind auch in der Praxis des Voodoo-Kults derartige Erleichterungen notwendig.
»Jeder Fall von Besessenheit hat seine theatralische Seite, wie sich bei den Verkleidungen zeigt. Die Räume des Heiligtums sind den Kulissen eines Theaters nicht unähnlich. Hier finden die Besessenen die benötigten Requisiten. Anders als beim Hysteriker, der seinen Kummer und seine Wünsche in Symptomen – also durch persönliche Ausdrucksmittel – enthüllt, muß sich das Ritual der Besessenheit dem klassischen Bild einer mythischen Persönlichkeit unterordnen.

8 De Beauvoir, a. a. O., 543 f.

9 Siehe Orvis Collins, Melvills Dalton und Donald Roy, Restriction of Output and Social Cleavage in Industry, Applied Anthropology (jetzt: Human Organisation) IV, 1 ff., besonders 9.

10 Mr. Habenstein hat in einem Seminar darauf hingewiesen, daß in einigen Staaten der Beerdigungsunternehmer das gesetzliche Recht hat, die Verwandten des Verstorbenen am Betreten des Arbeitsraums, in dem die Leiche hergerichtet wird, zu hindern. Vermutlich wäre der Anblick dessen, was getan werden muß, um die Toten anziehend erscheinen zu lassen, ein zu großer Schock für Laien und besonders für die Verwandten des Verstorbenen. Mr. Habenstein meinte auch, die Verwandten selbst wollten unter Umständen vom Arbeitsraum ferngehalten werden, weil sie ihre eigene krankhafte Neugierde fürchten.

11 Die folgenden Feststellungen stammen aus einer Untersuchung der Social Research Inc. über zweihundert Leiter kleinerer Geschäftsbetriebe.

12 In einer Reparaturwerkstätte für Sportwagen erzählte mir der Geschäftsführer die folgende Szene, wie ein Kunde selbst in den Lagerraum ging, sich ein Achslager aussuchte und es dem Geschäftsführer zeigte:
Kunde: »Was kostet das?«
Geschäftsführer: »Mein Herr, wie sind Sie da rein gekommen? Was würde passieren, wenn Sie in einer Bank hinter den Schalter gingen, sich eine Rolle Geld heraussuchten und damit zum Kassierer gingen?«
Kunde: »Hier ist aber keine Bank.«

Geschäftsführer: »Aber das ist mein Material. Also, was wollten Sie?«
Kunde: »Gut, wenn Sie es so sehen. Ist ja schließlich Ihr gutes Recht. Ich brauche ein Achslager für einen einundfünfziger Anglia.«
Geschäftsführer: »Sie haben eins für einen Vierundfünfziger.«
Die Erzählung des Geschäftsführers stellt möglicherweise keinen getreuen Bericht über Worte und Handlungen dar, aber sie schildert genau die Situation und seine Gefühle in dieser Situation.

13 Diese Fälle von Unstimmigkeit zwischen Realität und Schein sollten nicht als Extrembeispiele betrachtet werden. Bei genauer Beobachtung der Vorfälle hinter der Bühne einer beliebigen Mittelstandswohnung einer westlichen Stadt würden sich wahrscheinlich ebensogroße Unstimmigkeiten zwischen Realität und Anschein ergeben. Wo immer ein gewisses Ausmaß an Kommerzialisierung vorhanden ist, sind die Unstimmigkeiten zweifellos noch größer.

14 Leo Kuper, Blueprint for Living Together, in: Leo Kuper u. a., Living in Towns, London, The Cresset Press 1953, 14 f.

15 Ponsonby, a. a. O., 32.

16 George Orwell, Down and Out in Paris and London, London, Secker and Warburg 1951, 68 f.

17 Monica Dickens, One Pair of Hands, London, Michael Joseph, Mermaid Books 1952, 13.

18 In einem Seminar an der Universität Chicago.

19 Paul La Croix, Manners, Custom, and Dress during the Middle Ages and during the Renaissance Period, London, Chapman and Hall 1876, 471.

20 Die Tatsache, daß sich ein kleines Privatbüro allein dadurch in eine Hinterregion verwandelt, daß man allein in ihm ist, ist einer der Gründe dafür, daß Stenotypistinnen oft lieber in einem Privatbüro als im Schreibsaal arbeiten. In einem großen, offenen Schreibsaal ist fast immer jemand anwesend, vor dem man den Anschein des Fleißes wahren muß; in einem kleinen Büro können Arbeit und Wohlverhalten aufgegeben werden, sobald der Chef nicht da ist. Siehe Richard Rencke, The Status Characteristics of Jobs in a Factory, unveröffentliche Diss., Department of Sociology, University of Chicago 1953, 53.

21 Esquire Etiquette, 65.

22 Ebd.

23 Archibald, a. a. O., 16 f.

24 Letters of Lord Chesterfield to His Son, Everyman's Edition, New York, Dutton 1929, 239.

25 Alfred C. Kinsey, Wardell B. Pomeroy und Clyde E. Martin, Sexual Behavior in the Human Male, Philadelphia, Saunders 1948, 366 f.

26 Ponsonby, a. a. O., 269.

27 W. M. Williams, The Sociology of an English Village, London, Routledge & Kegan Paul 1956, 112.

28 Kenneth Burke, Permanence and Change, New York, New Republic, Inc. 1953, 309, Anm.

29 Herman Melville, White Jacket, New York, Grove Press o. J., 277.

30 Siehe Weinlein, a. a. O., 147 f.

31 Siehe Louise Conant, The Borax House, The American Mercury XVII, 172.

Sonderrollen

1 Vgl. Riesmans Bemerkungen über den »inside dopester«, a. a. O., 199 f.
2 Berichtet in Wilensky, a. a. O., VII. Kapitel.
3 Hans Speier, Social Order and the Risks of War, Glencoe (Ill.), The Free Press 1940, 264.
4 W. Fred Cottrell, The Railroader, Stanford, Stanford University Press 1940, 87.
5 J. M. Murtagh und Sara Harris, Cast the First Stone, New York, Cardinal Edition 1958, 100; 225 ff.
6 Siehe Roethlisberger, a. a. O.
7 Eine ausführlichere Behandlung der Rolle in Goffman, a. a. O., XVI. Kapitel.
8 Mrs. Trollope, Domestic Manners of the Americans, II Bde., London, Whittaker, Treacher 1832, II, 56 f.
9 Siehe Ray Gold, The Chicago Flat Janitor, unveröffentlichte Dissertation, Department of Sociology, University of Chicago 1950, besonders IV. Kapitel: The Garbage.
10 Westley, a. a. O., 131.
11 Eigene Untersuchung im Shetland-Hotel.
12 Collans, a. a. O., 156.
13 E. C. Hughes und Helen M. Hughes, Where People Meet, Glencoe (Ill.), The Free Press 1952, 171.
14 Diese und andere Daten über Indien sowie sonstige Hilfe verdanke ich McKim Marriott.
15 Weinlein, a. a. O., 106.
16 William H. Hale, The Career Development of the Negro Lawyer, unveröffentlichte Dissertation, Department of Sociology, University of Chicago 1949, 72.
17 Von dem in die Organisation eingegliederten Spezialisten für verbale Fassaden erwartet man, daß er Daten so zusammenstellt und darbietet, daß sie die Behauptungen, die das Ensemble augenblicklich vertritt, auf die wirkungsvollste Weise unterstützen. Die Tatsachen werden als zufällige Komponente angesehen, die im Zusammenhang mit anderen betrachtet werden müssen, wie etwa den voraussichtlichen Gegenargumenten, der Stimmung des Publikums, dessen Unterstützung das Ensemble gewinnen will, den Prinzipien, denen sich alle Beteiligten verpflichtet fühlen, usw. Merkwürdigerweise kann derjenige, der die zur mündlichen Schaustellung gehörigen Daten sammelt und ordnet, zugleich mit der ganz anderen Aufgabe betraut sein, mit dieser Schaustellung auch selbst vor dem Publikum aufzutreten. Es handelt sich hier um den Unterschied zwischen der Planung einer spektakulären Zeremonie und ihrer Durchführung. Darin liegen Schwierigkeiten verborgen: Je mehr der Spezialist dazu veranlaßt werden kann, seine professionellen Maßstäbe zugunsten der Interessen des Ensembles, für das er arbeitet, zu vernachlässigen, desto nützlicher können die Argumente sein, die er für das Ensemble formuliert; aber je mehr er im Ruf steht, ein unabhängiger Spezialist zu sein, der sich nur für ausgewogene Darstellung der wirklichen Sachlage interessiert, desto wirkungsvoller wird er sein,

wenn er vor dem Publikum erscheint und seine Ergebnisse mitteilt. Eine reiche Materialquelle hierzu bei Wilensky, a. a. O.

18 Riezler, a. a. O., 458.

19 Hughes und Hughes, a. a. O., 168 f.

20 De Beauvoir, a. a. O., 542.

21 Die Grundbesitzer auf der Insel sprachen manchmal davon, daß es kaum möglich sein werde, mit den einheimischen Pächtern gesellschaftlichen Verkehr aufzunehmen, da es keine gemeinsamen Interessen gäbe. Damit bewiesen sie zwar eine richtige Vorstellung davon, was geschehen würde, wenn ein Kleinpächter zum Tee erschiene; sie waren sich aber weniger dessen bewußt, wie stark der Geist der Teestunde davon abhing, daß es Kleinpächter gab, die nicht zum Tee eingeladen wurden.

22 Hughes und Hughes, a. a. O., 172.

23 Lewis G. Arrowsmith, The Young Doctor in New York, The American Mercury XXII, 1 ff.

24 Kenneth Burke, A Rhetoric of Motives, New York, Prentice-Hall 1953, 171.

Kommunikation außerhalb der Rolle

1 Renée Claire Fox, A Sociological Study of Stress: Physician and Patient on a Research Ward, unveröffentlichte Dissertation, Department of Social Relations, Radcliffe College 1953.

2 Mrs. Mark Clark (Maurine Clark), Captain's Bride, General's Lady, New York, McGraw-Hill 1956, 128 f.

3 Vgl. z. B. den Bericht über »Central Haberdashery« in: Robert Dubin (Hrsg.), Human Relations in Administration, New York, Prentice-Hall 1951, 560 ff.

4 Frances Donovan, The Saleslady, Chicago, University of Chicago Press 1929, 39. Einzelbeispiel S. 39 f.

5 Dennis Kincaid, British Social Life in India, 1608–1937, London, Routledge 1938, 106 f.

6 Eine ähnliche Tendenz mag erwähnt werden. In manchen Büros, in denen es eine starke Hierarchie gibt, verläßt in der Mittagspause die oberste Schicht das Gelände, während alle anderen jeweils die Plätze ihrer Ranghöheren einnehmen. Die vorübergehende Verfügungsgewalt über den Arbeitsplatz des Vorgesetzten scheint unter anderem die Gelegenheit zu bieten, ihn irgendwie zu profanisieren.

7 Siehe Gross, German Refugees, 186.

8 Siehe Daniel Glaser, A Study of Relations between British and American Enlisted Men at ›SHAEF‹, unveröffentlichte Dissertation, Department of Sociology, University of Chicago 1947. Glaser sagt (S. 16):
Der Ausdruck »limey«, wie ihn die Amerikaner anstelle von »Engländer« verwendeten, war im allgemeinen herabsetzend gemeint. Sie benutzten ihn in der Anwesenheit der Engländer nicht, obgleich diese meist nicht wußten, was er bedeutete oder ihm keine herabsetzende Bedeutung beilegten. Die Vorsicht der Amerikaner in dieser Hinsicht war derjenigen weißer Amerikaner aus den

Nordstaaten sehr ähnlich, die den Ausdruck »Nigger« verwenden, ihn aber nicht in Gegenwart eines Negers benützen. Dieses Phänomen der Spitznamen ist natürlich ein gemeinsamer Zug aller ethnischen Beziehungen, in denen kategorische Kontakte vorherrschend sind.

9 David W. Maurer, Whiz Mob, Gainesville (Fla.), American Dialect Society 1955, 113.

10 Vgl. Kenneth Burke, A Rhetoric of Motives, 234 ff., der eine Sozialanalyse des Einzelnen im Prozeß der Initiation gibt.

11 Bei Gesellschaftsspielen kann Flüstern für gesellschaftlich akzeptabel gehalten werden, wie auch vor einem Publikum, das aus Kindern oder Ausländern besteht, auf die wenig Rücksicht genommen werden muß. Bei anderen Gelegenheiten, wenn kleine Personengruppen in Sichtweite der anderen leise Unterhaltungen führen, versuchen die Teilnehmer jeder Gruppe sich häufig so zu verhalten, daß das, was sie sagen, auch in den anderen Gruppen gesagt werden könnte, auch wenn das nicht der Fall ist.

12 David Geller, Lingo of the Soe Salesman, American Speech IX, 285.

13 David Geller, a. a. O., 284.

14 Conant, a. a. O., 174.

15 Charles Miller, Furniture Lingo, American Speech VI, 128.

16 Ebd., 126.

17 Eine Ausnahme macht natürlich das Verhältnis zwischen Chef und Sekretärin in soliden Unternehmen. So stimmt etwa Esquire Etiquette, 24, folgendem Vorgehen zu:

»Wenn Sie Ihr Büro mit Ihrer Sekretärin teilen, sollten Sie ein Zeichen ausmachen, aus dem sie ersieht, daß sie den Raum verlassen soll, solange Sie Privatgespräche mit einem Besucher führen. ›Würden Sie uns einen Augenblick allein lassen, Miss Smith?‹ ist peinlich für alle Beteiligten; es ist für alle angenehmer, wenn Sie den gleichen Vorschlag auf Verabredung durch die Frage: ›Würden Sie nachschauen, ob Sie die Angelegenheit in der Verkaufsabteilung in Ordnung bringen können, Miss Smith?‹ – oder etwas anderes tun.«

18 Moore, a. a. O., 56 f.

19 Ebd., 57.

20 Dale, a. a. O., 141.

21 Ponsonby, a. a. O., 102.

22 Archibald, a. a. O., 194.

23 Mrs. Robert Henrey, Madeleine Grown Up, New York, Dutton 1953, 46 f.

24 Dale, a. a. O., 148 f.

25 Esquire Etiquette, 7.

26 Ebd., 22 f.

27 E. H. Schein, The Chinese Indoctrination-Program for Prisoners of War, Psychiatry 19, 159 f.

28 Persönliche Mitteilung von Howard S. Becker.

29 Aus: Lady's Magazine, 1789, XX, 235, zitiert in: Hecht, a. a. O., 63.

30 Potters Terminus für dieses Phänomen ist »one upmanship«. Es wird unter dem Titel »making points« in Goffman, On Face-Work, Psychiatry 18, 221 f. und unter dem Titel »status forcing« in A. Strauss, Essay on Identity, behan-

delt. In einigen amerikanischen Kreisen wird der Ausdruck »putting a person down« in eben diesem Zusammenhang gebraucht. Eine ausgezeichnete Anwendung auf einen Typ des gesellschaftlichen Verkehrs gibt Jay Haley, The Art of Psychoanalysis, ETC, XV, 189 ff.

31 Col. J. L. Sleeman, Thugs or a Million Murders, London, Sampson Low o. J., 79.

32 Team Work an Performance in a Jewish Delicatessen, unveröffentlichtes Manuskript von Louis Hirsch.

33 Schützende Enthüllungstechniken in der Homosexuellen-Welt haben eine Doppelfunktion: die Enthüllung der Mitgliedschaft in einer Geheimgesellschaft und Anbahnung von Beziehungen unter bestimmten Mitgliedern dieser Gesellschaft. Eine gut formulierte literarische Illustration kann in Gore Vidals Kurzgeschichte ›Three Stratagems‹ in seinem Band ›A Thirsty Evil‹, New York, Signet Pocket Books 1958, besonders 7 ff., gefunden werden.

34 Einige Soziologen handeln anscheinend aus Respekt vor der Freudschen Ethik so, als sei es geschmacklos, ehrfurchtslos oder selbstenthüllend, den Geschlechtsverkehr als einen Teil des Zeremonialsystems, als ein reziprokes Ritual zu definieren, das ausgeführt wird, um symbolisch eine besondere Beziehung zu bestätigen. Dieses Kapitel lehnt sich stark an Kenneth Burke an, der sich offenbar auf den soziologischen Standpunkt stellt, wenn er die Werbung zwischen den Geschlechtern als Prinzip der Rhetorik definiert, in dem soziale Entfremdungen überwunden werden. Siehe Burke, A Rhetoric of Motives, 208 ff., 267 f.

35 Im Alltagsleben wird der Ausdruck »double-talk« auch in zwei anderen Bedeutungen gebraucht: Er bezieht sich auf Sätze, in die Geräusche eingebaut werden, die klingen, als seien sie bedeutungstragend, es aber nicht sind; und er meint vorsichtig mehrdeutige Antworten auf Fragen, auf die der Fragende eine eindeutige Antwort erwartet.

36 Siehe Dale, a. a. O., 182 f., für das Beispiel eines stillschweigenden Kompromisses zwischen zwei Ensembles, die offiziell Gegner sind. Siehe auch Melville Dalton, Unofficial Union-Management Relations, American Sociological Review XV, 611 ff.

37 Dale, a. a. O., 150.

38 Pinelli, a. a. O., 169.

39 Jan de Hartog, A Sailor's Life, New York, Harper Brothers 1955, 155.

40 Ebd., 154 f.

41 Chester I. Barnard, Organization and Management, Cambridge (Mass.) 1949, 73 f. Diese Art des Verhaltens muß klar von der rauhen Sprache und dem Benehmen unterschieden werden, die ein Vorgesetzter anwendet, der innerhalb des Ensembles seiner Angestellten bleibt und sie zur Arbeit anhält.

42 Maxwell Jones, The Therapeutic Community, New York, Basic Books 1953, 40.

43 Persönliche Mitteilung der Lehrerin Helen Blaw.

44 Beattie, a. a. O., 25 f.

45 Maxwell Jones, a. a. O., 38.

46 Bruno Bettelheim und Emmy Sylvester, Milieu Therapy, Psychoanalytic Review XXXVI, 65.

47 Florence B. Powdermaker u. a., Preliminary Report for the National Research Council: Group Therapy Research Project, 26.

Verrat am eigenen Ensemble durch Hinüberblinzeln zu einem Mitglied des anderen Ensembles kommt natürlich häufig vor. Es kann darauf verwiesen werden, daß im Alltagsleben die Weigerung, in vorübergehende verschwörerische Kommunikation dieser Art zu treten, wenn man dazu aufgefordert wurde, eine kleine Beleidigung des Auffordernden darstellt. Man kann so in das Dilemma geraten, den Gegenstand der angeforderten Verschwörung entweder zu verraten oder die Person zu beleidigen, die zur Verschwörung auffordert.
Ein Beispiel findet sich bei Ivy Compton-Burnett, Eine Familie und ein Vermögen, Köln, Kiepenheuer & Witsch 1966, 18: »›Aber ich habe ja gar nicht geschnarcht‹, sagte Blanche in dem etwas ungezwungenen Ton, den man anschlägt, wenn man eine bestimmte Situation nicht mehr ganz in der Hand behält. ›Das hätte ich selbst bemerkt. Es wäre ja gar nicht möglich, wach zu liegen, ein Geräusch zu vollführen und es nicht zu hören.‹
Justine warf allen Umsitzenden, die dafür empfänglich waren, einen schalkhaften Blick zu, den Edgar aus Gründen einer Art Pflicht erwiderte, auch wenn er aus Gründen einer anderen die Augen gleich wieder senkte.«

48 Alfred H. Stanton und Morris S. Schwartz, The Management of a Type of Institutional Participation in Mental Illness, Psychiatry XII, 13 ff. In diesem Aufsatz beschreiben die Autoren die Förderung bestimmter Patienten durch die Krankenschwestern unter dem Gesichtspunkt ihrer Wirkung auf andere Patienten, das Personal und die Übertreter.

49 Ein Beispiel bildet die angenommene Rolle der Tavistock-Gruppe als Therapeuten zur »Überwindung« des Antagonismus zwischen Arbeitnehmern und Arbeitgebern in Industrieanlagen. Siehe die Beratungsprotokolle in Eliot Jaques, The Changing Culture of a Factory, London, Tavistock Ltd. 1951.

Die Technik der Eindrucksmanipulation

1 Ponsonby, a. a. O., 351.
2 The Laws of Etiquette, Philadelphia, Carey, Lee and Blanchard 1836, 101.
3 The Canons of Good Breeding, 80.
4 Hecht, a. a. O., 81, Zitat aus Defoe's The Maid-Servant's Modest Defense.
5 Ebd., 208.
6 Ebd., 208.
7 Ebd., 208.
8 Natürlich wird dieser Verrat systematisch in einigen Geschäften vorgetäuscht, wo dem Kunden ein Verkäufer einen »besonderen Preis« macht und behauptet, dies zu tun, um den Käufer als ständigen persönlichen Kunden zu gewinnen.
9 Charles Hamilton, Men of the Underworld, New York, Macmillan 1952, 222.
10 Ein Beispiel bei Page, a. a. O., 91 f.
11 Becker, Social Class Variations ..., a. a. O., 461 f.
12 Unveröffentlichter Forschungsbericht von Edith Lentz. Auch die manchmal angewandte Technik, dem Patienten, der einer Operation ohne Vollnarkose unterzogen wird, durch Kopfhörer Musik einzuflößen, ist eine Methode, ihn wirksam vom Gespräch des operierenden Ensembles auszuschließen.

13 Solomon, a. a. O., 108.
14 Dieser Punkt wurde von Mary McCarthy in der Kurzgeschichte ›A Friend of the Family‹ ausgearbeitet, die in Mary McCarthy Cast a Cold Eve, New York, Harcourt Brace 1950, nachgedruckt ist.
15 Becker, The Teacher in the Authority System of the Public School, a. a. O., 139.
16 Bei kurzen, anonymen Dienstleistungsbeziehungen entwickeln die den Dienst Leistenden das Geschick, etwas zu entdecken, das sie als affektiert betrachten. Da aber ihre eigene Rolle durch die Dienstleistung klargestellt wird, können sie nicht mit Affektation auf Affektation antworten. Zugleich fühlen Kunden, die das sind, was sie zu sein behaupten, häufig, der andere wisse dies nicht zu würdigen. Der Kunde kann sich dann beschämt fühlen, weil er sich fühlt, wie er sich fühlen würde, wenn er so falsch wäre, wie er es zu sein scheint.
17 Mayhew, a. a. O., IV, 90.
18 Sleeman, a. a. O., 25 f.
19 Conant, a. a. O., 169, weist darauf hin.
20 Siehe die wöchentliche Spalte von John Lardner im Newsweek, 22. Februar 1954, 59.
21 Page, a. a. O., 92.
22 Dienstmädchen werden häufig dazu angehalten, das Zimmer ohne Anklopfen zu betreten, oder anzuklopfen und gleich einzutreten, vermutlich deshalb, weil man sie für Unpersonen hält, vor denen man keinerlei Täuschung oder Bereitschaft zur Interaktion seitens der bereits im Zimmer Anwesenden braucht.
23 Esquire Etiquette, a. a. O., 73.
24 William Caudill, Frederick C. Redlich, Helen R. Gilmore und Eugene B. Brody, Social Structure and Interaction Processes on a Psychiatric Ward, American Journal of Orthopsychiatry XXII, 321 f.
25 Eigene Untersuchung, 1953/54.
26 Siehe Taxel, a. a. O., 118. Wenn zwei Ensembles um eine peinliche Tatsache wissen, jedes Ensemble weiß, daß das andere Ensemble sie kennt und dennoch keines der beiden Ensembles sein Wissen offen eingesteht, dann tritt das ein, was Robert Dubin »organizational fictions« genannt hat. Siehe Dubin, a. a. O., 341 ff.
27 Murtagh und Harris, a. a. O., 165. Siehe auch 161 ff.
28 De Beauvoir, a. a. O., 516.
29 Komarovsky, a. a. O., 188.

Zusammenfassung

1 Vgl. den Standpunkt, auf den sich Oswald Hall in bezug auf mögliche Perspektiven bei der Untersuchung geschlossener Systeme stellt, in seinem Artikel Methods and Techniques of Research in Human Relations (April 1952), wie von E. C. Hughes u. a., Cases on Field Work, berichtet.
2 Macgowan, a. a. O., 178 f.
3 Ebd., 180 f.
4 Prosser, a. a. O., 749 f.

5 M. Gorham und H. Dunnett, Inside the Pub, London, Architectural Press 1950, 23 f.
6 Siehe z. B. Hunter, a. a. O., 19.
7 Siehe Wilensky, a. a. O., IV. Kapitel, für eine Diskussion der »Schmuck«-Funktion von Personalexperten. Zum Entsprechenden im Geschäftsleben siehe Riesman, a. a. O., 138 f.
8 Eine neuere Behandlung in dieser Richtung findet sich in Talcott Parsons, Robert F. Bales und Edward A. Shils, Working Papers in the Theory of Action, Glencoe (Ill.), The Free Press 1953, II. Kap., The Theory of Symbolism in Relation to Action.

Serie Piper

Franz Alt Frieden ist möglich. SP 284
Jürg Amann Franz Kafka. SP 260
Günter Ammon Psychoanalyse und Psychosomatik. SP 70
Stefan Andres Positano. SP 315
Stefan Andres Wir sind Utopia. SP 95
Hannah Arendt Macht und Gewalt. SP 1
Hannah Arendt Rahel Varnhagen. SP 230
Hannah Arendt Über die Revolution. SP 76
Hannah Arendt Vita activa oder Vom tätigen Leben. SP 217
Hannah Arendt Walter Benjamin – Bertolt Brecht. SP 12
Atomkraft – ein Weg der Vernunft? Hrsg. v. Philipp Kreuzer/Peter Koslowski/ Reinhard Löw. SP 238
Alfred J. Ayer Die Hauptfragen der Philosophie. SP 133
Ingeborg Bachmann Anrufung des Großen Bären. SP 307
Ingeborg Bachmann Frankfurter Vorlesungen: Probleme zeitgenössischer Dichtung SP 205
Ingeborg Bachmann Die gestundete Zeit. SP 306
Ingeborg Bachmann Die Hörspiele. SP 139
Ingeborg Bachmann Das Honditschkreuz. SP 295
Ingeborg Bachmann Die Wahrheit ist dem Menschen zumutbar. SP 218
Ernst Barlach Drei Dramen. SP 163
Giorgio Bassani Die Gärten der Finzi-Contini. SP 314
Wolf Graf von Baudissin Nie wieder Sieg. Hrsg. von Cornelia Bührle/Claus von Rosen. SP 242
Max Beckmann Leben in Berlin. SP 325
Hans Bender Zukunftsvisionen, Kriegsprophezeiungen, Sterbeerlebnisse. SP 246
Bruno Bettelheim Gespräche mit Müttern. SP 155
Bruno Bettelheim/Daniel Karlin Liebe als Therapie. SP 257
Klaus von Beyme Interessengruppen in der Demokratie. SP 202
Klaus von Beyme Parteien in westlichen Demokratien. SP 245
Klaus von Beyme Das politische System der Bundesrepublik Deutschland. SP 186
Norbert Blüm Die Arbeit geht weiter. SP 327
Tadeusz Borowski Bei uns in Auschwitz. SP 258
Alfred Brendel Nachdenken über Musik. SP 265
Raymond Cartier Der Zweite Weltkrieg. Band I SP 281, Band II SP 282, Band III SP 283
Horst Cotta Der Mensch ist so jung wie seine Gelenke. SP 275
Dhammapadam – Der Wahrheitpfad. SP 317
Hilde Domin Von der Natur nicht vorgesehen. SP 90
Hilde Domin Wozu Lyrik heute. SP 65
Fjodor M. Dostojewski Der Idiot. SP 400
Hans Eggers Deutsche Sprache im 20. Jahrhundert. SP 61
Irenäus Eibl-Eibesfeldt Liebe und Haß. SP 113
Einführung in pädagogisches Sehen und Denken. SP 222
Jürg Federspiel Museum des Hasses. SP 220

Serie Piper

Karl Jaspers Augustin. SP 143
Karl Jaspers Chiffren der Transzendenz. SP 7
Karl Jaspers Einführung in die Philosophie. SP 13
Karl Jaspers Kant. SP 124
Karl Jaspers Kleine Schule des philosophischen Denkens. SP 54
Karl Jaspers Die maßgebenden Menschen. SP 126
Karl Jaspers Philosophische Autobiographie. SP 150
Karl Jaspers Der philosophische Glaube. SP 69
Karl Jaspers Plato. SP 147
Karl Jaspers Die Schuldfrage. SP 191
Karl Jaspers Spinoza. SP 172
Karl Jaspers Strindberg und van Gogh. SP 167
Karl Jaspers Vom Ursprung und Ziel der Geschichte. SP 298
Karl Jaspers Wahrheit und Bewährung. SP 268
Karl Jaspers/Rudolf Bultmann Die Frage der Entmythologisierung. SP 207
Walter Jens Fernsehen – Themen und Tabus. SP 51
Walter Jens Momos am Bildschirm 1973–1983. SP 304
Walter Jens Die Verschwörung – Der tödliche Schlag. SP 111
Walter Jens Von deutscher Rede. SP 277
Louise J. Kaplan Die zweite Geburt. SP 324
Milko Kelemen Klanglabyrinthe. SP 208
Leszek Kolakowski Der Himmelsschlüssel. SP 232
Leszek Kolakowski Der Mensch ohne Alternative. SP 140
Christian Graf von Krockow Gewalt für den Frieden. SP 323
Christian Graf von Krockow Mexiko. SP 85
Christian Graf von Krockow Sport, Gesellschaft, Politik. SP 198
Hans Küng Die Kirche. SP 161
Hans Küng 24 Thesen zur Gottesfrage. SP 171
Hans Küng 20 Thesen zum Christsein. SP 100
Hans Lenk Wozu Philosophie? SP 83
Konrad Lorenz Die acht Todsünden der zivilisierten Menschheit. SP 50
Konrad Lorenz Das Wirkungsgefüge der Natur und das Schicksal des Menschen. SP 309
Konrad Lorenz/Franz Kreuzer Leben ist Lernen. SP 223
Lust am Denken Hrsg. von Klaus Piper. SP 250
Franz Marc Briefe aus dem Feld. Neu hrsg. von Klaus Lankheit/Uwe Steffen. SP 233
Yehudi Menuhin Ich bin fasziniert von allem Menschlichen. SP 263
Christa Meves Verhaltensstörungen bei Kindern. SP 20
Alexander Mitscherlich Auf dem Weg zur vaterlosen Gesellschaft. SP 45
Alexander und Margarete Mitscherlich Eine deutsche Art zu lieben. SP 2
Alexander und Margarete Mitscherlich Die Unfähigkeit zu trauern. SP 168
Margarete Mitscherlich Das Ende der Vorbilder. SP 183

Serie Piper

Christian Morgenstern Werke in vier Bänden. Band I SP 271, Band II SP 272, Band III SP 273, Band IV SP 274
Ernst Nolte Der Weltkonflikt in Deutschland. SP 222
Leonie Ossowski Zur Bewährung ausgesetzt. SP 37
Pier Paolo Pasolini Gramsci's Asche. SP 313
Pier Paolo Pasolini Teorema oder Die nackten Füße. SP 200
Pier Paolo Pasolini Vita Violenta. SP 240
P.E.N.-Schriftstellerlexikon Hrsg. von Martin Gregor-Dellin/Elisabeth Endres. SP 243
Ludwig Rausch Strahlenrisiko!? SP 194
Fritz Redl/David Wineman Steuerung des aggressiven Verhaltens beim Kind. SP 129
Rupert Riedl Die Strategie der Genesis. SP 290
Ivan D. Rožanskij Geschichte der antiken Wissenschaft. SP 292
Hans Schaefer Plädoyer für eine neue Medizin. SP 225
Wolfgang Schmidbauer Heilungschancen durch Psychotherapie. SP 127
Wolfgang Schmidbauer Sensitivitätstraining und analytische Gruppendynamik. SP 56
Robert F. Schmidt/Albrecht Struppler Das Buch vom Schmerz. SP 241
Hannes Schwenger Im Jahr des Großen Bruders. SP 326
Gerd Seitz Erklär mir den Fußball. SP 5002
Sozialdemokraten im Kampf um die Freiheit Hrsg. von Gert Gruner/Manfred Wilke. SP 226
Robert Spaemann Rousseau – Bürger ohne Vaterland. SP 203
Die Stimme des Menschen Hrsg. von Hans Walter Bähr. SP 234
Alan J. P. Taylor Bismarck. SP 228
Hans Peter Thiel Erklär mir die Erde. SP 5003
Hans Peter Thiel Erklär mir die Tiere. SP 5005
Hans Peter Thiel/Ferdinand Anton Erklär mir die Entdecker. SP 5001
Ludwig Thoma Heilige Nacht. SP 262
Ludwig Thoma Moral. SP 297
Ludwig Thoma Der Wilderer. SP 321
Giuseppe Tomasi di Lampedusa Der Leopard. SP 320
Karl Valentin Die Friedenspfeife. SP 311
Cosima Wagner Die Tagebücher. Bd. 1 SP 251, Bd. 2 SP 252, Bd. 3 SP 253, Bd. 4 SP 254
Richard Wagner Mein Denken. Hrsg. von Martin Gregor-Dellin. SP 264
Paul Watzlawick Wie wirklich ist die Wirklichkeit? SP 174
Der Weg ins Dritte Reich. SP 261
Johannes Wickert Isaac Newton. SP 215
Wolfgang Wickler Die Biologie der Zehn Gebote. SP 236
Wolfgang Wickler/Uta Seibt männlich weiblich. SP 285
Wolfgang Wieser Konrad Lorenz und seine Kritiker. SP 134
Wilhelm Worringer Abstraktion und Einfühlung. SP 122
Heinz Zahrnt Aufklärung durch Religion. SP 210
Dieter E. Zimmer Der Mythos der Gleichheit. SP 212
Dieter E. Zimmer Die Vernunft der Gefühle. SP 227